DAS BLV
Orchideen
BUCH

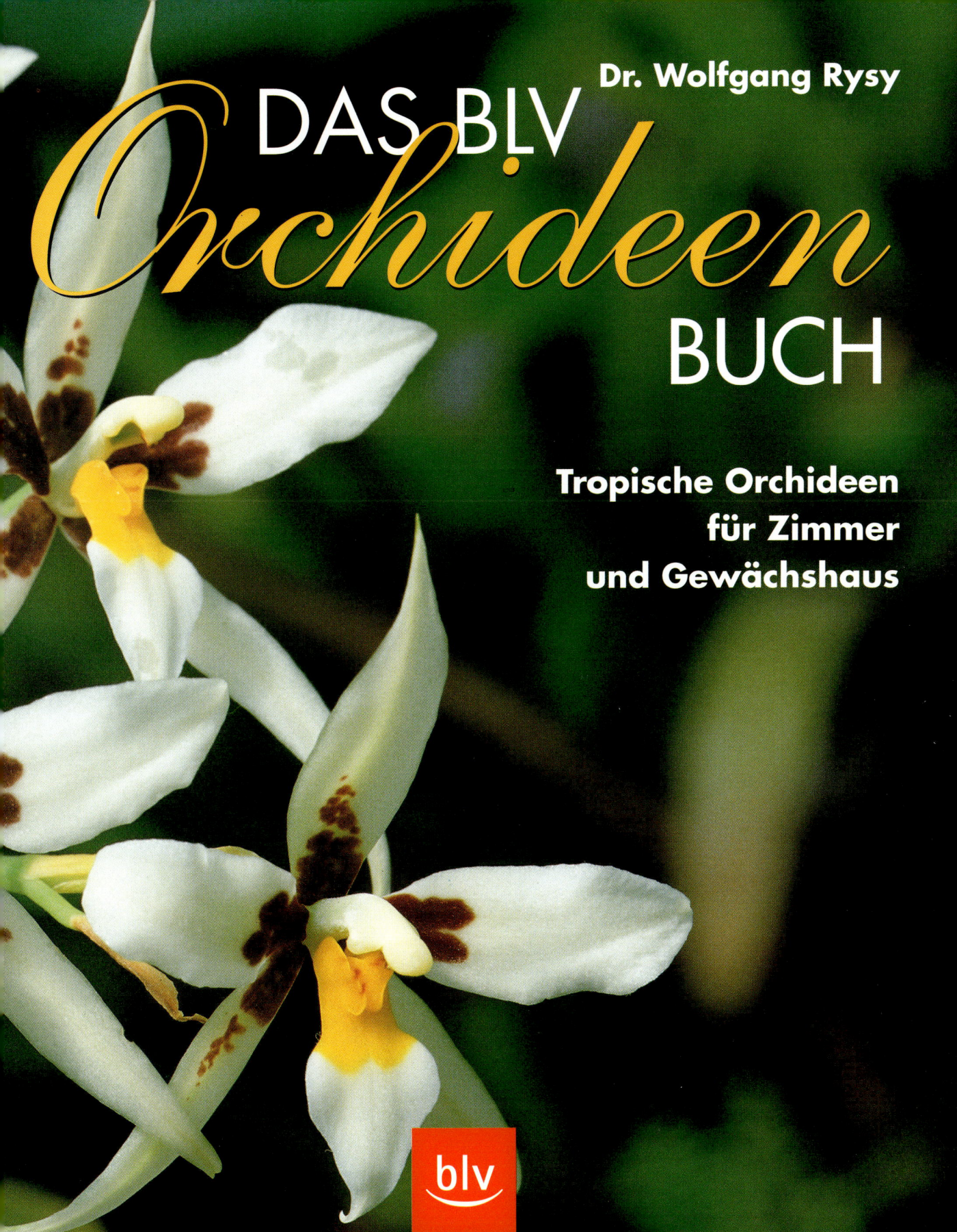

Dr. Wolfgang Rysy

DAS BLV

Orchideen

BUCH

Tropische Orchideen
für Zimmer
und Gewächshaus

blv

Inhalt

Phalaenopsis Lois Jansen × Spica

4

In der heutigen Zeit, in der der Umweltschutzgedanke bei vielen Menschen hoch im Kurs steht, wendet man sich wieder in verstärktem Maße der Natur zu. Vom Frühling bis zum Herbst erfreuen sich die Naturfreunde draußen in Feld und Flur, Wiesen und Wäldern an Fauna und Flora. Wer einen Garten besitzt, holt sich die Natur in Form von Gartenpflanzen in die Nähe seines Heimes und pflegt sie, um an ihnen seine Freude zu haben. Und derjenige Naturfreund, der nur eine Fensterbank zur Verfügung hat, stellt sich Zimmerpflanzen darauf und hat den Vorteil, daß er sich auch in der Winterzeit an ihnen erfreuen kann. Ein Zimmerpflanzenliebhaber, der sich eingehend um seine Pfleglinge kümmert und somit einen Blüherfolg nach dem anderen an seinen Blumen erlebt, wird bald nach ausgefalleneren Pflanzen suchen und beim Studium der Zimmerpflanzenliteratur dann häufig beim Stichwort »Orchideen« hängenbleiben. Ist der Entschluß erst einmal gefaßt, sich die erste Orchideenpflanze für die Fensterbank anzuschaffen, so ist das wahrscheinlich der Grundstein zu einer mehr oder weniger großen Orchideensammlung, denn die tropischen Orchideen haben auch heute noch nichts von ihrer Faszination verloren.

Früher konnten sich nur reiche Leute Orchideen leisten; denn die unter Strapazen gesammelten, leicht verderblichen Pflanzen hatten die langen Seewege nach Europa nur zu einem kleinen Teil überstanden, so daß die Auftraggeber von solchen kostspieligen und verlustreichen Unternehmungen gezwungen waren, ihre Verkaufspreise entsprechend hoch anzusetzen. Viele meinen auch heute noch, daß Orchideen unerschwinglich teuer sind. Doch die Orchideenpreise haben sich inzwischen zum Glück durch den Einsatz technischer Hilfsmittel so geändert, daß sich jeder Interessent ein paar Orchideenpflanzen zulegen kann.

Bei den meisten Orchideenliebhabern fängt die Sammlung auf der Fensterbank im Zimmer an und entwickelt sich je nach örtlichen und finanziellen Verhältnissen, zum ausgebauten Blumenfenster oder zur Zimmervitrine weiter oder gar bis zum eigenen Kleingewächshaus im Garten. Bald erkennt man aber, daß der Orchideensammlung nur ein begrenzter Raum zur Verfügung steht, der ziemlich schnell mit großwüchsigen Orchideenpflanzen, die für Anfänger am leichtesten zu kultivieren sind, ausgefüllt ist. Da sich inzwischen sicherlich die Sammelleidenschaft eingestellt hat und man als Orchideenhalter selten genug Platz zum Aufbau einer Orchideensammlung besitzt, wenden sich nun viele Orchideenfreunde den kleinwüchsigen Orchideen zu, den sog. **Kleinorchideen.** Unter dem Begriff »Kleinorchideen« sollen hier alle diejenigen Orchideen fallen, bei denen die gesamte Pflanze einschließlich Blütenstände in keine Richtung eine größere Ausdehnung als 20 bis 30 cm hat. Sie werden bei den Artbeschreibungen am Rand mit 🌼 gekennzeichnet. Gerade die tropischen Kleinorchideen bieten die Möglichkeit, auf beschränktem Raum viele Arten zu sammeln und zu pflegen. Darüber hinaus zählen von den etwa 30 000 bisher bekannten, wildwachsenden Orchideenarten die Mehrzahl zu den so definierten Kleinorchideen.

Von den vielen tropischen Orchideen kann ein Buch immer nur eine kleine Auswahl etwas eingehender behandeln. Bei der vorliegenden Auswahl werden sowohl die bekannten und beliebten großwüchsigen Arten als auch die mehr oder weniger bekannten kleinwüchsigen Arten berücksichtigt. Außerdem werden bei den wichtigsten Gattungen auch Hybriden vorgestellt. Es wurden hauptsächlich nur diejenigen Orchideenarten ausgewählt, die in Orchideengärtnereien bzw. über den Importhandel erworben werden können oder in Botanischen Gärten in Kultur sind und dort ggf. käuflich erworben oder eingetauscht werden können.

Inzwischen ist der Importhandel stark zurückgegangen, denn um dem zunehmenden und unkontrollierten Ausverkauf der tropischen Fauna und Flora in den letzten Jahrzehnten zu begegnen, wurden die attraktiven und beliebten Tiere und Pflanzen dieser Gebiete unter Schutz gestellt. Der Einfachheit halber hat man die gesamte Familie der Orchideen – obwohl die meisten Arten klein und unscheinbar sind – in das 1978 in Kraft getretene »Washingtoner Artenschutzübereinkommen« mit seiner »Konvention über den internationalen Handel mit gefährdeten Arten« (kurz: CITES) aufgenommen, wobei 2 Schutzstufen eingeführt wurden: Alle Orchideen sind im sog. Anhang II enthalten, der einen beschränkten Handel erlaubt; dies bezieht sich auf den Export bzw. Import von Wildentnahmen. Inzwischen werden jedoch die meisten kulturwürdigen Orchideen aus Samen oder durch Meristeme vermehrt, oder es handelt sich um künstliche Hybriden, die keinen besonderen Schutz benötigen. Im sog. Anhang I finden sich vor allem Arten, die z. T. sehr selten sind und zum Nationalsymbol erhoben wurden (z. B. *Cattleya skinneri* var. *alba, Lycaste skinneri* var. *alba, Vanda coerulea*), sowie alle Frauenschuh-Gattungen; bei diesen ist der Export/Import grundsätzlich verboten. Dagegen dürfen Naturarten aus dem Anhang I (z. B. Frauenschuhe) aus künstlicher Vermehrung verkauft werden. Zum Nachweis sollte man sich aber eine sog. CITES-Bescheinigung geben

6

lassen, um den rechtmäßigen Erwerb nachweisen zu können.

Das vorliegende Buch ist sowohl für die Anfänger als auch für die Fortgeschrittenen unter den Orchideenliebhabern gedacht. Es soll u. a. vor dem Orchideenerwerb bei der persönlichen Auswahl bezüglich Aussehen, Größe und Kulturraum helfen, damit man einerseits nach dem Kauf nicht enttäuscht ist über Größe und Aussehen und andererseits keine Orchideen kauft, denen nicht der zusagende Kulturraum zur Verfügung gestellt werden kann. Zur Erleichterung und Unterstützung der Auswahl sollen außerdem die vielen Farbfotos dienen.

Wissenswertes über Orchideen

Der Name

Der Name »Orchidee« ist aus dem griechischen Wort *orchis* (= Hoden) abgeleitet, weil bei einer einheimischen Orchideengattung, bei den sog. Knabenkräutern, die Wurzelknollen eine hodenähnliche Form besitzen. Diese Gattung hat den Namen *Orchis* bekommen, der dann für die gesamte Pflanzenfamilie übernommen wurde.

Charakteristika

Die Familie der Orchideen (Orchidaceae) besitzt bestimmte charakteristische Merkmale, die sie von anderen Pflanzenfamilien unterscheidet. Folgende Charakteristika zeichnen eine Orchidee aus:

- Die Blüten haben nur eine einzige Symmetrie-Ebene, d. h. sie sind spiegelsymmetrisch aufgebaut; Einzel-

heiten siehe Seite 10 f. (»Blütenaufbau«).

- Die Pollenkörner sind zu sog. Pollinien zusammengeklebt; Einzelheiten siehe Seite 10 f. (»Blütenaufbau«).
- Die Samen sind mikroskopisch klein und bestehen aus unentwickelten

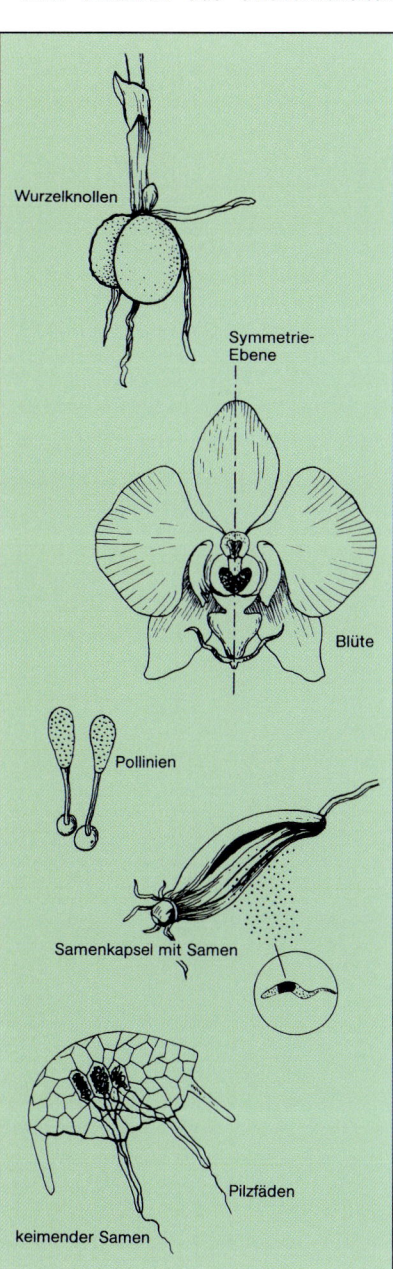

Embryonen ohne Nährstoffgewebe; Einzelheiten siehe Seite 11 f. (»Samen und ihre Keimung«).

- Die Keimung der Samen kann nur mit Hilfe von Bodenpilzen erfolgen (Pilzsymbiose); Einzelheiten siehe Seite 11 f. (»Samen und ihre Keimung«).

Diese vier speziellen Merkmale kommen zwar einzeln auch bei anderen Pflanzenfamilien vor, doch in ihrer Gesamtheit nur bei den Orchideen. Außerdem besitzen die Orchideen als einkeimblättrige Pflanzen wie die Übrigen dieser Klasse parallelnervige Blätter (siehe Grafik Seite 9).

Stammesgeschichte

Die Familie der Orchideen ist stammesgeschichtlich eine relativ junge Pflanzenfamilie. Während die ersten bedecktsamigen Blütenpflanzen, zu denen auch die Orchideen zählen, vor etwa 130 Millionen Jahren in der Kreidezeit auftraten, vermutet man, daß die ersten Vorläufer der Orchideen vor etwa 50 bis 60 Millionen Jahren im heutigen Gebiet von Indonesien entstanden sind und eine terrestrische Lebensweise besaßen. Der Übergang zum epiphytischen Dasein ist jüngeren Ursprungs. Über den erdgeschichtlich ältesten fossilen Orchideenfund ist von MEHL berichtet worden. Entsprechend der Fundschicht wird das Alter des als gesichert bezeichneten Fundes auf ca. 15 Millionen Jahre angegeben. Die zuvor bekannten, fossilen Orchideen, die als nicht ganz eindeutig eingestuft werden, sind nur etwa 2 Millionen Jahre alt. Zu den Orchideenfossilien ist zu bemerken, daß sich Orchideen aufgrund ihres zarten Pflanzenwuchses sehr schlecht zur Fossilbildung eignen und man somit bisher auch nur ganz wenige fossile Orchideen gefunden hat, von denen

7

Entwicklungsgeschichtliche Stellung der Orchideen

Zeitalter		Beginn vor Millionen Jahren	Fauna	Flora
Quartär	Nacheiszeit Holozän	0,007 (5000 v. Chr.)	–	Einwanderung der heutigen Orchideen nach Mitteleuropa
	Pleistozän	1	heutiger Mensch	–
Tertiär	Pliozän Miozän Oligozän	12 25 36	Vormensch Menschenaffen Affen	Beginn der epiphytischen Lebensweise der tropischen Orchideen
	Eozän Paläozän	55 70	Vorherrschen der Säugetiere und Vogel	erstes vermutetes Auftreten der Orchideen (Erdorchideen)
Kreidezeit	Oberkreide Unterkreide	100 135	Vorherrschen der Kriechtiere endet	Vorherrschen der bedecktsamigen Blütenpflanzen
Jura		180	Vorherrschen der Kriechtiere	Vorherrschen der nacktsamigen Blütenpflanzen (Nadelbäume)
Trias		230		

manche von einigen Forschern sogar angezweifelt werden.

Als junge Pflanzenfamilie haben die Orchideen ihre endgültige Form noch nicht gefunden und wir können ihre Evolution direkt beobachten. Diese Tatsache wird fast von allen Orchideenforschern anerkannt und dürfte wohl auch der Grund sein, warum sich so relativ leicht sowohl infragenerische (zwischen Gattungen) als auch intergenerische (innerhalb einer Gattung) Hybriden bilden. Diese Hybridenbildung kommt nicht nur in der Natur vor (sog. Naturhybriden), sondern kann auch künstlich durch den Menschen vorgenommen werden, siehe Seite 20f. (»Züchtung«).

Verbreitung

Während die Wiege der Orchideen vermutlich im tropischen Asien stand, sind heutzutage die Orchideen bis auf die Wüstengebiete und die Gebiete des ewigen Eises auf der ganzen Erde verbreitet. Die heutigen Zentren der Verbreitung (mit etwa 90 % aller Arten) be-

finden sich jedoch ebenfalls in den Tropen, und zwar in Asien, Afrika und Amerika. Aus diesen drei Gebieten sowie aus Australien kommen fast alle in Kultur befindlichen Orchideenarten. Im Vergleich zu Amerika und Asien kommen aus Afrika und Australien nur ganz wenige Gattungen. Die bekanntesten Gattungen aus Afrika sind *Aerangis* und *Angraecum*. Aus Australien stammen u. a. verschiedene *Dendrobium*- und *Cymbidium*-Arten.

Die tropischen Orchideen haben sich aber nicht nur die warmen Gebiete in

Meereshöhe erobert, sondern auch die temperierten und kühlen Zonen der Gebirge. Manche *Coelogyne*-Arten steigen im Himalajagebiet auf über 3000 m Höhe. In den südamerikanischen Anden kann man sogar vereinzelte *Odontoglossum*- und *Oncidium*-Arten in Höhen von 4000 m und mehr finden.

Lebensweise

Wie beim erdgeschichtlichen Rückblick erwähnt wurde, gibt es terrestrische

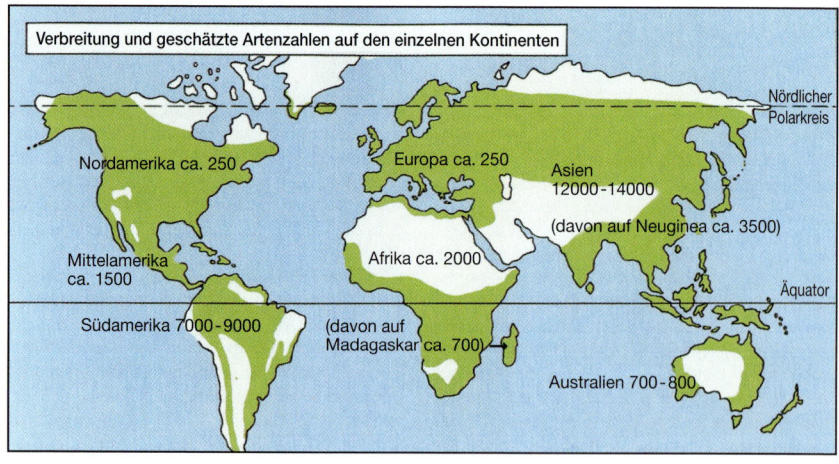

8

und epiphytische und darüber hinaus lithophytische Orchideen. Die **terrestrischen Orchideen** wachsen wie die meisten Pflanzen auf dem Erdboden und bohren ihre Wurzeln zur Nährstoffaufnahme in das Erdreich. Zu diesen sog. Erdorchideen gehören neben unseren einheimischen Orchideen z.B. die meisten Arten der Gattung *Paphiopedilum.* Einige Orchideenarten kommen auch **lithophytisch** vor, d.h. auf Steinen und Felsen wachsend.

Die größte Zahl der tropischen Orchideen sind **Epiphyten,** wie etwa die Bromelien auch. Um einen weit verbreiteten Irrtum aufzuklären, sind aber Epiphyten keine Schmarotzer oder Parasiten, sondern nur ganz harmlose »Aufsitzer« (griechisch *epi* = auf, *phyton* = Pflanze), die in den tropischen Wäldern auf den Bäumen sitzen, um näher am lebensnotwendigen Sonnenlicht zu sein. Epiphytische Orchideen leben also in einer Gemeinschaft, in der niemand den anderen direkt schädigt. Mit Hilfe ihrer Wurzeln klammern sie sich an die Äste. Man wundert sich, daß sie dort oben scheinbar ohne Nahrung existieren können. Doch da in den Tropenwäldern die Luft mit Wasser fast gesättigt ist, nehmen die aufsitzenden Orchideen mit ihren meist kräftigen und zahlreichen Luftwurzeln die Feuchtigkeit aus der Luft auf. Außerdem ist zu bedenken, daß die Äste von einer hauchdünnen Humusschicht bedeckt sind, die sich aus vermodernden Pflanzenteilen bildet, und daß der Regen Nährstoffsalze, z.B. aus Tierexkrementen, an die Klammerwurzeln heranbringt.

Bau der Orchideenpflanze

Bei den Orchideen gibt es hauptsächlich zwei unterschiedliche Wuchsfor-

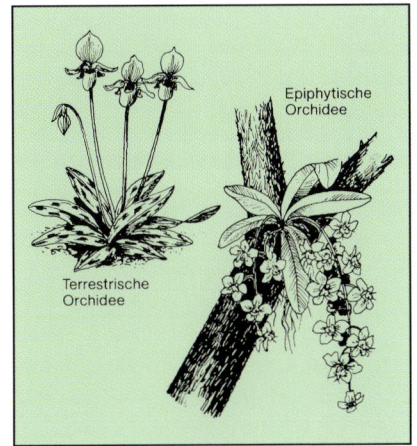

Epiphytische Orchidee

Terrestrische Orchidee

men, die monopodiale und die sympodiale. Der Neutrieb einer **monopodial (= einachsig) wachsenden Orchidee** wächst in einer Richtung, indem sich an der Spitze immer wieder neue Blätter bilden und so nach und nach der Stamm entsteht. Nach Jahren sterben dann die Blätter von unten her allmählich ab. Die Blütenstände (Infloreszenzen) oder Einzelblüten wachsen seitlich am Stamm aus den Blattachseln. Die Wurzeln entwickeln sich an der Stammbasis. Zu den monopodial wachsenden Orchideen gehören im wesentlichen die aus dem Tribus Vandeae, wie z.B. die Gattungen *Aerangis, Phalaenopsis* und *Vanda.*

Die **sympodial (= gemeinsamachsig) wachsenden Orchideen,** die die überwiegende Mehrheit bilden, besitzen

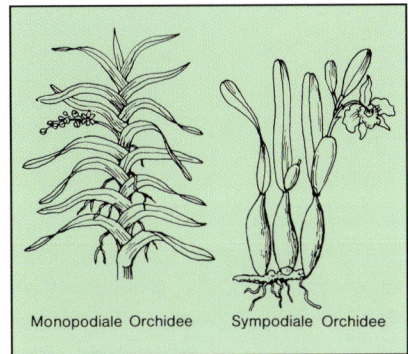

Monopodiale Orchidee   Sympodiale Orchidee

mehrere Sprosse, die über eine gemeinsame Hauptachse verbunden sind. Diese Hauptachse (Rhizom) ist meist nicht zu sehen, weil sie kriechend dicht auf der Pflanzenunterlage anliegt. Pro Vegetationsperiode wird meist ein Sproß gebildet, und zwar aus einem Auge (Sproßtrieb) am Fuße des letzten Sprosses. Der Sproß besteht aus einem aufrechten Stengel und Blättern. Da jeder Sproß in der Regel mindestens 2 Sproßaugen besitzt, steht ein Auge als Reserve zur Verfügung, falls der erste Sproß aus irgendwelchen Gründen sich nicht vollständig entwickeln kann. Nur bei sehr starken Orchideenpflanzen treiben beide Augen gleichzeitig, was eine vegetative Vermehrung bedeutet. Mit jedem neu wachsenden Sproß wächst gleichzeitig das Rhizom ein Stückchen mit und bildet neue Wurzeln.

Typisch für viele Orchideen ist eine Verdickung des Stengels; diese wird dann **Pseudobulbe** (Scheinbulbe) bezeichnet. Solche Pseudobulben dienen zur Speicherung von Wasser und Nahrungsstoffen. Sie variieren in ihrer Größe beträchtlich: bei der größten Orchidee (*Grammatophyllum speciosum*) werden sie 2,5 bis 3 m lang, bei der kleinsten (*Bulbophyllum minutissimum*) haben sie einen Durchmesser von nur etwa 2 mm. Bei den Pseudobulben lassen sich bezüglich ihres Aufbaues 2 Typen unterscheiden. Der eine Typ besteht im Prinzip aus nur einem verdickten Internodium, bei dem die Blätter und ggf. der Blütentrieb an der Spitze wächst; der Blütentrieb kann aber auch an der Basis erscheinen. Die Pseudobulbe ist außenherum weitgehend glatt (z.B. bei *Bulbophyllum, Coelogyne*). Die endständigen Blüten wachsen meist aus scheidenartigen Hüllblättern heraus (z.B. bei den Encyclien). Der andere Pseudobulbentyp ist aus mehreren, kurzen Internodien zusammengesetzt.

Dementsprechend befinden sich längs der Pseudobulbe an jedem Internodium-Abschnitt die Blätter, die nach ihrem Abfallen charakteristische Blattnarben auf der Oberfläche der Pseudobulben hinterlassen. Die Blütentriebe erscheinen bei diesem Typ normalerweise seitlich an der Pseudobulbe (z. B. bei *Dendrobium*). Vielfach sind die Blätter ausdauernd, d.h. die Orchideenpflanzen besitzen immer grüne Blätter (immergrüne Orchideen). Nur bei wenigen Orchideenarten (z. B. bei Cataseten und manchen Calanthen) werden die grünen Blätter beim Beginn der Vegetationsruhe welk und fallen ab. Ein Charakteristikum der Orchideenblätter, auf das oben schon hingewiesen wurde, sind ihre parallel verlaufenden Nerven, ein Zeichen dafür, daß die Orchideen, wie z. B. auch die Gräser und Lilien, zu den einkeimblättrigen Pflanzen gehören.

Die **Wurzeln** haben neben der üblichen Aufgabe, Wasser und Nahrungsstoffe aufzunehmen – zumindest bei den epiphytischen Orchideen –, die Aufgabe, die Pflanze am Baumstamm festzuhalten. Zur Erfüllung dieser Aufgaben produzieren die Orchideen ein umfangreiches Wurzelwerk. Bei den epiphytischen Orchideen haben die Wurzeln ein charakteristisches Aussehen, weil sie von einer Schicht abgestorbener Zellen umgeben sind, die man Velamen nennt. Das Velamen ist durch seine hohe Saugfähigkeit in der Lage, die Feuchtigkeit sofort festzuhalten, wobei seine weißgraue Farbe in ein Graugrün übergeht. Nur die sich im Wachstum befindende Wurzelspitze ist immer glänzend grün. Bei vielen Orchideen schmiegen sich nicht alle Wurzeln an der Pflanzenunterlage an, sondern ragen waagerecht oder hängen in die Luft (sog. Luftwurzeln). Da die Wurzel ein wichtiges Pflanzenorgan ist, zeigt ihre Beschaf-

fenheit und ihr Aussehen auch den Gesundheitszustand und damit die Blühkraft der gesamten Pflanze an.

Einige pseudobulbenlose Erdorchideen, z. B. die Paphiopedilen, besitzen ebenfalls eine sympodiale Wuchsform, weil ihre jährlichen Neutriebe seitlich in den Blattachseln der vorjährigen Blattrosetten erscheinen. Ihre Wurzeln unterscheiden sich von denen der epiphytischen Orchideen. Es sind weniger, dafür aber kräftigere Wurzeln. Außerdem besitzen sie keinen Velamen. Sie sehen meist aus wie die von sonst erdbewohnenden Pflanzen, mit Ausnahme der *Paphiopedilum*-Wurzeln, die typisch einen dichten Pelz von braunen Wurzelhaaren tragen.

Wie oben schon kurz erwähnt, erscheinen bei den Orchideen die **Infloreszenzen** (Blütenstände) entweder an der Spitze der Pseudobulben bzw. seitlich oder an ihrer Basis. Am verbreitetsten ist die mehrblütige (unverzweigte) Blütentraube, die nach oben steht oder seitlich herabhängt. Es gibt aber auch Einzelblüten und (verzweigte) Blütenrispen. Bei wenigen Orchideenarten sind die Infloreszenzachsen blattartig ausgebildet, wie z. B. bei *Bulbophyllum falcatum* und *Phalaenopsis cornu-cervi*. Zum Blühverhalten läßt sich anmerken, daß die Blüten vieler Orchideen von der Basis her längs der Infloreszenz nacheinander aufblühen. Bei manchen Arten gehen alle Blüten gleichzeitig auf. Es gibt auch Orchideen (z. B. *Masdevallia, Nageliella*), die an einer Infloreszenz zur entsprechenden Blütezeit mehrmals über viele Jahre hinweg Blüten bilden. Die Blühdauer ist bei den Orchideen sehr verschieden; sie reicht von wenigen Stunden (z. B. *Sarcochilus pallidus* und *Thrixspermum*-Arten) über einige Tage (z. B. *Stanhopea*-Arten) bis zu mehreren Monaten (z. B. *Paphiopedilum*- und *Phalaenopsis*-Arten).

Blütenaufbau

Die Blüten der Orchideen besitzen ebenso wie die der ihnen am nächsten verwandten Lilien 6 Blütenblätter. Die 3 äußeren Blütenblätter nennt man **Sepalen.** Von den 3 inneren Blütenblättern werden 2 als **Petalen** bezeichnet und das dritte, anders aussehende und meist besonders auffallende Blütenblatt als Lippe. Bei der überwiegenden Zahl der Orchideen zeigt die als Schauorgan zur Insektenanlockung gestaltete **Lippe** nach unten, damit sie den blütenbesuchenden Insekten bequem als Anflug- und Landeplatz dienen kann. Da im Knospenzustand die Lippe immer nach oben ragt, muß sie sich während des Aufblühens um 180° nach unten drehen. Die Drehung wird als Resupination bezeichnet und erfolgt entweder durch Drehung des Blütenstiels oder des Fruchtknotens oder selten durch Überkippen der Blüte zur anderen Seite (z. B. bei den Paphiopedilen).

Einige Orchideenarten resupinieren nicht, so daß bei ihnen die Lippe nach oben steht (z. B. *Bulbophyllum macranthum*). Während man durch die Lilienblüte 3 Symmetrieebenen legen kann, hat die Blüte einer Orchidee nur 1 Symmetrieebene. Die bei den Lilien üblichen Staubgefäße und Stempel wird man bei einer Orchideenblüte vergeblich suchen. Dafür befindet sich in der Blütenmitte eine säulenförmige Verwachsung aus dem Stempel und aus Teilen der 3 Staubgefäße, die **Gynostemium (Säule)** genannt wird und typisch für die Orchideen ist. An der Spitze des Gynostemiums sitzt das männliche Fortpflanzungsorgan, der Staubbeutel, der auch als Anthere bezeichnet wird. Die Anthere enthält den zu Paketen zusammengeklebten Blütenstaub, die sog. Pollinien. Je nach

10

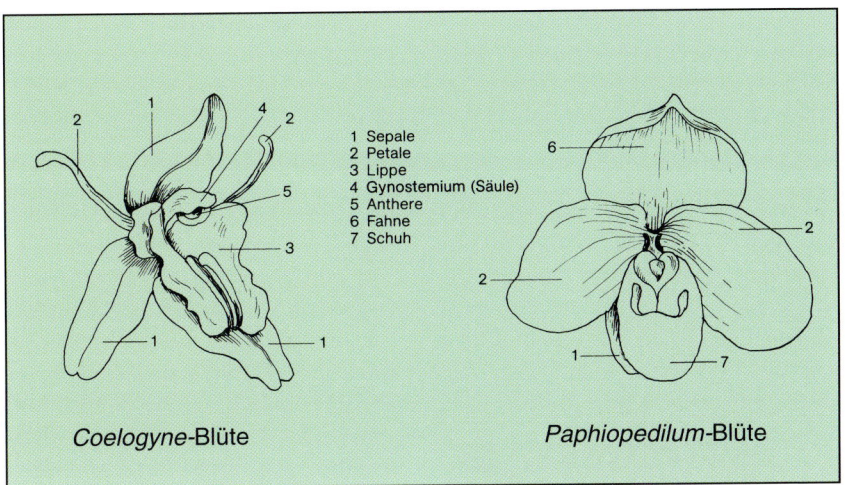

1 Sepale
2 Petale
3 Lippe
4 Gynostemium (Säule)
5 Anthere
6 Fahne
7 Schuh

Coelogyne-Blüte

Paphiopedilum-Blüte

Orchideengattung ist die Anzahl der Pollinien in der Anthere verschieden; sie beträgt 2, 4, 8 oder auch mehr. Die Pollinien besitzen meist kleine Stielchen mit einer Klebscheibe. Besucht ein Insekt die Blüte, so werden ihm beim Nektarsuchen mit Hilfe der Klebscheibe die Pollinien angeheftet, um sie beim Besuch der nächsten, gleichartigen Blüte auf das weibliche Fortpflanzungsorgan, die Narbe, zu bringen. Die klebrige Narbe befindet sich an der Unterseite des Gynostemiums und ist als Vertiefung erkennbar. Das männliche und weibliche Geschlechtsorgan ist durch das sog. Rostellum getrennt, das eine Eigenbestäubung durch Herunterfallen der Pollinien auf die Narbe verhindert. Eine Eigenbestäubung gibt es bei den Orchideen nur selten.

Von diesem Blütenaufbau weicht der der Subfamilia Cypripedioideae, zu der auch die Gattung *Paphiopedilum* gehört, etwas ab. Der größte Unterschied besteht in der Anzahl der Staubgefäße; sie beträgt hier 2, während das dritte Staubgefäß zu einem plattenförmigen sog. Staminodium umgebildet ist, das charakteristisch am Gynostemium sitzt. Hinter dem Staminodium befindet sich (nicht sichtbar) die 3teilige

Narbe, und kurz unterhalb sitzen die 2 kleinen, mit klebrigen Pollen gefüllten Vertiefungen. Ein weiteres Charakteristikum der Cypripedioideae ist die Ausbildung der Lippe als Schuh. Außerdem sind die beiden seitlichen Sepalen verwachsen und stehen unscheinbar hinter dem Schuh. Die mittlere Sepale ist stark verbreitert und meist auffällig gefärbt; sie wird als Fahne bezeichnet. Die beiden zur Seite stehenden Petalen sehen gleich aus.

Samen und ihre Keimung

Bei allen Orchideen steht der Fruchtknoten unterständig, d.h. er befindet sich in Verlängerung des Gynostemiums unterhalb der Blüte. Nach erfolgter Bestäubung durch Insekten verwelken die Blütenblätter sehr rasch, und es setzt innerhalb von Tagen bis Wochen die Befruchtung ein. Der Fruchtknoten schwillt langsam an und bildet nach der Ausreifung die Samenkapsel. Die Entwicklung des Samens dauert je nach Art etwa 6 bis 12 oder gar mehr Monate. Je Samenkapsel sind zwischen etwa 10 000 und bei großen Arten einige Millionen Samen enthalten, die kein Nährgewebe

um sich herum besitzen und mikroskopisch klein und sehr leicht (etwa 1 millionstel Gramm) sind. Eine reife Samenkapsel reißt an vorbestimmten Längsnähten auf und gibt so ihren Sameninhalt dem Wind preis, der sie aufgrund ihres geringen Gewichts über weite Distanzen wehen kann, auch auf andere Bäume hinauf. Diese Art der Samenverbreitung kommt also der epiphytischen Lebensweise der Orchideen sehr entgegen. Von den vielen Samen dürften aber nur ganz wenige geeignete Erd- und Baumstellen mit entsprechenden Voraussetzungen zur Keimung finden. Die Natur gleicht diese geringe Wahrscheinlichkeit durch die große Zahl an Samen aus, von denen die meisten ungenutzt vergehen. Eine erstaunliche Eigenschaft der Orchideen ist ihre **Mykotrophie** (griechisch *mykes* = Pilz, *trophein* = ernähren), denn die Samen können wegen des fehlenden Nährgewebes nur mit Hilfe von gewissen, mikroskopisch kleinen Bodenpilzen keimen und sich ernähren. Die Fäden dieser Pilze besiedeln die Orchideensamenzellen, die ihrerseits die Pilzfäden chemisch zerlegen und als Nahrung aufnehmen. Wo die entsprechenden Boden- bzw. Fadenpilze fehlen, können keine Orchideenkeimlinge wachsen. Wenn die Keimlinge ergrünt sind, können die meisten tropischen Orchideen aber ohne Pilzgemeinschaft auskommen und selbständig weiterwachsen bis zur blühfähigen Pflanze. Von der Samenkeimung bis zur ersten Blüte vergehen viele Jahre, z.B. etwa 4 bis 5 Jahre bei *Cattleya* und *Laelia*, etwa 8 Jahre bei *Sophronitis* und bis zu 15 Jahre bei *Vanda*. Die Symbiose zwischen Bodenpilzen und Orchideensamen ist erst Anfang dieses Jahrhunderts entdeckt und näher erforscht worden (NOEL BERNARD, 1904, und Prof. BURGEFF, 1909).

11

Beobachtungen vom tropischen Naturstandort

Der Besuch des tropischen Regenwaldes ist nicht nur generell sehr interessant und eindrucksvoll, sondern erlaubt auch eine bessere Einschätzung, wo und wie unsere »Lieblinge« wachsen und gedeihen, um daraus für die Kultur zu Hause entsprechende Rückschlüsse ableiten zu können. Derjenige, der nur die Flora in den Biotopen der gemäßigten Klimazonen – ähnlich wie bei uns – kennt, in denen die Pflanzen nahezu alle Erdbewohner sind, wird sich wundern, daß eine epiphytische Lebensweise von Pflanzen auf Bäumen überhaupt möglich ist. So ist das Nährstoffangebot dort sehr eingeschränkt. Dies ist z. B. bei der Düngung der epiphytischen Orchideen in der Kultur zu beachten. Um sich sicher am Stamm oder an den äußersten Zweigenden festzuhalten, wurzeln die Orchideen z. T. direkt auf der Baumrinde und bilden je nach Art teil-

Lophiaris cavendishiana (syn. *Oncidium cavendishianum*) in Mexiko

Unten links: *Brassavola perrinii* in NO-Argentinien

Unten rechts: *Pleurothallis miqueliana* auf Felsen in Brasilien

weise meterlange Wurzeln. Es gibt aber auch Orchideen, die mit ihren feinen Wurzeln in die dünne, mit Moos bedeckte Humusauflage hineinwachsen, vor allem in Astgabeln.

Damit ist klar, daß bei Orchideen, die eine nackte Rinde zum Festhalten bevorzugen, die Wurzeln nie in einen dauernd feuchten Pflanzstoff hineinwachsen, sondern bei Berührung absterben. Andere Orchideen dagegen brauchen dies und durchwurzeln komplett solche Unterlagen. Durch gute Beobachtung

in der Natur, aber auch in der Kultur kann man somit Kulturfehler vermeiden bzw. beim ersten Feststellen für Abhilfe sorgen. Weitaus seltener gibt es Orchideen, die lithophytisch (d.h. auf Felsen) mit nur wenig Humusauflage wachsen; für sie gilt ebenfalls das oben Gesagte.

Eine Überraschung ist es, wenn man das erste Mal plötzlich mitten im Urwald im Nebel steht, weil dichte Wolken durch den Wald ziehen; dies ist vor allem in höheren Berglagen der Fall. Solche Wälder heißen nicht umsonst Nebelwälder. Feine Nebeltröpfchen benetzen die Pflanzen und sorgen für gewisse Feuchtigkeit auch ohne Regen. Auch das Erlebnis eines tropischen Regengusses sollte man sich nicht entgehen lassen, z. B. von einem trockenen Unterstand aus. Aber selbst wenn man unterwegs von einem Regenschauer erwischt wird, stellt man mit Verwunderung fest, daß er ebenso warm ist wie die Luft – man friert also nicht. Dies soll ein deutlicher Hinweis sein, daß auch das Gießwasser möglichst Umgebungstemperatur haben sollte; kaltes Wasser aus der Wasserleitung ist für Orchideen Gift.

So heftig ein tropischer (Gewitter-)Regen auch sein kann, so schnell ist er meist auch wieder zu Ende. Durch die Wärme verdunstet die Feuchtigkeit auf

den Pflanzen schnell und nach kurzer Zeit sind sie – ggf. mit Unterstützung eines leichten Luftzuges – wieder trocken. Da die Orchideen also meist keiner Dauernässe in der Natur ausgesetzt sind, vertragen sie es auch nicht in Kultur. Besonders abends, wenn auch noch die Temperaturen absinken, sollten die Pflanzen – vor allen im Bereich der empfindlichen Neutriebe – abgetrocknet sein, sonst werden sie von Fäulnispilzen befallen, deren Sporen überall herumfliegen.

Bei der Orchideenpflege kann ein Wolkenbruch am besten imitiert werden durch komplettes Eintauchen der Orchideenpflanzen in ein mit Wasser gefülltes Gefäß; dort können sie auch kurzzeitig (bis ca. $1/2$ Stunde) verbleiben, ohne Schaden zu nehmen. Erst wenn man nach mehreren Stunden vergessen hat, sie dem Wasser zu entnehmen, können die Pflanzenzellen – vor allem bei Neutrieben – Schaden nehmen; aber selbst derbe Pseudobulben und alte Blätter überstehen diese Prozedur.

Eine etwas enttäuschende Erfahrung wird man meist beim Gang auf einem Pfad durch den Urwald machen: man vermißt die Fülle an Orchideenpflanzen und deren Blüten, wie sie z.B. in Orchideenausstellungen anzutreffen ist. Es gibt zwar Bäume, die voll mit Epiphyten überwuchert sind, doch die Zahl der Orchideen zwischen Farnen, Moosen, Flechten (und in Mittel- und Südamerika Bromeliengewächsen) sowie anderen epiphytischen Pflanzenarten ist meistens nicht überwältigend. Dann muß man noch das Glück haben, daß gerade Blütezeit bei den Orchideen herrscht. Es gibt natürlich auch Ausnahmen, etwa wenn Orchideen den beherrschenden Baumbewuchs darstellen; aber für jeden Baum im Wald kann man das nicht erwarten.

Im übrigen wachsen in den Tropen nicht nur epiphytische Orchideen. Dort gibt es außerdem erdbewohnende Arten (besonders in Südostasien auffallend) und auch lithophytische Orchideen, die z.T. ganze Felspartien überwuchern. So ist also der Blick nicht nur in die Bäume zu werfen, sondern auch der Wegesrand sollte inspiziert werden. Dort sind z.B. folgende Gattungen zu finden: *Calanthe, Cymbidium, Liparis, Malaxis, Phaius* und natürlich *Paphiopedilum*, wobei Pflanzen letzterer Gattung durch zu starkes Sammeln auch von Einheimischen leider nur noch selten anzutreffen sind. Ihr besonderer Schutz durch das »Washingtoner Artenschutzübereinkommen« (siehe Seite 6) ist also durchaus berechtigt. Dafür lassen sich kleinwüchsige und kleinblütige Orchideenarten noch häufiger finden, denn sie sind für Sammler weit weniger attraktiv und werden auch leicht übersehen.

Beim Durchwandern der tropischen Bergwälder und beim Besteigen von bewaldeten Bergen (einschließlich der Vulkane) fällt auf, daß die Häufigkeit der Orchideen für alle Höhenlagen nicht gleich ist. In mittleren Berglagen zwischen etwa 600 und 1800 m kommen die meisten Orchideenarten vor. Sog. Tieflandorchideen unterhalb einer Höhe von 500 m treten nur in relativ wenigen Arten auf, was jedoch nicht heißt, daß hier kein Orchideenreichtum herrschen kann. So ist z.B. in Südostasien eine der häufigsten Orchideen das *Dendrobium crumenatum*, das nicht in große Höhenlagen geht, aber sogar in Städten reichlich auf Straßenbäumen angetroffen werden kann. Entsprechend ihrer Herkunft benötigt diese Art einen »warmen« Kulturraum (Definition siehe Seite 17f.).

Die größte Artenvielfalt kommt in den mittleren Berglagen vor, in denen »tem-periierte« Bedingungen herrschen; dies zeigt auch die Aufstellung der Orchideenarten nach Temperaturansprüchen (siehe Seite 162f.). Oberhalb von etwa 2000 m nimmt der Artenreichtum wieder stark ab.

Kultur- und Pflegehinweise

Allgemeines

Die nachfolgend kurz zusammengestellten Kultur- und Pflegehinweise sowie die nach den jeweiligen Gattungsbeschreibungen aufgeführten, speziellen Kultur- und Pflegemaßnahmen haben nur prinzipiellen Charakter und dürfen nicht als exakte Richtlinien aufgefaßt werden. Denn das Wohlbefinden der Orchideen hängt von vielen Umgebungseinflüssen ab, die bei jedem Orchideenhalter unterschiedlich sind. Somit muß jeder, der Orchideen zu Hause hält, die für seine eigenen zu bietenden Kulturbedingungen günstigste Pflegemethode selbst herausfinden. Doch vielleicht ist es gerade dieser Umstand, der die Orchideenpflege mit dem Ziel einer jährlichen Blüte ein wenig spannend und reizvoll macht. Insofern unterscheiden sich die Orchideen nicht von anderen Zimmerpflanzen. Bei vielen, für die Zimmerkultur geeigneten Orchideenarten kann man sogar sagen, daß sie einfacher zu pflegen sind; denn sie nehmen nur krasse und über längere Zeit andauernde Pflegefehler übel.

Pflanzstoff

Prinzipiell läßt sich feststellen, daß Orchideen nicht in normale Blumenerde, wie man sie für andere Zimmer-

13

Pflanzstoffe

Bezeichnung	Eigenschaften
Kiefernborke	Weniger gute Strukturbeständigkeit (Zersetzung durch Pilze), geringer Nährstoffgehalt, schlechtes Wasserhaltevermögen, schwach saure Reaktion (pH-Wert 4 bis 5)
Styromull, Styropor (aufgeschäumtes Polystyrol)	Sehr gute Strukturbeständigkeit, kein Nährstoffgehalt, kein Wasserhaltevermögen, chemisch völlig neutral
Floratorf (Hochmoortorf)	Gute Strukturbeständigkeit (bei Nässe luftarm), geringer Nährstoffgehalt, sehr gutes Wasserhaltevermögen (im feuchten Zustand), stark saure Reaktion (pH-Wert 3 bis 3,5)
Meranti (tropische Holzart)	Eigenschaften ähnlich wie bei Kiefernborke. Besondere Anwendung (in feinspaniger Form): zur Aufzucht von Sämlingen und zur Bewurzelung
Sphagnum (Sumpfmoos)	Sehr schlechte Strukturbeständigkeit (schnelle Zersetzung), leichter Nährstoffgehalt, bakterizide und fungizide Wirkung, sehr gutes Wasserhaltevermögen, saure Reaktion (pH-Wert etwa 4)
Buchenlaub	Sehr schlechte Strukturbeständigkeit (schnelle Zersetzung), guter Nährstoffgehalt, schlechtes Wasserhaltevermögen, schwach saure bis neutrale Reaktion (pH-Wert 6 bis 7)
Blähton (kleine, poröse Tonkugeln)	Sehr gute Strukturbeständigkeit, kein Nährstoffgehalt, sehr gutes Wasserhaltevermögen, schwach alkalische Reaktion (pH-Wert etwa 8). Hauptanwendung: Topfdränage, Hydrokultur
Perlite (poröses Vulkangestein)	Eigenschaften wie bei Blähton. Besondere Anwendung (in feinkörniger Form): zur Aufzucht von Sämlingen und zur Bewurzelung
Steinwolle	Gute Strukturbeständigkeit, kein Nährstoffgehalt, gutes Wasserhaltevermögen und Nährstoffaufnahme, schwach alkalische Reaktion (pH-Wert etwa 8)

pflanzen verwendet, gepflanzt werden dürfen. Da die meisten Orchideen eine epiphytische Lebensweise haben, benötigen sie einen Pflanzstoff, der wasserdurchlässig, luftig und locker ist, um dem Luftbedürfnis der Wurzeln gerecht zu werden. Außerdem sollte der Pflanzstoff den Orchideen ausreichenden Halt geben und sich nicht so schnell zersetzen.

Eine für Epiphyten mögliche Pflanzstoffmischung – unter Vermeidung von schwer beschaffbaren bzw. aus Naturschutzgründen möglichst nicht einzusetzenden Mischungskomponenten, wie etwa Osmunda, Sphagnum, Torf, Baumfarnfasern – wäre z. B. folgende: $1/3$ Holzfasern (Meranti), $1/6$ Kiefernborkenstückchen, $1/6$ Styroporflocken zur Auflockerung, $1/6$ Steinwolle oder

Schaumstoffschnitzel zur Wasserhaltung und $1/6$ Buchenlaub. Diese Zusammensetzung ist nur ein Beispiel, denn die einzelnen Anteile können je nach Orchideenart variieren, durch andere ersetzt bzw. ganz weggelassen werden. Durch die nur langsame Zersetzung der Holzfasern und Kiefernrinde wird in genügend kleinen Mengen ein Teil der von den Orchideen benötigten Nährstoffe frei. In engem Zusammenhang mit der Art des Pflanzstoffes steht auch die Düngung (siehe Seite 17).

Je weniger nährstoffhaltige Anteile im Pflanzstoff enthalten sind, um so mehr und regelmäßiger muß gedüngt werden.

Ein Maßstab für den Anteil mit gutem Wasserhaltevermögen ist beispielsweise die Wurzelstärke der einzupflanzenden Orchidee. Zarte Wurzeln benötigen einen mehr dichten und wasserhaltigen Pflanzstoff, d. h. man wird den entsprechenden Anteil erhöhen, während starke und robuste Wurzeln ein mehr lufthaltendes Pflanzmaterial lieben, d. h. der Anteil an Styropor oder Borke kann größer sein. Im übrigen ist das Kapitel Pflanzstoff unter den Orchideenliebhabern ein gern diskutiertes Thema, bei dem jeder seine eigenen Erfahrungen zum Besten gibt.

Damit sich jeder Orchideenliebhaber ggf. seine eigene Pflanzstoffmischung herstellen kann, werden in der Tabelle links die wichtigsten Pflanzstoffbestandteile und ihre Eigenschaften aufgeführt, um Anhaltspunkte für die Einsatzmöglichkeiten der verschiedenen Pflanzstoffbestandteile zu geben. Am sinnvollsten und bequemsten ist es natürlich, wenn man seinen Epiphytenpflanzstoff fertig in einer Orchideengärtnerei besorgt.

Für die tropischen Erdorchideen, z. B. Paphiopedilen und Cymbidien, können wir den Pflanzstoff für epiphytische

Orchideen als Grundlage benutzen und ihn zusätzlich mit etwas sandigem Lehm oder Rasen- bzw. Einheitserde versetzen. Dieser Anteil darf aber nicht so groß sein, daß die Luftdurchlässigkeit des Gemisches vollständig verschwindet.

Pflanzgefäße

Bei Verwendung des üblichen Epiphytenpflanzstoffes wird auch heute noch in der Orchideenkultur der normale Blumentopf aus Ton benutzt. Da nun Tontöpfe durch ihre poröse Wand Wasser verdunsten, konzentrieren sich im Pflanzstoff nach und nach die Nährstoffe auf, was von den Orchideen nicht vertragen wird. Abhilfe schafft in diesem Fall der Einsatz von Kunststofftöpfen, die aber leider nicht so standfest sind wie die Tontöpfe. In jüngster Zeit werden zunehmend auch durchsichtige Kunststofftöpfe angeboten, die den Vorteil bieten, das Wurzelwachstum und damit den Kulturzustand besser beobachten zu können. Unabhängig vom Topfmaterial ist für eine genügende Dränage aus Tontopfscherben, Styroporstücken oder Blähtonkugeln zu sorgen, damit sich das Wasser im Pflanzstoff nicht staut, denn stauende Nässe ist Gift für die Orchideenwurzeln. Die Dränage darf bis zu einem Drittel der Topfhöhe ausmachen. Die Töpfe können auf eine Unterlage gestellt oder – besonders bei Orchideenarten mit hängenden Infloreszenzen – aufgehängt werden. Man kann zweckmäßigerweise epiphytische Orchideen auch in Körbchen aus Holzlatten setzen. Das sieht nicht nur dekorativ aus, sondern erlaubt auch eine gute Luftzirkulation durch den Pflanzstoff. Damit die Holzkörbchen eine Weile halten, sollte das verwendete Holz

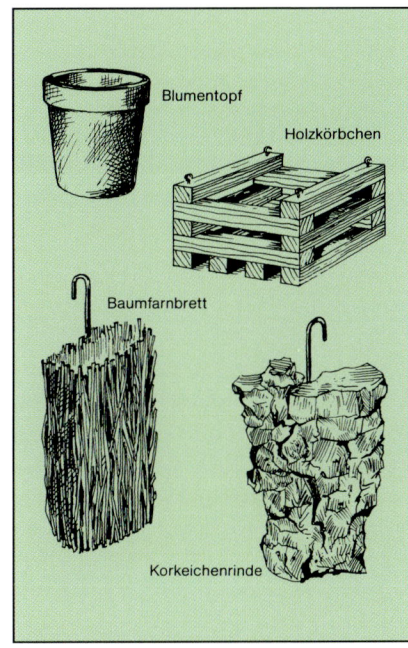

Blumentopf
Holzkörbchen
Baumfarnbrett
Korkeichenrinde

stabil sein; empfehlenswert ist z.B. das Edelholz Pitchpine. Wenn man die Körbchen nicht selbst bauen will, so gibt es im Zubehörhandel fertige Körbchen zu kaufen.

Epiphytische Orchideen mit langen Luftwurzeln, aber auch kleinwüchsige Orchideen mit ihren empfindlichen Wurzeln werden am besten mit Hilfe von rostfreiem Draht oder von Nylonschnur auf eine Unterlage aufgebunden und hängend kultiviert. Als Unterlage eignen sich Korkeichenrinde, Weinrebhölzer oder Robinienholz. Während beim Aufbinden auf Rinde oder auf andere nicht wasserhaltende Unterlagen etwas Pflanzstoff oder mindestens *Sphagnum* bzw. anderes Moos zum besseren Anregen des Wurzelwachstums Verwendung finden sollte, kann man bei Baumfarnbrettchen, die vereinzelt aus Altbeständen noch angeboten werden, darauf verzichten, weil es eine genügend große Wasserspeicherfähigkeit besitzt. Bindet man mehrere Orchideenpflanzen auf eine Unterlage,

so ist der Schritt zum Aufbinden auf einen imitierten Epiphytenstamm nicht mehr weit. So sehr ein mit Orchideen und anderen Epiphyten (z.B. Bromelien, *Rhipsalis*-Arten) bepflanzter Baumstamm der natürlichen Epiphytenlebensweise nahe kommt und dekorativ aussieht, so ist eine solche Kultur doch problematisch: Man kann die Einzelpflanzen nicht mehr individuell pflegen, die Schädlingskontrolle ist erschwert, Krankheiten können sich leichter ausbreiten, und schließlich hält ein noch so stabiler Baumstamm (Eiche oder Robinie) unter dauernder Feuchtigkeitseinwirkung nur einige Jahre.

Einen dauerhaften Epiphytenstamm kann man sich allerdings aus Kunststoffrohren, wie sie für Wasserabflüsse verwendet werden, selbst zusammenstecken und mit Korkeichenrinde verkleiden. Die Orchideenkultur auf Epiphytenstämmen ist wegen der notwendigen Luftfeuchtigkeit nur für geschlossene Kulturräume (z.B. ausgebautes Blumenfenster, Kleingewächshaus) angebracht.

Umpflanzen

Wie alle in Pflanzgefäßen gehaltenen Heimpflanzen müssen auch die Orchideen ab und zu umgepflanzt werden, was man möglichst nicht öfter als alle 2 bis 3 Jahre durchführen sollte, da dieses Umpflanzen immer eine Störung der Pflanze darstellt. Im wesentlichen gibt es zwei Gründe zum Umpflanzen, die auch gleichzeitig eintreten können: erstens die Verrottung des Pflanzstoffes und zweitens das Herauswachsen der Pflanzen aus dem Pflanzgefäß. Der günstigste Zeitpunkt zum Verpflanzen liegt nach der Ruhezeit beim Beginn des erneuten Wachstums, das bei den meisten Orchideen in das Frühjahr fällt.

Man erkennt dies nicht nur an der Bildung eines Neutriebes, sondern vor allem am Wurzelwachstum, das sich durch eine saftig grüne Farbe an der Wurzelspitze anzeigt. Nach Herausnahme der Pflanze aus dem Pflanzgefäß werden zunächst die abgestorbenen Pflanzenteile (Pseudobulben, Wurzeln) entfernt und bei starken, sympodialen Orchideenpflanzen die alten, noch grünen, aber meist blattlosen Pseudobulben als Rückbulben (vgl. Kap. »Vermehrung«, Seite 18f.) abgetrennt. Die Hauptpflanze sollte jedoch danach noch mindestens 4 Pseudobulben besitzen. Die so vorbehandelten Pflanzen werden in die Mitte des neuen Pflanzgefäßes gesetzt und in Pflanzstoff eingebettet und festgedrückt. Zuvor wird in das Gefäß zur Dränage eine Schicht Tonscherben eingefüllt. Für sympodiale Orchideen ist die Gefäßgröße so zu wählen, daß die ältesten Pseudobulben am Gefäßrand sich befinden und die jüngste Pseudobulbe weit genug vom Rand entfernt ist, damit mindestens die Neutriebe von 2 bis 3 Jahren aufgenommen werden können. Beim Einpflanzen muß man vor allem auf die empfindlichen Wurzeln achten, damit sie nicht brechen oder gar abbrechen. Die Einpflanzhöhe ist so zu wählen, daß die alten Wurzeln und die jungen Wurzelspitzen etwas unterhalb der Pflanzstoffebene und die Neutriebe sich gerade oberhalb befinden. Zur Pflege nach dem Umpflanzen ist zu bemerken, daß im Gegensatz zu den üblichen Heimpflanzen die Orchideen nicht angegossen werden dürfen, sondern die neuen Wurzeln in den ersten 2 bis 3 Wochen in den trockenen Pflanzstoff hineinwachsen müssen. In dieser Zeit darf nur vorsichtig mit einem Zerstäuber die Pflanzstoffoberfläche gesprüht und damit auch die Luftfeuchtigkeit erhöht werden. Erst danach kann man wieder langsam mit regelmäßigen Wassergaben beginnen. Vor dem allerersten Umpflanzen ist eine praktische Teilnahme bei einem geübten Orchideenbesitzer vorteilhaft.

Wasserzufuhr

Ein zentraler Punkt in der Orchideenkultivierung ist die ausreichende, aber nicht zu üppige Wasserzufuhr. Sie erfolgt bei in Pflanzstoff eingepflanzten Orchideen mittels Gießens und bei aufgebundenen Orchideen durch Tauchen, z.B. in einen Wassereimer. Beide Wässerungsmöglichkeiten kann man auch ersetzen durch ein intensives Sprühen von Wasser aus einer Sprühflasche, was ebenfalls zur Erhöhung der Luftfeuchtigkeit eingesetzt wird. Viele Orchideen kommen zwar aus Gebieten, in denen Regen und auch Nebel häufig auftreten, doch werden in Kultur befindliche Orchideen hauptsächlich durch zuviel Gießen totgepflegt, was man z.B. an faulenden Pflanzenteilen erkennt. Bis auf Ausnahmen schadet den Orchideen ein kurzzeitiges Austrocknen des Pflanzstoffes nicht, und in den einzuhaltenden Ruhezeiten fast ohne Wassergaben ist es sogar dringend erforderlich, um die Blütenbildung anzuregen. Unter der Angabe »regelmäßiges Gießen« darf auf keinen Fall tägliches Gießen verstanden werden, sondern im Sommer 3- bis 4mal pro Woche und im Winter alle 1 bis 2 Wochen oder seltener (in der Ruhezeit). Auch an heißen Sommertagen ist ein tägliches Sprühen mit Erhöhung der Luftfeuchtigkeit meist besser als ein tägliches Gießen. Wichtig ist vor allem, daß die Wasserzufuhr in den Morgenstunden geschieht, damit der Pflanzstoff und die Pflanzen bis zur Nacht einigermaßen abgetrocknet sind. Stauende Nässe durch dauerndes Gießen sowie in Neutrieben und Blüten stehendes Wasser schaden den Orchideen. Die Wassertemperatur sollte der Lufttemperatur entsprechen.

Als Gieß-, Tauch- und Sprühwasser eignet sich am besten abgestandenes Regenwasser, sofern es nicht durch schädliche Luftverunreinigungen (z.B. in Industriegegenden) unbrauchbar ist. Leitungswasser ist nur dann geeignet, wenn die Wasserhärte nicht zu groß ist. Sie wird bestimmt durch den Anteil von Kalzium- und Magnesiumverbindungen im Wasser und angegeben in °dH (Grad deutscher Härte). Eine weitere wichtige chemische Größe für die Gießwasserqualität ist der pH-Wert (Anteil der freien Wasserstoffionen im Wasser). Sowohl Wasserhärte als auch pH-Wert teilen einem auf Anfrage die lokalen Wasserwerke mit. Für epiphytische Orchideen brauchbar ist mittelhartes Gießwasser (8 bis 18 °dH) mit einem pH-Wert von etwa 5 bis 6, was einer schwach sauren Reaktion entspricht. Bei Verwendung von torfhaltigen Pflanzstoffen darf das Wasser etwas härter sein (18 bis 24 °dH). Zu hartes Gießwasser läßt sich enthärten durch Abkochen, mit Hilfe von Enthärtungstabletten, Oxalsäurezusatz oder Ionenaustauschern. Neben der Wasserhärte und der Wasserstoffionenkonzentration ist die Gesamtsalzkonzentration im Wasser eine wichtige Kenngröße; sie bestimmt die elektrische Leitfähigkeit des Wassers, die in Siemens pro cm (Scm^{-1}) gemessen wird. Mit einem Leitfähigkeitsmeßgerät kann man feststellen, ob die Leitfähigkeit und damit der Gesamtsalzgehalt nicht zu hoch ist (kleiner 250 μScm^{-1} ist gut, 250 bis 500 μScm^{-1} ist noch brauchbar, größer 500 μScm^{-1} ist zu hoch). Im Vergleich dazu hat vollentsalztes Wasser eine elektrische Leitfähigkeit von 0 bis

$5\ \mu Scm^{-1}$. Ist der Salzgehalt im Wasser zu hoch, z. B. durch zusätzliche Düngesalze, so erleidet die Orchidee Wurzelschäden. Die Wurzeln werden dann braun und ihre Spitzen schwarz.

Düngung

Wenn regelmäßig alle 2 bis 3 Jahre in Pflanzstoff mit einem gewissen Nährstoffgehalt (z. B. bei Zusatz von Buchenlaub) umgepflanzt wird, so ist eine Beigabe von Dünger in das Gießwasser nicht unbedingt notwendig. Jedoch kann eine sinnvolle Düngung das Wachstum unterstützen und die Blühwilligkeit erhöhen. Verwendet man Pflanzstoffe, die fast keine Nährstoffe enthalten (z. B. Borke, Torf), so sind die benötigten Nährelemente (siehe »Falsche Nährstoffzufuhr«, Seite 26) in Form von Dünger dem Gießwasser zuzusetzen. Wichtig ist jedoch bei Verwendung von den üblichen Düngemitteln für Zimmerpflanzen, daß sie für Orchideen nur in weit geringerer (etwa 5- bis 10fach niedrigerer) Konzentration als angegeben verwendet werden dürfen, denn aufgrund ihrer Lebensweise auf Bäumen haben sie sich an eine niedrige Nährstoffzufuhr angepaßt. Wie in der Natur kann man mit jedem Gießwasser eine gleichmäßige, aber niedrige Nährstoffversorgung vornehmen, wenn der verwendete Epiphyten-Pflanzstoff nährstoffarm ist. Gibt er selbst mehr Nährstoffe ab, so braucht eine Düngung nur etwa alle 2 bis 3 Wochen zu erfolgen, und das auch nur dann, wenn der Pflanzstoff noch feucht ist, die Wurzeln gesund sind und keine Ruhezeit besteht. Zum Pflanzenwachstum ist stickstoffhaltiger Dünger günstig, während zur Blütenbildung ein Phosphordünger geeignet ist.

Licht

Das Licht ist die Voraussetzung jeglichen Lebens und somit auch für das der Orchideen; denn es liefert die zum Pflanzenaufbau notwendige Energie. Entsprechend der Herkunft der tropischen Orchideen brauchen sie möglichst viel Licht, doch gilt dieser Grundsatz nicht ausnahmslos. Im Spätfrühjahr und Sommer ist in unseren gemäßigten Breiten der direkte Sonnenlichteinfall besonders in der Mittagszeit zu stark. Da sich dabei in den Kulturräumen im Zimmer oder im Gewächshaus sich gleichzeitig die Temperatur erhöht, so daß die vom Blatt aufgenommene Wärme nicht genügend abgestrahlt werden kann, muß man durch Beschattung, z. B. mit Rollos oder Gardinen, vermeiden, daß die Pflanzen verbrennen bzw. vertrocknen.

Ein Wegweiser für die Wärmeempfindlichkeit der Blätter ist deren Konsistenz. Orchideenarten mit fleischigen oder ledrigen Blättern vertragen mehr Wärme und somit Sonnenlicht als Arten mit weichen und zarten Blättern. So benötigen die Cattleyen viel Licht, während die Paphiopedilen als Schattenpflanzen kein direktes Sonnenlicht mögen. Während also im Sommer der Lichteinfall zu stark sein kann, ist er im Winter relativ schwach; denn erstens sind die Tage kürzer als 12 Stunden (ungefähre Tageslänge in den Tropen) und zweitens steht die Sonne sehr niedrig über dem Horizont. Es kann dann ein künstliches Zusatzlicht geschaffen werden. Empfehlenswert sind Leuchtstoffröhren, die bei hoher Lichtausbeute relativ wenig Wärme abgeben. Innerhalb eines Zimmers, z. B. in einer Zimmervitrine ohne nennenswerte Sonneneinstrahlung, muß diese Beleuchtung etwa 12 bis 13 Stunden pro Tag brennen, während bei direktem Lichteinfall am Fenster nur im

Winter das fehlende Tageslicht für einen Tropentag zu ergänzen ist. Die Summe aus natürlichem und künstlichem Licht sollte aber 14 Stunden nicht überschreiten, um die Blütenbildung nicht negativ zu beeinflussen. Weitere Ausführungen siehe bei den einzelnen »Kulturräumen« (Siehe Seite 21ff.).

Luft und Temperatur

Man kann für alle Orchideen global feststellen, daß sie immer frische Luft brauchen. Eine ausreichende Luftzirkulation (z. B. mit Hilfe eines Ventilators) ist vor allem in den abgeschlossenen Kulturräumen weit wichtiger als die genaue Einhaltung von vorgegebenen Lufttemperaturen. Stehende und stickige Luft vertragen die Orchideen nicht. Allerdings dürfen sie auch nicht dauernd einem zu starken Luftzug ausgesetzt werden, d. h. bei Verwendung eines Ventilators dürfen die Pflanzen nicht direkt angeblasen werden. Mit Hilfe von Lüftungsschlitzen ist auch unter Beachtung der Temperaturansprüche für ausreichenden Luftaustausch zu sorgen; man darf aber beispielsweise im Winter die kalte Außenluft nicht direkt in den Kulturraum leiten. Im Sommer bietet es sich an, die Orchideen ins Freie zu bringen, entweder auf den Balkon oder in den Garten. Die temperiert und erst recht die kühl zu haltenden Orchideen können vom Spätfrühjahr bis zum Herbstbeginn draußen bleiben. Vor allem der Temperaturwechsel von Tag zu Nacht bekommt ihnen sehr gut. Vor dem ersten Nachtfrost müssen die Orchideen allerdings wieder hereingeholt werden.

In der Heimat der tropischen Orchideen herrscht eine Luftfeuchtigkeit, die im allgemeinen höher ist als bei uns

17

draußen oder im Zimmer. Bei der Orchideenkultur muß also die Luftfeuchtigkeit erhöht und mit einem Hygrometer überwacht werden. Die von den Orchideen benötigte, relative Luftfeuchte beträgt etwa 60% bis 70% (und zeitweise 80%), was auch dem Behaglichkeitsempfinden des Menschen ziemlich nahekommt. Kultiviert man Orchideen auf dem Fensterbrett, so ist zur Erhöhung der Luftfeuchtigkeit vor allem bei zentralbeheizten Zimmern empfehlenswert, möglichst große Wasserschalen auf das Fensterbrett zu stellen, in die auf umgestülpten Untersetzern die Pflanzgefäße so gestellt werden, daß kein Wasser den Pflanzstoff erreichen kann. Besser ist allerdings ein abgeschlossener Kulturraum (z.B. ausgebautes Blumenfenster, Zimmervitrine, Gewächshaus), in dem man die Luftfeuchtigkeit durch manuelles Sprühen von Wasser aus einer Sprühflasche oder mit Hilfe eines Elektroluftbefeuchters auf die benötigte Höhe bringen kann. Besonders bei sehr großer Hitze im Sommer sollte das Sprühen mehrmals täglich erfolgen. Weitere Ausführungen siehe bei den einzelnen »Kulturräumen« (Seite 21ff.).

Neben dem Hygrometer ist bei der Orchideenhaltung das Thermometer ein wichtiges Meßinstrument. Allerdings ist das Wärmebedürfnis der tropischen Orchideen von Gattung zu Gattung oder gar von Art zu Art verschieden. Zur Vereinfachung lassen sich grob 3 Temperaturkategorien »**kühl**«, »**temperiert**« und »**warm**« unterscheiden, denen als Richtschnur je nach Jahreszeit folgende Tagestemperaturen zugeordnet werden können.

Kurzzeitige Temperaturüberschreitungen oder -unterschreitungen sind unproblematisch und kommen auch in der Natur vor. So ist es also auch möglich, kühl zu haltende Orchideen über

Kulturbedingungen (Temperaturangaben in °C)			
	kühl	temperiert	warm
Winter	8–12	14–16	20–22
Frühjahr	12–16	16–20	22–24
Sommer	16–18	20–22	24–28
Herbst	12–16	16–18	22–24

den Sommer zu bringen, wobei man den Pflanzen durch reichliches Sprühen mit entsprechender Verdunstungskühlung die heißen Mittagsstunden erträglicher machen kann. Wichtig ist bei allen drei Kategorien die Nachttemperaturabsenkung von etwa 5 °C.

Vermehrung

Die Orchideen gehören zu den ausdauernden Pflanzen, d.h. in jeder Vegetationsperiode erhält die sympodiale oder monopodiale Sproßachse einen Zuwachs. Theoretisch kann eine Orchideenpflanze als Individuum durch diese dauernde vegetative Erneuerung viele Jahrzehnte alt werden. Bei optimalen Kulturbedingungen wird eine sympodial wachsende Orchidee, vor allem wenn regelmäßig mehr als ein Sproßauge austreibt, durch Verzweigungen immer größer werden. Aufgrund dieser vegetativen Vergrößerung bietet es sich bei sehr groß gewordenen und ggf. aus dem Pflanzgefäß herausgewachsenen Pflanzen an, diese beim Umpflanzen durch **Teilung** in mehrere Stücke mit mindestens einer Sproßachse zu zerlegen. Dabei sollten bei Orchideen mit Pseudobulben pro Sproßachse mindestens 3 bis 4 ausgereifte Pseudobulben zusammenbleiben, damit der Weiterwuchs ohne große Schwächung erfolgen kann. Monopodial wachsende Orchideen lassen sich auf diese Weise nicht vermehren. Bei manchen Gattun-

gen mit dieser Wuchsform (z.B. *Angraecum, Vanda*) kann man aber bewurzelte Triebspitzen abtrennen, worauf der untere Pflanzenteil durch seitlichen Neuaustrieb ebenfalls weiterwächst.

Dann gibt es noch einige Orchideengattungen (z.B. *Dendrobium, Epidendrum, Phalaenopsis*), die aus zunächst ruhenden Triebaugen entweder an den Pseudobulben oder am Blütenstandstiel neue Pflanzen (sog. »**Kindel**«) bilden, die nach erfolgter Wurzelbildung vorsichtig abgetrennt und als Jungpflanzen weiterkultiviert werden können.

Bei konsequenter Teilung einer Pflanze fallen die sog. **Rückbulben** an. Sie können ggf. schon blattlos sein, sind aber trotzdem in der Lage, aus ihren Reserveaugen (siehe Seite 9, »Bau der Orchideenpflanze«) Neutriebe zu bilden, die aber meist erst nach einigen Jahren Blühstärke erreichen. Zur besseren Anregung des Neuaustriebs ist es empfehlenswert, die Rückbulben zusammen mit etwas lebendem Moos in einen durchsichtigen Plastikbeutel zu stecken, um die Luftfeuchtigkeit zu erhöhen. Nach erfolgtem Austrieb sind die Rückbulben wieder herauszunehmen, damit der empfindliche Neutrieb nicht abfault.

Eine weitere Methode der ungeschlechtlichen, vegetativen Vermehrung ist die mit Hilfe von **Meristemen**, das sind die vordersten Bereiche des teilungsfähigen Zellgewebes. Nach dem Entfernen des Meristems von einer Einzelpflanze kann sie an dieser Stelle nicht mehr weiterwachsen. Das abgetrennte Meristem muß unter sterilen Bedingungen in ein Nährmedium in einem Glas gegeben werden, das dauernd gedreht wird, wodurch das Meristem seine Orientierung verliert und nach allen Seiten sog. Protokorme bildet. Durch regelmäßige Teilung dieser Protokorm-Ansammlungen und er-

18

neute Unterbringung auf Nährboden sowie weiteres unorientiertes Wachstum lassen sich theoretisch unendlich viele Protokorme erzeugen. Bringt man die Protokorme auf einen Nährboden ohne dauernde Drehung, so bilden sich keine neuen Protokorme, sondern nach oben Blätter und nach unten Wurzeln. Damit hat man beliebig viele Jungpflanzen gewonnen, die alle mit der Ursprungspflanze genetisch identisch sind, d. h. alle meristemvermehrten Pflanzen haben die gleichen Eigenschaften (z. B. Blütenform und -farbe). Gute Zuchtorchideen lassen sich auf diese Weise beliebig sortenecht vermehren, wie z. B. × *Vuylstekeara* Cambria ʼPlushʼ. Aufgrund des technischen Aufwands wird diese Art der Vermehrung, die erst nach 1960 Eingang in die Gartenpraxis gefunden hat, hauptsächlich der professionelle Orchideengärtner mit einem entsprechend eingerichteten Laboratorium durchführen.

Auch die geschlechtliche Vermehrung mit Hilfe von Samen spielt für den durchschnittlichen Orchideenliebhaber keine Rolle; denn die **symbiotische Aussaat** zusammen mit den entsprechenden Wurzelpilzen ist schwierig und unergiebig (und wird auch von den Gartenbetrieben nicht durchgeführt) und die **asymbiotische Aussaat** auf speziellen Nährboden kann nur unter sterilen Bedingungen und mit entsprechendem Arbeitsaufwand vorgenommen werden. Wie bei der Meristemvermehrung ist ein spezieller Nährboden erforderlich, auf dem die keimfrei gemachten Samen aufgebracht werden. Diejenigen Nährstoffe, die in der freien Natur vom Bodenpilz an den Orchideensamen herangebracht werden, müssen nun vom Nährboden in entsprechender Form geliefert werden. Der amerikanische Botaniker KNUDSON entwickelte 1922 eine geeignete Nähr-

stoffkombination, auf der auch heute noch alle Rezepturen beruhen. Neben den Nährelementen Stickstoff, Phosphor, Kalzium, Kalium u. a. ist ein Hauptbestandteil des Nährbodens Agar-Agar (aufbereitete Meeresalgen) als Geliermittel sowie Saccharose oder Fructose und Glucose als notwendiger Zuckerlieferant. Heutzutage gibt es fertige Nährböden im Zubehörhandel zu kaufen. Wenn man den Aufwand zur Sterilisation von Geräten, Gläsern, Nährboden und ggf. Samen (bei geöffneter Kapsel) sowie das 5- bis 8malige Umsetzen der Sämlinge (sog. »Pikieren«) nicht scheut, so ist es für einen engagierten Orchideenliebhaber möglich, Nachzuchten oder neue eigene Züchtungen vorzunehmen und großzuziehen. Ein kritisches Stadium ist die Entnahme der jungen Pflänzchen aus einem sterilen Nährboden und die Umstellung auf einen nicht mehr sterilen Pflanzstoff. Doch selbst wenn man das ohne größere Ausfälle geschafft hat, vergehen immer noch mehrere Jahre bis zur ersehnten Blühreife.

Hydrokultur

Die erdelose Pflanzenpflege ist heute bei der Zimmerpflanzenkultur weit verbreitet und hat auch vor den tropischen Orchideen nicht halt gemacht. Doch bisher hält die Anwendung der Hydrokultur bei den Orchideen mit der bei den übrigen Zimmerpflanzen noch nicht Schritt. Das wird sich aber in Zukunft sicherlich ändern, denn in zunehmendem Maße gehen Orchideenzüchter dazu über, ihre Pfleglinge in Hydrokultur heranzuziehen. Allerdings gibt es nur einige Gattungen und Arten, die sich zur Hydrokultur eignen. Bisher liegen Erfahrungen über erfolg-

reiche Hydrokultur für folgende Gattungen vor:

Brassia, Cattleya (Hybriden), *Cymbidium* (Hybriden), *Lycaste, Paphiopedilum* und *Phalaenopsis* (Hybriden).

Außerdem hat man auch erfolgreiche Versuche mit folgenden Arten durchgeführt:

Coelogyne cristata, Dendrobium nobile, Lemboglossum bictoniense und *Rossioglossum grande* sowie einige *Epidendrum*-Arten. Zukünftig wird aber hauptsächlich die Zahl der Hybriden für die Hydrokultur zunehmen, denn durch Züchtung läßt sich eine bessere Anpassung erreichen als bei den Naturarten.

Von den vielen Hydrokultur-Möglichkeiten ist diejenige einfachste und unproblematischste die mit Hilfe eines Depot-Düngers auf Ionenaustauscherbasis (z. B. Lewatit HD5 von der Firma Bayer in Leverkusen). Die Orchideenpflanze wird in einen am Boden durchlöcherten Plastiktopf gesetzt und mit Blähton eingepflanzt. Dieser Topf wird in einen Plastik-Übertopf gestellt, in dem sich am Boden das Wasser mit den Ionenaustauscher-Kügelchen befindet. Der Vorteil des Ionenaustauschers liegt darin, daß er nur soviel Nährstoff abgibt, wie die Pflanze aufnimmt. Dafür nimmt der Ionenaustauscher die unverträglichen Stoffe des Leitungswassers auf, so daß also nur bei entsprechender Wasserstandsanzeige normales und nicht aufbereitetes Leitungswasser nachgefüllt werden darf, damit der Ionenaustauscher richtig arbeitet. Die Ionenaustauscher sind nach etwa 6 Monaten erschöpft und müssen dann erneuert werden. Insgesamt gesehen ist diese Art der Orchideenhaltung für die Zimmerkultur sehr geeignet, vor allem dann, wenn man nur am Fensterbrett einige Töpfe aufstellen kann.

Züchtung

Die Kreativität des Menschen hat in Kunst und Kultur seinen sichtbaren Ausdruck gefunden und auch im Bereich des Pflanzenreiches seine Umsetzung erfahren. Sein Interesse galt nicht nur der Nachahmung der Natur bei der Inkulturnahme von schönen, interessanten oder für die Medizin wichtigen Pflanzen in seinem Einflußbereich – wie man z.B. an den mittelalterlichen Klostergärten oder in späterer Zeit an den schönen Bauerngärten erkennen kann –, sondern auch die Umsetzung seiner künstlerischen Ideen durch Kombination von mindestens 2 verschiedenen (verwandten) Pflanzenarten in eine sog. **Hybride** als Züchtungsprodukt. Aber auch hierbei war die Natur dem Menschen voraus, denn es gibt **Naturhybriden** bei den einzelnen Pflanzenfamilien einschließlich der Orchideen. Diese wurden anfangs von den Botanikern gar nicht als solche erkannt. Beispielsweise stellte sich erst sehr viel später heraus, daß die im Jahre 1787 von einem französischen Botaniker im französischen Alpengebiet neu entdeckte und neu beschriebene Art *Orchis suaveolens* (heutiger Name: × *Gymnigritella* × *suaveolens*) eine Naturhybride ist, die sich spontan aus der Art *Gymnadenia conopsea* und der Art *Nigritella nigra* gebildet hat, was – wie man heute weiß – durch Überkreuzbestäubung mittels der entsprechenden Insekten als Blütenbesucher hervorgerufen wurde. Auch bei tropischen Orchideen wußten die Orchideenforscher bis zur Mitte des letzten Jahrhunderts nichts von Naturhybriden. So hat 1852 John Lindley eine neu entdeckte *Phalaenopsis*-Art als *Phalaenopsis intermedia* beschrieben, ohne daß er erkannte, eine Naturhybride zwischen *Phalaenopsis amabilis* und *Phalaenopsis rosea* vor sich zu haben.

Aber im Jahre 1856 blühte die erste von Menschenhand erzeugte (künstliche) Hybride in der englischen Gärtnerei Veitch. Dem Gärtner John Dominy war es durch künstliche Bestäubung zwischen *Calanthe masuca* und *Calanthe furcata* (heute: *Cal. triplicata*) gelungen, befruchtete Samen zu erzeugen, die die Erbanlagen von beiden Arten besaßen; sie bekam den Namen *Calanthe Dominyi*. Da damals die wissenschaftlichen Hintergründe für die komplizierte Aufzucht aus Samen noch nicht bekannt waren (siehe »Vermehrung« Seite 18f.), ist es überhaupt erstaunlich, daß Dominy blühfähige Pflanzen heranziehen konnte. Sicherlich scheiterte die gezielte Anzucht aus Samen zumeist, doch wurden in den Folgejahren weitere künstliche Hybriden erzeugt. Die einzige Möglichkeit war damals das Aussäen auf den Pflanzstoff der Mutterpflanzen. So blühte 1859 die erste *Cattleya*-Hybride, ohne daß man wußte, welche Arten die Eltern waren.
1863 wurde die erste intergenerische Hybride zwischen zwei verwandten Gattungen künstlich erzeugt: *Cattleya mossiae* × *Laelia crispa* = × *Laeliocattleya* Exoniensis. Auch bei der beliebten Gattung *Paphiopedilum* wurden schon sehr bald Kreuzungsversuche unternommen. Es war wiederum John Dominy, der 1869 sein *Paphiopedilum Harrisianum* (= *Paphiopedilum barbatum* × *Paphiopedilum villosum*) dem staunenden Publikum vorstellte.
Die erste 1871 erschienene Hybridenliste umfaßte insgesamt 18 künstliche Kreuzungen. Von der englischen Orchideengärtnerei Sander wurde 1901 eine 32 Seiten umfassende Liste veröffentlicht. Von Jahr zu Jahr wurde diese Liste länger. Der Name Sander war diesbezüglich bis 1960 ein Begriff, denn er gab unter seinem Namen die »Complete List of Orchid Hybrids« heraus.

Unter der Regie der englischen »Royal Horticultural Society« (RHS) wurde und wird heute noch diese Liste monatlich fortgeschrieben und in den in- und ausländischen Orchideenzeitschriften veröffentlicht. Jeder Orchideenzüchter, der seine erzeugte Hybride formal anerkennen und registrieren lassen will, muß sie mit entsprechenden Nachweisen bei der RHS anmelden. Inzwischen sind über 100000 (!) Orchideen-Hybriden offiziell registriert worden; dies ist das etwa 3- bis 4-fache der bekannten und noch vermuteten Naturarten. In den letzten Jahren ist eine Orchideen-CD von der RHS herausgegeben worden, die auf einem CD-ROM-Laufwerk eines üblichen »PCs« abgespielt werden kann. Die neueste Version enthält alle bis 1996 registrierten Namen und Stammbäume.
Zur **Namensgebung von künstlichen Hybriden** ist folgendes anzumerken. Kreuzungen aus zwei Arten einer Gattung, sog. Primärhybriden, erhalten einen Namen, der im Gegensatz zu reinen Arten groß und nicht kursiv geschrieben wird. Werden zwei Arten aus verschiedenen Gattungen gekreuzt ×, so wird ein neuer »Gattungsname« gebildet aus Silben der Namen der Elterngattungen, z.B. *Cattleya* × *Laelia* = × *Laeliocattleya*. Daran schließt sich der groß und nicht kursiv zu schreibende Sammelname an, z.B. × *Laeliocattleya* Exoniensis. Bei Drei- und Mehrgattungshybriden wird ein neuer künstlicher Name gewählt, meist ein Züchtername, der mit der Endung »ara« versehen wird, z.B. × *Vuylstekeara* (nach dem belgischen Züchter Vuylsteke). Da bei Hybriden aufgrund der beteiligten Gattungen grob auf die Kulturbedingungen geschlossen werden kann, werden nachfolgend ein paar wichtige Züchtungsnamen und deren Zusammensetzung aufgeführt:

20

Gattungshybriden und ihre Zusammensetzung

$\times$ *Burrageara = Cochlioda* $\times$ *Miltonia* $\times$ *Odontoglossum* $\times$ *Oncidium*

$\times$ *Colmanara = Odontoglossum* $\times$ *Miltonia* $\times$ *Oncidium*

$\times$ *Hawaisara = Aerides* $\times$ *Vanda* $\times$ *Arachnis*

$\times$ *Howeara = Leochilus* $\times$ *Oncidium* $\times$ *Rodriguezia*

$\times$ *Lowara = Brassavola* $\times$ *Laelia* $\times$ *Sophronitis*

$\times$ *Potinara = Brassavola* $\times$ *Laelia* $\times$ *Cattleya* $\times$ *Sophronitis*

$\times$ *Rolfeara = Brassavola* $\times$ *Cattleya* $\times$ *Sophronitis*

$\times$ *Vuylstekeara = Odontoglossum* $\times$ *Cochlioda* $\times$ *Miltonia*

$\times$ *Warneara = Comparettia* $\times$ *Rodriguezia* $\times$ *Oncidium*

$\times$ *Withnerara = Aspasia* $\times$ *Miltonia* $\times$ *Odontoglossum* $\times$ *Oncidium*

$\times$ *Yapara = Phalaenopsis* $\times$ *Rhynchostylis* $\times$ *Vanda*

Man erkennt, daß hauptsächlich drei Verwandtschaftskeise an diesen Hybriden beteiligt sind: *Cattleya-*, *Odontoglossum-*/*Oncidium-* und *Vanda*-Arten bzw. deren engere Verwandtschaft.

Die Orchideen-Züchtung hat heute einen sehr hohen Stellenwert im Orchideenhandel. Orchideen als Schnittblumen stammen fast ohne Ausnahme aus künstlichen Kreuzungen. Auch der Orchideen-Anfänger wird sich zunächst Hybriden als Topfpflanzen zulegen, denn sie sind meist einfacher zu pflegen.

Kulturräume

Offene Fensterbank

Viele Orchideenfreunde beginnen ihre Orchideenkultur auf der offenen Fensterbank. Dies ist zwar die einfachste und billigste Art, Orchideen zu pflegen, aber auch die schwierigste zum Erzielen von regelmäßigen Blüherfolgen. Zunächst ist bei der Wahl und Gestaltung der offenen Fensterbank darauf zu achten, daß die zur Auswahl stehenden Orchideen zum Gedeihen gewisse Mindestansprüche stellen. Die wesentlichen Faktoren sind Licht und Luft. Hat man ein Fenster in Ostrichtung zur Verfügung, so braucht man be-

züglich des Lichtes keine weiteren technischen Hilfsmittel. Westfenster benötigen nachmittags und Südfenster vom späten Vormittag bis zum frühen Nachmittag eine Schattierungsvorrichtung. Bei Nordfenstern dagegen muß für eine künstliche Zusatzbeleuchtung gesorgt werden. Die Frischluftansprüche können dadurch einigermaßen befriedigt werden, daß eine Lüftungsmöglichkeit durch ein Fenster vorhanden ist, wobei darauf zu achten ist, daß kalte Außenluft nicht direkt an die Orchideen gelangt. Zum Erreichen einer Mindestluftfeuchtigkeit (etwa 60 % rel. Feuchte) kommt man über Zusatzeinrichtungen in Form von Wasserschalen oder, besser elektrisch betriebenen Luftbefeuchtern nicht herum. Bei der Verwendung von

Offene Fensterbank

21

Geschlossenes Blumenfenster

Schalen mit einer Wasservorlage müssen die Pflanzen innerhalb der Schale so aufgestellt werden, daß sie keinen direkten Kontakt mit dem Wasser haben (z.B. mit Hilfe umgestülpter Tontöpfe oder eines Drahtgitters); das Wasser soll nur durch Verdunstung das Kleinklima um die Pflanzen herum verbessern. Zur Erhöhung der Verdunstungsrate kann auch ein spezielles, elektrisches Heizkabel in der Wasserschale verlegt werden. Eine Vergrößerung der Verdunstungsfläche erreicht man durch Einbringen von Kieselsteinen oder Blähtonkugeln.

Da die offenen Wasserschalen durch das Licht schnell Algen ansetzen, müssen sie öfters gereinigt werden. Um ausreichend breite Wasserschalen aufstellen zu können, ist es meist auch notwendig, die Fensterbank zu verbreitern. Befindet sich ein Heizkörper darunter, so wird dadurch auch die aufsteigende, trockene Heizungsluft besser in den Raum geführt. Zum besseren »Festhalten« der Luftfeuchtigkeit ist es angeraten, die Orchideenpflanzen möglichst dicht aneinander zu stellen, wobei die lichthungrigen Orchideen (z.B. Cattleyen) direkt am Fenster und diejenigen Orchideen, die weniger Licht benötigen (z.B. Paphiopedilen), zum Raum hin stehen sollten. In der kalten Jahreszeit dürfen die Pflanzen nicht zu dicht an das Fensterglas gestellt werden, um

Kälteschäden zu vermeiden. Da bei der Orchideenkultur auf der offenen Fensterbank die Pflanzen unmittelbar unter dem Einfluß des Zimmerklimas stehen, ist die Auswahl der geeigneten Orchideenarten sehr beschränkt: z.B. *Aerides*-Arten, *Cattleya*-Arten und -Hybriden, *Laelia*-Arten und -Hybriden, *Paphiopedilum*-Arten und -Hybriden, *Phalaenopsis*-Arten und -Hybriden, *Vanda*-Arten und -Hybriden.

Geschlossenes Blumenfenster

Um die dringend notwendigen, höheren Luftfeuchtigkeiten (60 bis 80% rel. Feuchte) besser erreichen und halten zu können, ist der nächste Schritt, die offene Fensterbank zum Raum hin durch schiebbare oder aufklappbare Fensterscheiben abzutrennen. Die Einrichtungen zur Erreichung der Luftfeuchtigkeit sind die gleichen wie beim offenen Blumenfenster. Zusätzlich ist jedoch ein Heizstab zu installieren, um im Winter die notwendige Temperatur zu halten, da der Luftaustausch zum Raum hin unterbunden ist. Für eine Frischluftzufuhr muß mindestens eine Lüftungsmöglichkeit zum Wohnraum vorhanden sein, besser wäre zusätzlich eine Lüftung (bei entsprechender Außentemperatur) nach draußen. Da ein geschlossenes Blumenfenster einen relativ kleinen Luftraum darstellt, muß man aufpassen, daß es bei starker Sonneneinstrahlung nicht überhitzt wird. Eine Schattierungsmöglichkeit ist daher unbedingt vorzusehen, wobei am effektivsten ein Anbringen außen vor dem Fensterglas ist. Für eine bessere Luftzirkulation ist die Installation eines kleinen Ventilators angebracht, der allerdings die Pflanzen selbst nicht direkt anblasen sollte. Da der gesamte Raum eines geschlossenen Blumenfensters auf diese Weise ziemlich gleiche Kulturbedingungen aufweist, kann man über den auf den Wasserschalen angeordneten Pflanzentöpfen auch Orchideen in hängenden Körbchen oder an aufgehängten Baumfarnstücken kultivieren und so den vorhandenen Raum optimal ausnutzen. Meist wird es von Vorteil sein, wenn mindestens in den lichtärmeren Wintermonaten eine Zusatzbeleuchtung das fehlende Tageslicht ersetzt. Neben normalen Leuchtstoffröhren bieten sich besonders spezielle wachstumsfördernde Leuchtstoffröhren an. Da letztere ein für das menschliche Auge unangenehmes Licht abgeben, sollten sie mit Tageslicht-Leuchtstoffröhren kombiniert werden. Es dürfte aus Sicherheitsgründen selbstverständlich sein, daß durch die erhöhte Luft-

feuchtigkeit in einem geschlossenen Blumenfenster nur feuchtigkeitsgeschützte Röhrenleuchten zu verwenden sind. Als Richtwert für eine ausreichende Beleuchtung kann eine Leistungsaufnahme der Leuchtstoffröhren von etwa 300 W pro m^2 Stellfläche gelten. Die Gesamtbeleuchtungsdauer (einschließlich Tageslichtanteil) braucht auch im Winter nicht mehr als 12 bis 13 Stunden zu betragen, was der mittleren Tageslänge in den Tropen entspricht. Durch die insgesamt besseren Kulturbedingungen im geschlossenen Blumenfenster ergibt sich im Verhältnis zur offenen Fensterbank eine größere Auswahl an kultivierbaren Orchideen; zusätzlich zu den o.g. Gattungen können z.B. auch die verschiedensten *Coelogyne-, Dendrobium-, Encyclia-, Epidendrum-, Maxillaria-, Oncidium-* und *Sophronitis*-Arten gehalten werden.

Zimmervitrine

Zimmervitrine

Wenn der Bau eines geschlossenen Blumenfensters nicht möglich ist (z.B. in Mietwohnungen), dann bietet sich als nächstbeste Lösung die Kultur von Orchideen in einer Zimmervitrine an, die man entweder fertig kaufen oder als Hobbybastler auch leicht selbst anfertigen kann. Wichtig ist eine feuchtigkeitsbeständige Konstruktion, z.B. aus Aluminium. Da eine solche Vitrine – selbst wenn sie in Fensternähe steht – zu wenig Tageslicht erhält, ist eine ausreichende Beleuchtung zur Orchideenkultur unbedingt notwendig. Bezogen auf Leuchtstoffröhren dürfte eine Anschlußleistung von 400 bis 500 W pro m^2 Grundfläche richtig sei. Zum Erreichen der notwendigen Luftfeuchtigkeit können, wie oben beschrieben, Wasserschalen oder ein Luftbefeuchter eingesetzt werden. Schwierig dürfte die Frischluftzufuhr sein, besonders in schlecht belüfteten Zimmern. Es kann also leicht passieren, daß gerade in einem klein begrenzten Kulturraum mit entsprechender Wärme und Feuchtigkeit eine muffige Atmosphäre entsteht, die von den wenigsten Orchideen vertragen wird und der Ausbreitung von Krankheiten und Schädlingen Vorschub leistet. Dies muß unbedingt vermieden werden. Um stagnierende Luft in einer Vitrine nicht aufkommen zu lassen, ist, wie im geschlossenen Blumenfenster das Aufstellen eines Ventilators erforderlich. Auf eine Heizung wird man meist verzichten können, da die Leuchtstoffröhren mit ihren Drosseln mehr als genug Wärme abgeben und eine Orchideenvitrine überwiegend in geheizten Räumen stehen wird. Aus diesem Grund wird man sich auch weitgehend auf Orchideen des warmen Temperaturbereiches (z.B. *Aerangis, Angraecum, Paphiopedilum, Phalaenop-*

sis) beschränken müssen. Orchideen, die viel Licht benötigen (z. B. *Aerides, Ascocentrum, Cattleya*), sind für eine Vitrinenkultur weniger geeignet. Da Vitrinen als transportable Objekte bestimmte Abmessungen nicht überschreiten, bietet sich vor allem die Kultur kleinwüchsiger Orchideenarten an.

Kleingewächshaus

Der Traum eines jeden Orchideenliebhabers dürfte der Besitz eines Kleingewächshauses sein. Aber selbst das noch so ideale und automatisierte Gewächshaus kann die individuelle Pflege der

Orchideen nicht ersetzen. Allerdings ist es richtig, daß sich die gewünschten Kulturbedingungen (wie Temperatur und Luftfeuchte) umso leichter erzeugen und einhalten lassen, je größer der Kulturraum ist. Dafür ist der technische Aufwand aber auch bedeutend höher als beim ausgebauten Blumenfenster oder bei der Zimmervitrine. Bei der Orchideenliebhaberei dürfte jedoch – wie bei anderen Hobbies auch – das Kosten-Nutzen-Verhältnis in den Hintergrund treten. Zur Verringerung der laufenden Betriebskosten (im wesentlichen Heizkosten) ist es sogar angebracht, an den einmaligen Anschaffungskosten nicht zu sparen. Nachfolgend soll nur

Innenraum eines Kleingewächshauses mit Warmhaus-Orchideen (oben) und Kalthaus-Pflanzen (links).

auf die wichtigsten Gesichtspunkte bei der Planung hingewiesen werden. Um im Winter Heizkosten zu sparen, ist es angebracht, das Gewächshaus an einen relativ sonnigen Platz im Garten aufzustellen. Dadurch kann man in der kalten Jahreszeit die Sonnenenergie als billigste Wärmequelle gut nutzen. Im Sommer muß dann eine gute Außenschattierung dafür sorgen, daß der Innenraum nicht zu sehr aufgeheizt wird und die Orchideen den Hitzetod erleiden; etwa 35 °C Lufttemperatur sind für die meisten Orchideen die absolute Höchstgrenze, die auch nur für wenige Stunden erreicht werden darf. Die Lage ist möglichst unweit vom Haus zu wählen, damit die Versorgungsleitungen nicht zu lang werden.

Ob die Aufstellung in Nord-Süd- oder Ost-West-Richtung erfolgen sollte, da gehen die Meinungen auseinander. Angebracht ist es jedoch, auf ein dauerhaftes und frosttief (d.h. mindestens 80 cm tief) gegründetes Fundament nicht zu verzichten. Die meisten Kleingewächshäuser werden heutzutage aus fabrikmäßig vorgefertigten Profilen aus Aluminiumlegierungen oder verzinktem Stahl erstellt. Bei der Gewächshausgröße ist von vornherein darauf zu achten, daß es nicht zu klein ausfällt. Erstens sind die Orchideenpflanzen in einem größeren Kulturraum leichter zu pflegen, und zweitens wird eine nachträgliche Erweiterung aufgrund der erfahrungsgemäß immer weiter zunehmenden Zahl der gesammelten Orchideen relativ teuer. Aufgrund unseres mitteleuropäischen Klimas ist heute ein Gewächshaus ohne Doppel- oder Isolierverglasung zur Heizkostenersparnis nicht zu empfehlen. Als Isolierver-

glasung hat sich die Stegdoppelplatte aus Plexiglas ziemlich durchgesetzt. Sie verfügt neben guten Isoliereigenschaften über eine gute Alterungsbeständigkeit. Lichtdurchlässigkeit und Bruchfestigkeit. Die wirtschaftlichste Lösung zur Beheizung des Kleingewächshauses ist der direkte Anschluß an die Wohnhauszentralheizung über einen separaten Warmwasserkreislauf. Der Betrieb von Einzelöfen, die mit Öl oder Gas arbeiten, ist durch den Verbrauch von Sauerstoff aus der Luft und die Erzeugung von Abgasen mit Problemen verbunden. Die notwendige Frischluftzufuhr erhöht den Heizaufwand, und das warme Abgas muß an die Umgebung abgeführt werden. Eine Elektroheizung ist vor allem im Betrieb sehr teuer, denn für Feuchträume geeignete Nachtspeicheröfen gibt es noch nicht. Für eine gute Luftumwälzung ist ein Gewächshaus-Ventilator notwendig, der ohne weiteres im Dauerbetrieb eingesetzt werden kann. Zur Be- und Entlüftung gibt es automatische Fensteröffner, die mit Hilfe eines hydraulischen Ausdehnungszylinders auf Wärme reagieren. Bei entsprechender Einstellung öffnen sie bei hohen Temperaturen und schließen wieder bei Temperaturabfall. Das ist vor allem im Sommer wichtig. Neben einer Luftbefeuchtung durch Besprühen des Gewächshausbodens per Hand mit einer Brause mit Sprühkopf ist der Einsatz eines elektrisch betriebenen Gewächshausluftbefeuchters sehr empfehlenswert, vor allem wenn er über einen Hygrostaten automatisch die gewünschte Luftfeuchtigkeit erzeugt. Sofern keine Sämlinge oder Jungpflanzen mit einer wachstumsfördernden Zusatzbeleuchtung versorgt werden müssen, kann auf eine Extra-Beleuchtung für die Orchideen verzichtet werden. Allerdings wird man eine normale

(feuchtigkeitsgeschützte) Beleuchtung installieren, um sich seine Pflanzen auch einmal abends betrachten zu können.

Krankheiten und Schädlinge

Die Orchideen verhalten sich wie die anderen Pflanzen auch: Wenn man ihnen nicht die notwendigen Lebensbedingungen (z.B. Temperatur, Licht und Nährstoffe) bietet, so werden sie anfällig für Krankheiten und Schädlinge. Im Vergleich zu anderen Zimmerpflanzen beispielsweise sind die Orchideen jedoch nicht so empfindlich. Sollte doch einmal eine Orchideenpflanze einen kranken Eindruck machen, so wird man in den meisten Fällen feststellen, daß die Pflanze durch falsche Behandlung geschwächt wurde und daraufhin die normalerweise vorhandenen natürlichen Abwehrkräfte versagten. Bei optimaler Kultur, d.h. bei völlig zusagenden Umgebungsbedingungen, können höchstens eingeschleppte Schädlinge (z.B. Schnecken) die Pflanzen schädigen. Die Schädlinge, die sich an den Orchideen vergreifen, sind weitgehend die gleichen, die auch anderen Pflanzen zusetzen können. Bei den Krankheiten gilt das mit Ausnahme spezieller Viruskrankheiten auch, so daß dieses Thema weitgehend nicht orchideenspezifisch ist. Trotzdem soll hier ein Überblick gegeben werden, um eine erste Orientierung zu ermöglichen; denn genaue Diagnosen sind in vielen Fällen (z.B. bei Virus-, Bakterien- oder Pilzbefall) selbst für den Fachmann schwierig. Vor allem auf die zahlreichen chemischen Bekämpfungsmittel kann nicht näher einge-

25

gangen werden. Außerdem ändern sich die amtlich zugelassenen Präparate öfters.

Die Krankheiten lassen sich grob einteilen in von Parasiten verursachte und nicht von Parasiten verursachte Krankheiten. Zunächst soll auf die nicht parasitären Krankheiten eingegangen werden, die im wesentlichen aufgrund von Kulturfehlern auftreten und daher am leichtesten vermieden werden können. Der Vorteil, wenn es sich um eine nicht parasitäre Krankheit handelt, ist, daß sie nicht auf andere Pflanzen übertragen werden kann. Dafür kann aber ihre Diagnose, besonders bei Nährstoffmangel oder -überschuß, viel schwieriger sein als bei parasitären Krankheiten.

Falsche Wasserzufuhr

Ein weit verbreiteter Fehler in der Orchideenkultur dürfte das übermäßige Gießen sein auf Grund der irrigen Meinung, die Orchideen müßten als Pflanzen der feuchten Tropen dauernd naß sein. Man vergißt aber, daß sie als Epiphyten schnell abtrocknen und viele auch an Trockenzeiten in ihrer Heimat angepaßt sind. Eine dauernde Nässe im Wurzelbereich führt unweigerlich zum Faulen und Absterben der Wurzeln, die ein wichtiges Organ zur Nährstoffaufnahme darstellen. Als Folge davon schrumpeln die Blätter, schrumpfen die Pseudobulben, und Neutriebe wachsen nicht weiter. Schließlich werden relativ junge Blätter gelb und fallen ab. Eine Schädigung dieser Art ist aber nicht allein auf zu häufiges und ausgiebiges Gießen zurückzuführen, sondern nur auf übermäßige Wasserzufuhr im Zusammenhang mit nicht wasserdurchlässigem Pflanzstoff. Bei z. B. auf Kork aufgebundenen Orchideen ist das

Entstehen einer solchen gefährlichen Staunässe nicht möglich. Sind die Wurzeln durch Sauerstoffmangel abgestorben, so muß die Orchidee unbedingt in neuen, luftdurchlässigen Pflanzstoff umgesetzt werden, damit die in der neuen Vegetationsperiode sich bildende Wurzeln nicht erneut absterben. Da sich der Pflanzstoff bei Topfkultur im Laufe der Jahre zersetzt und verdichtet, muß regelmäßig ein Umpflanzen erfolgen, damit die Gefahr der Staunässe im Wurzelbereich vermieden wird.

Auf der anderen Seite ist natürlich auch eine zu trockene Kultur den Orchideen nicht zuträglich. Vor allem bei Arten mit Pseudobulben merkt man erst relativ spät, daß ein Wassermangel vorliegt. Wenn bei gesundem Wurzelwerk die Pseudobulben stark schrumpfen bzw. Blätter frühzeitig gelb werden und abfallen, dann spätestens muß für ausreichende Feuchtigkeit des Pflanzstoffs gesorgt werden. Dabei ist darauf zu achten, daß der Pflanzstoff durch das Gießen auch bis in tiefere Schichten wirklich feucht wird und das Gießwasser nicht nur oberflächlich wegrinnt; denn stark ausgetrockneter Pflanzstoff benötigt eine gewisse Zeit der Wässerung, bis er wieder Wasser aufnimmt.

Falsche Nährstoffzufuhr

Die richtig dosierte Zufuhr von Stickstoff und Phosphor ist neben der ausreichenden Versorgung mit Kalzium und Kalium die wichtigste Voraussetzung für ein optimales Wachstum. Daher wirkt sich sowohl ein Mangel als auch ein Überschuß der erwähnten Stoffe ungünstig auf die Orchideen aus. Zu wenig **Stickstoff** (ein wichtiger Zellbestandteil) erkennt man zuerst am Hellgrünwerden der Blätter und

schließlich am vorzeitigen Vergilben besonders der alten Blätter, weil diese bei fehlender Stickstoffzufuhr ihren Stickstoffvorrat abbauen, der dann zu den jüngeren Blättern transportiert wird. Stickstoffmangel führt auch zu Zwergenwuchs und zum Rückgang der Blühwilligkeit. Durch rechtzeitige Stickstoffdüngung erholt sich jedoch eine Orchideenpflanze ziemlich rasch, da die Wurzeln auch bei Mangel an Stickstoff intakt bleiben. Besonders bei einer Orchideenkultur in reiner Borke kann es bei fehlender Stickstoffzufuhr leicht zu Mangelerscheinungen kommen, da Borke weder ausreichend Stickstoff enthält noch aus einer Düngerlösung Stickstoff festhalten und dosiert abgeben kann. Diese ungünstige Eigenschaft von Borke kann durch rechtzeitige und regelmäßige Zufuhr von stickstoffhaltigem Dünger ausgeglichen werden. Auch Stickstoffüberschuß ist schädlich, weil manchmal auch die Wurzeln in Mitleidenschaft gezogen werden, so daß ein Gesunden erschwert wird. Bei zu viel Stickstoff werden die Blätter dunkelgrün und weich; auch Krüppelwuchs mit vielen, kleinen Blättern kann die Folge sein. Bei vielen Orchideen wird durch Stickstoffüberschuß die Blütenbildung ungünstig beeinflußt.

Die Erscheinungen aufgrund von Mangel oder Überschuß an **Phosphor**, das ein wichtiger Bestandteil der Nukleinsäuren im Zellkern ist, sind schwierig zu deuten. Die Symptome von länger dauerndem Phosphormangel entsprechen grob denen von Stickstoffüberschuß; außerdem ist das Wachsen von Neutrieben und die Blütenbildung gestört. Leider läßt sich eine versäumte, ausreichende Phosphorzufuhr nicht so schnell ausgleichen. Das Beheben aufgetretener Wachstumsstörungen kann viele Monate dauern. Eine negative Beeinflussung durch Phosphorüberschuß ist bisher nur selten beobachtet worden. Gelegentlich wird die dunkle Verfärbung der Blattspitzen von Cattleyen u. a. darauf zurückgeführt.

Ein Mangel an **Kalzium** wirkt sich nur bei wenigen Orchideenarten ungünstig aus. Allerdings konnte bei entsprechenden Untersuchungen an *Paphiopedilum* das Dunkelbraunwerden der Blätter, von der Spitze beginnend, auf Kalziummangel zurückgeführt werden, wobei die Blätter weichfaul werden. Durch zwischenzeitliches Gießen mit kalkhaltigem Wasser kann man etwas dagegen vorbeugen, vor allem wenn die Pflanzen in saurem Pflanzstoff (z. B. Torf) stehen. Auch vorsichtiges Aufkalken des Torfes kann helfen. Ein Kalziumüberschuß ergibt mangelnde Wüchsigkeit und ein Hellgrünwerden der Blätter.

Fehlt ausreichend **Kalium**, das wichtig zur Photosynthese und Wasseraufnahme ist, so bleiben die Orchideenpflanzen schwach und wachsen schlecht. Die Blätter werden braun und sterben vorzeitig ab (vor allem bei Cymbidien). Durch entsprechend kaliumhaltigen Dünger können Mangelerscheinungen schnell beendet werden. Eine Kaliumüberdüngung ist normalerweise selten. Darüber hinaus gibt es auch Mangelerscheinungen durch zu wenig Zufuhr von einigen Metallen (z. B. Eisen, Kupfer, Magnesium). Durch die Überlagerung der verschiedenen Symptome ist es allerdings schwierig, ohne umfassende Versuche eindeutige Gegenmaßnahmen zu treffen.

Falsches Licht

Bei den Orchideen ist es sehr schwer festzustellen, ob Lichtmangel oder Stickstoffüberschuß vorliegt; denn die Erscheinungsformen sind sehr ähnlich:

z. B. dunkelgrüne und weiche Blätter, überlanger und schwächlicher Triebwuchs, schwache Wurzelbildung und gestörte Blütenbildung. Zu wenig Licht bedeutet auch Reduktion des Stoffwechsels, was wiederum eine Empfindlichkeit gegenüber zu viel Wasser und Dünger zur Folge hat. Dadurch werden die Pflanzen anfällig für Wurzelfäule und Blütenflecken. Die Sorge, daß die Orchideen als Tropenpflanzen zu wenig Licht bekommen, stellt sich vor allem in den mittleren Breiten der Erde im Winter. Eine Zusatzbelichtung in dieser Zeit ist bei Gewächshauskultur jedoch aus ökonomischen Gründen nicht empfehlenswert und bei Einhaltung entsprechender Pflegevorschriften (z. B. niedrigere Temperaturen, zurückhaltendes Gießen, wenig Düngen) auch nicht notwendig. Die Orchideen sind diesbezüglich sehr anpassungsfähig. Zu viel Licht (verbunden mit zu viel Wärme) bekommt den Orchideen jedoch sehr schlecht. Allerdings kann man dagegen Schattierungsmaßnahmen vornehmen. Die Folge von Lichtüberfluß ist zunächst die gelbliche oder rötliche Verfärbung der Blätter. Ein weiteres Stadium führt über die Bildung von Brennflecken (dunkelbraunes Zentrum mit weißlichem Rand) bis zum völligen Absterben der Blätter.

Pilzkrankheiten

Als parasitäre Krankheiten werden Pilzkrankheiten durch entsprechende Pilzsporen übertragen. Bei genügender Feuchtigkeit keimen die Sporen auf den Pflanzen und entwickeln sich weiter, indem sie die für ihr Wachstum notwendigen Nährstoffe der Wirtspflanze entziehen und diese dadurch schädigen. Pilzkrankheiten entwickeln sich am besten in schlecht belüfteten Kulturräu-

men mit zu hoher Luftfeuchtigkeit. Sie sind die Ursache für die Blattfleckenkrankheiten und das Abfaulen von Pflanzenteilen, vor allem der Wurzeln. Besonders bei Kultur in Vitrinen ist daher unbedingt auf die notwendige Lüftung zu achten.

Die sog. **Schwarzfäule** wird von *Pythium*- und *Phytophthora*-Arten hervorgerufen und befällt vor allem Sämlingskulturen, wodurch die Sämlinge am Wurzelhals braun werden, abfaulen und »umfallen«. Aber auch ausgewachsene Orchideen können an ihren Wurzeln, Pseudobulben und Blättern befallen werden. Durch Schwarzfäule gefährdete Pflanzen sollten trockener und heller gehalten werden. Mit Hilfe systemisch wirkender Fungizide ist eine gewisse Bekämpfung möglich. Da das Wachstum der Pilze nur verzögert wird, sie selbst aber nicht vollständig vernichtet werden, ist eine regelmäßige Behandlung mit Fungiziden notwendig. Eine Ausrottung ist schwierig und langwierig.

Das beste Vorbeugemittel ist die Verwirklichung einer sauberen Kultur, um alle möglichen Infektionsherde (besonders verseuchter Pflanzstoff) auszuschalten.

Die **Wurzelfäule** wird von verschiedenen Pilzen verursacht; hauptsächlich kommen *Fusarium- und Rhizoctonia*-Arten in Frage. Im allgemeinen bleibt die Krankheit auf den Wurzelbereich beschränkt und wird durch schlechte Kulturbedingungen (Staunässe, Versalzung des Pflanzstoffs, zu niedrige Bodentemperaturen) begünstigt. Von teilweise befallenen Pflanzen sind die gesunden Teile abzutrennen; stark befallene Pflanzen sollten weggeworfen werden, damit sie nicht durch Spritzwasser gesunde Pflanzen anstecken. Die bei den Wurzeln beginnende Fäulnis geht auf die Blätter über (vor allem bei

Paphiopedilum- und *Phalaenopsis*-Arten), und schließlich stirbt die Pflanze ab. Der Einsatz chemischer Mittel ist nicht empfehlenswert. Am besten sind Vorbeugungsmaßnahmen durch gute Kulturbedingungen, da die Wurzelfäule nur schwache Pflanzen befällt. Auch Sämlinge werden leicht befallen und enden mit »Umfallen«.

Die **Blattfleckenkrankheiten** werden von verschiedenen Erregern (z. B. *Colletotrichum*-, *Fusarium*- und *Cercospora*-Arten) hervorgerufen. Als Pilzkrankheiten bilden sich diese Krankheiten besonders dann, wenn die Sporen durch stehende Wassertropfen auf den Blättern oder in den Blattachseln Keimmöglichkeiten vorfinden. Rundliche oder länglich ovale, dunkelbraune Blattflecken sind das erste Anzeichen. Wenn das Blattgewebe an diesen Stellen völlig zerstört ist, sinken die Flecken ein und heben sich deutlich von den gesunden Blattteilen ab. Auch Pseudobulben können befallen werden, die dann typische, glänzend dunkelbraune, tief eingesunkene, rundliche Flecken besitzen. Schreitet die Krankheit fort, so bilden sich rosafarbene, schleimige Sporenlager. Die Sporen können dann durch Spritzwasser verbreitet werden. Am stärksten werden weichblättrige Orchideen (z. B. *Gongora*-, *Lycaste*-Arten) in Mitleidenschaft gezogen. Zur Eindämmung der Blattfleckenkrankheiten empfiehlt sich eine vorübergehende Reduzierung der Luftfeuchtigkeit, starkes Lüften und ein sehr zurückhaltendes Gießen. Kranke Blätter sollten entfernt werden. Zur Not können auch Fungizide zur Anwendung kommen.

Durch den *Botrytis*-Pilz, dessen Sporen praktisch in jeder Pflanzenkultur vorhanden sind, kann die **Blütenfleckenkrankheit** hervorgerufen werden, allerdings nur dann, wenn auf den Blüten für mehrere Stunden – besonders bei niedrigen Temperaturen – Wassertropfen stehen. Es bilden sich dann unansehnliche, braune Punkte, die sich ausdehnen. Zunächst sind sie manchmal von einem durchscheinenden Rand begrenzt. Unter ungünstigen Umständen wachsen die Flecken aber so zusammen, daß die Blütenadern durch das Verblassen der Blütenfarbe netzartig hervortreten. Vor allem weiße Blüten werden leicht infiziert. Da eine chemische Bekämpfung von *Botrytis* schwierig ist und vorhandene Blütenflecken nicht mehr rückgängig gemacht werden können, achtet man zur Vermeidung dieser Krankheit am einfachsten darauf, daß über längere Zeit kein Wasser auf den Blüten steht. Durch hohe Luftfeuchtigkeit allein kann die Krankheit nicht ausgelöst werden.

Bakterien-Fäule

Ein Abfaulen von Blättern (und auch von Pseudobulben) kann nicht nur durch Pilze sondern auch durch Bakterien der Gattung *Pseudomonas* und *Erwinia* hervorgerufen werden. Die ersten Anzeichen sind glasig wäßrige, bräunliche Faulflecken entweder am Blattgrund oder auch an der Blattspitze, d. h. an Stellen, an denen sich Feuchtigkeit länger hält. Die Krankheit dehnt sich nur bei Feuchtigkeit aus, bei Trockenheit kommt sie zum Stillstand. Zur Vermeidung der Bakterien-Fäule bedeutet dies, dafür zu sorgen, daß die Blätter nach dem Gießen oder Sprühen schnell abtrocknen; das gleiche gilt auch für die Pseudobulben. Befallene Pflanzen müssen sorgfältig isoliert werden. Kranke Pflanzenteile sollten unter Vermeidung der Übertragung der Bakterien (Desinfizierung der benutzten Geräte) rechtzeitig und vollständig entfernt und vernichtet werden.

Viruskrankheiten

Bei den Orchideen kommen vor allem Viruskrankheiten durch den Cymbidium-Mosaikvirus und den Odontoglossum-Ringfleckenvirus vor. Doch selbst Spezialisten können aufgrund äußerlicher Symptome allein keine eindeutigen Diagnosen stellen; nur mit Hilfe eines Elektronenmikroskops lassen sich die Viren feststellen. Das Krankheitsbild reicht von mosaikähnlichen Blattverfärbungen bis zur Mißgestaltung von Trieben und Blüten. Für den Orchideenliebhaber ist daher nur der vorbeugende Pflanzenschutz interessant. Die Übertragung der Viren erfolgt im wesentlichen durch den Pflanzensaft viröser Pflanzen entweder direkt beim Schneiden von Pflanzenteilen oder auch indirekt durch saugendes oder beißendes Ungeziefer, wie z.B. durch Blattläuse, Wolläuse oder Schnecken. Das Desinfizieren von benutztem Werkzeug und die Schädlingsbekämpfung sind die besten Vorbeugungsmittel gegen die Ausbreitung von Viruskrankheiten. Da eine chemische Bekämpfung bis heute noch nicht möglich ist, bleibt beim Feststellen von stark mit Viren befallenen Orchideenpflanzen eigentlich nur ihre vollständige Vernichtung, was am besten durch Verbrennen geschieht.

Schädlinge

Das Feststellen und die Bekämpfung von tierischen Schädlingen ist verhältnismäßig einfach. Nachfolgend sind die wichtigsten Schädlinge mit stichwortartigen Angaben über deren Aussehen und Lebensweise, die von ihnen verursachten Schadbilder sowie die entsprechenden Bekämpfungsmaßnahmen tabellarisch zusammengestellt:

Schädling	Aussehen, Lebensweise	Schadbild	Bekämpfungsmaßnahmen
Spinnmilben (»Rote Spinne«)	Etwa 0,5 mm groß; rot, grün oder gelb gefärbt; leben in Gespinst auf der Blattunterseite; bevorzugen trockene, warme Luft	Graue bis fahlgelbe oder bräunliche Blattverfärbung, schließlich Blattfall; bevorzugt auf *Cymbidium, Dendrobium, Paphiopedilum und Phalaenopsis* (besonders bei Zimmerkultur)	Vermeidung trockener Luft; einmal wöchentlich Spritzung mit Insektiziden; Einsatz der Raubmilbe *Phytoseiulus persimilis*
Wurzelmilben	Bis 1 mm groß, birnenförmig; glänzend weißlich gefärbt; leben in Wurzeln; bevorzugen feuchte, warme Luft	Zerstörung der Wurzeln von innen, besonders an kranken, schwachen Pflanzen; bräunliches Mehl in den Fraßgängen	Abspritzen der Wurzeln mit Wasserstrahl; Tauchen in Insektizid-Brühe
Blasenfüße (*Thrips*)	Etwa 1 mm groß, schlank; gelblich bis braun gefärbt; hinterlassen schwärzliche Kotpünktchen; bevorzugen trockene, warme Luft	Graue bis gelbliche Flecken (z.T. silberschimmernd) an Blättern und Blüten; bevorzugt auf *Epidendrum, Oncidium, Phalaenopsis*	Einsatz von Insektiziden; Bekämpfung mit den Raubmilben *Amblyseius cucumeris* und *Neoseiulus barkeri*
Springschwänze	Etwa 1,5 mm groß, länglich; weißlich gefärbt; flügellos, springfähig; bevorzugen feuchten Pflanzstoff	Ernährung von abgestorbenen Pflanzenteilen, auch Schädigung zarter Wurzelspitzen; blasse Flecken auf Sämlingsblättern	Trockenhalten des Pflanzstoffs; Tauchen in Insektizid-Brühe
Blattläuse	Etwa 2 mm groß; grünlich gelb gefärbt; sehr beweglich, geflügelt oder (Jungtiere) ungeflügelt; lieben trockene, warme Luft	Saugen an Neutrieben und Blütenknospen; an ausgeschiedenem »Honigtau« oft unansehnliche Rußtaupilze	Vorsichtiges Absammeln oder Abwaschen; Spritzen mit Insektiziden; Einsatz der Gallmücke *Aphidoletes aphidimyza* bzw. der Schlupfwespe *Aphidius matricariae*
Wolläuse (Schmierläuse)	Etwa 4 mm groß, oval; weiß gefärbt; Eier und Jungtiere in wolligen Wachsausscheidungen; lieben trockene, warme Luft	Saugen versteckt (in Blattachseln oder unter Scheidenblättchen) an Neutrieben	Mechanische Säuberung der Verstecke; alle 2 Wochen Spritzung mit Insektiziden; Einsatz des Marienkäfers *Cryptolaemus montrouzieri*
Schildläuse	Etwa 3 bis 5 mm groß; rundes bis ovales, bräunlich gefärbtes Schild; Jungtiere langsam beweglich, Alttiere festsitzend	Saugen an Blättern und anderen Pflanzenteilen von fast allen Orchideenarten	Mechanische Reinigung (Abwaschen); Insektizidenanwendung wie bei Wolläusen; Tauchen der Pflanze (ohne Wurzelbereich)
Trauermückenlarven	6 bis 7 mm lang; glasig weiß; bevorzugen feuchten Pflanzstoff (*Sphagnum*; feuchten Baumfarn)	Zerstörung und Veränderung (Verdichtung) des Pflanzstoffs; Anfressen der Wurzeln	Wegfangen der Mücken (z B. durch »insektenfressendes« Fettkraut); Einsatz von Insektiziden; Bekämpfung mit Nematoden *Neoaplectana* spec.
Asseln	Bis 1,5 cm lang; länglich ovale Form; bräunlich bis grauschwarz gefärbt; nachtaktiv; bevorzugen feuchte, dunkle Stellen	Ernähren sich von abgestorbenen Pflanzenteilen, fressen aber auch Wurzelspitzen und Neutriebe	Auslegen ausgehöhlter Kartoffelscheiben als Köder und Absammeln; Ausstreuen von Schneckenkorn
Schnecken (Nackt- und kleine Gehäuseschnecken)	Einige Millimeter bis einige Zentimeter lang; glänzend weißlich bis schwärzlich gefärbt; meist nachtaktiv; lieben feuchte Stellen; verraten sich durch Schleimspuren	Oberflächliches Abfressen von frischen Pflanzenteilen (besonders Blüten), z.T. völliges Wegfressen	Gezieltes Absammeln bei Dunkelheit; Ausstreuen von Schneckenkorn

29

Botanische Einordnung der Orchideen und ihre Untergliederung *

Abteilung	Spermatophyta (Blüten- oder Samenpflanzen)
Unterabteilung	Angiospermae (Bedecktsamer)
Klasse	Monocotyledoneae (Einkeimblättler)
Unterklasse	Liliidae (Lilien- blütige)
Ordnung	Orchidales

Familie	Orchidaceae (Orchideen)
1. Subfamilia	Cypripedioideae
1. Tribus	Selenipedieae
2. Tribus	**Phragmipedieae** (siehe Seite 32)
3. Tribus	**Paphiopedileae** (siehe Seite 33)
4. Tribus	Cypripedieae
2. Subfamilia	Orchidoideae
mit den Triben 5.–7.	
3. Subfamilia	Neottioideae
mit den Triben 8.–11.	
4. Subfamilia	Epidendroideae
12. Tribus	**Podochileae** (siehe Seite 37)
13. Tribus	Arethuseae
14. Tribus	**Epidendreae** (siehe Seite 38)
5. Subfamilia	Vandoideae
15. Tribus	**Vandeae** (siehe Seite 88)
16. Tribus	Polystachyeae
17. Tribus	**Cymbidieae** (siehe Seite 111)
18. Tribus	**Maxillarieae** (siehe Seite 116)
19. Tribus	**Oncidieae** (siehe Seite 124)

* Untergliederung
  nach BENTHAM-LINDLEY-BRIEGER

Diese 19 Triben (in den Porträts als Tr. abgekürzt) umfassen die gesamte Familie der Orchideen; sie sind in etwa 80 Subtriben (Subtr.) und fast 900 Gattungen mit etwa 30 000 Arten untergliedert. In dieser botanischen Systematik hat jede Pflanzenart ihre bestimmte Stellung. Zur Unterscheidung wurden die Pflanzenarten mit Namen versehen, die sich aus dem wissenschaftlichen Gattungsnamen (z.B. *Paphiopedilum*) und Artnamen (z.B. *concolor*) zusammensetzen. Hinter jedem Pflanzennamen wird noch der Name des Autors gesetzt, der diese Pflanzenart zum ersten Mal beschrieb (siehe Seite 161).

Im Buch sind die Gattungen in der Reihe der natürlichen Verwandtschaft, also nach den Triben, geordnet. Dieses von Fachbotanikern vorgegebene »natürliche System« mit entsprechender verwandtschaftlicher Zuordnung hat für den Orchideenliebhaber den Vorteil, daß vegetativ und blütenmorphologisch gleiche bis ähnliche Orchideenarten dicht beieinander stehen und einfacher verglichen werden können. Außerdem ist es leichter möglich, unbekannte Arten aufgrund ihres Blütenaussehens mit Hilfe der Bilder verwandtschaftlich einzugrenzen und ggf. zu bestimmen. Innerhalb der Triben folgen die einzelnen Subtriben und innerhalb der Subtriben die einzelnen Gattungen alphabetisch aufeinander (außer bei *Odontoglossum*, wegen der neuesten Gattungsaufsplittung). Innerhalb der Gattungen ist die Reihenfolge der einzelnen Arten ebenfalls nach Alphabet. **Hybriden** werden in gesonderten Kästen am Ende der jeweiligen Gattung behandelt.

Bei den Beschreibungen der Arten wurden folgende Abkürzungen und Symbole verwendet:

nat. Gr. = natürliche Größe

⚘ = Kleinorchidee

K = für kühle Kulturbedingungen

T = für temperierte Kulturbedingungen

W = für warme Kulturbedingungen

K/T = für kühle bis temperierte Kulturbedingungen

T/W = für temperierte bis warme Kulturbedingungen

Siehe dazu auch die Übersicht auf Seite 162f.

Pleione x *lagenaria*

Phragmipedium Rolfe
Tr. Phragmipedieae
Subtr. Phragmipediinae

Etymologie Griechisch *phragma* = Teilung, Trennung, *pedilon* = Schuh; wegen der Trennungswand im Fruchtknoten und der schuhförmigen Lippe.

Beschreibung Trotz der schuhförmigen Lippe, die diese Gattung mit der nachfolgend beschriebenen Gattung *Paphiopedilum* gemeinsam hat, gibt es für die Botaniker genügend Gründe, nicht nur eine eigene Gattung sondern sogar einen eigenen Tribus zu schaffen. Im Gegensatz zu dem für Orchideen (einschließlich *Paphiopedilum*) typischen, einfächerigen Fruchtknoten besitzen die Arten dieser Gattung einen dreifächerigen, außen dreikantigen Fruchtknoten. Die etwa 20 bis jetzt ent-

Phragmipedium besseae (5/6 nat. Gr.)

deckten Arten kommen nur im südlichen Mittelamerika und Südamerika vor. Dabei gibt es zwei getrennte Verbreitungsgebiete: Das Andengebiet von Bolivien bis Panama sowie Ost- und Zentralbrasilien. Im Habitus ähneln sich beide Gattungen sehr; er ist unter *Paphiopedilum* näher beschrieben. Die Blätter sind jedoch relativ lang, riemenförmig und sehr derb. Der aufrechte Blütenstand ist grundsätzlich mehrblütig, wobei die Blüten sich meist nacheinander öffnen und somit den Orchideenfreund mit einer langen Blütezeit erfreuen. Diese Gattung ist besonders wieder in das Rampenlicht der Orchideenwelt getreten, als 1981 ein sensationeller Zufallsfund einer neuen, äußerst attraktiven Art glückte, nämlich von *Phragmipedium besseae*.

Nicht nur diese Art wurde inzwischen zu zahlreichen infragenerischen Kreuzungen verwendet sondern auch viele andere Arten. Es gibt sogar ganz wenige Gattungsbastarde zwischen *Phragmipedium* und *Paphiopedilum*.

Kultur Die *Phragmipedium*-Arten kommen in verschiedenen Höhenlagen vor und damit in verschiedenen Temperaturbereichen, die bei den behandelten Arten genannt werden. Obwohl viele Arten in der Natur hohe Berglagen bevorzugen, sollten sie in der Kultur nicht zu kalt kultiviert werden. Sie stehen an sehr feuchten Stellen an Flußufern und benötigen daher einen sehr luftfeuchten Kulturraum und regelmäßige Wassergaben ohne Staunässe. Als Pflanzgefäße dienen am besten Tontöpfe oder -schalen, die zur Drainage mit Tonscherben oder Blähton gefüllt werden. Es sind verschiedene Pflanzstoffmischungen erfolgreich ausprobiert worden. Die einfachste ist eine Mischung aus groben Torfstücken und scharfem Sand oder Rinde mit Moos bzw. Steinwolle oder Epiphytenpflanz-

stoff mit Torf und Sand vermischt. Die obere Schicht kann man mit Moos abdecken.

Eine ausreichende Luftumwälzung ist für ein gutes Gedeihen erforderlich. Der Stellplatz sollte hell, aber nur halbschattig sein. Es ist darauf zu achten, daß nach dem Gießen oder kurzzeitigem Tauchen kein Wasser längere Zeit in den Blättern, besonders bei Neutrieben, verbleibt, was zum Abfaulen führen würde. Bei guter Kultur kann sich eine Pflanze durch mehrere Triebe jährlich zu stattlichen Exemplaren entwickeln. Aufgrund der oben genannten Standortbedingungen ist eine Fensterbankkultur leider nicht zu empfehlen.

Phragmipedium besseae
Dodson et Kuhn T

Diese Art ist nach ihrer Entdeckerin Elizabeth L. Besse benannt, die sie zufällig auf einem feuchten Granitfelsen 1981 im Andengebiet von Peru fand. Aber ein paar Jahre später wurde diese Art auch an ähnlichen Standorten in Ekuador gefunden. Es ist erstaunlich, daß solche Neufunde auch heutzutage noch möglich sind. Die fleischigen, 5 bis 6 zweizeilig auf dem Rhizom angeordneten Blätter werden bis 20 cm lang und etwa 3 cm breit. Der aufrecht stehende, bis 50 cm lange Blütenstand überragt die Blätter deutlich und trägt bis zu 3 Blüten, die sich nacheinander im Abstand von mehreren Wochen öffnen. Die Blüten haben einen Durchmesser von etwa 6 cm und eine sehr auffällige orange- bis zinnoberrote Farbe. Der allgemeine Farbton von Pflanze zu Pflanze variiert. Ganz selten sind sogar Pflanzen mit einheitlich gelber Farbe gefunden worden. Das mittlere Sepalum (»Fahne«) und die seitlichen Sepalen sind schmal eiförmig und zugespitzt und etwa 3 cm lang und 1,5 cm breit. Der 3 cm lange Schuh hat nur einen schmalen Eingang. Im Eingangsbereich ist er gelb mit radial gerichteter, zinnoberroter Streifung. Die Narbe oberhalb des Schuheingangs ist außen gelb und in der Mitte rötlich gefärbt.

Blütezeit Ganzjährig, aber meist Frühjahr und Sommer (März bis August); Einzelblüten halten etwa 3 Wochen.

Heimat Peru, Ekuador; in Höhen von 1100 bis 1500 m.

Kultur Temperierte Bedingungen.

Phragmipedium caudatum
(Lindl.) Rolfe K/T

Diese terrestrisch, lithophytisch und sogar epiphytisch wachsende Art besitzt 5 bis 6 riemenförmige Blätter von bis zu 50 cm Länge und etwa 5 cm Breite. Der flaumig behaarte, bis zu 80 cm hohe Blütenschaft trägt 2 bis 4 große Blüten, die sich gleichzeitig öffnen. Die bis zu 15 cm lange und an der Basis 2,5 cm breite Fahne ist stark gewellt, lanzettlich spitz zulaufend und hängt nach vorne über. Sie hat eine hellgrüne bis weißlich gelbe Grundfarbe mit dunkelgrüner Längs- und Queraderung. Die ebenso gefärbten seitlichen Sepalen sind, wie bei allen Frauenschuhen üblich, verwachsen und werden von der Lippe teilweise verdeckt. Die bandförmigen, herabhängenden Sepalen besitzen im Endzustand eine Länge von über 50 cm und geben der Blüte ein geschwänztes (= *caudatum)* Aussehen. An der Basis entspricht ihre Farbe derjenigen der Fahne, zur Spitze hin wird sie rotbraun. Die schuhförmige Lippe ist etwa 6 cm lang und 2 cm breit. Ihre Grundfarbe ist olivgrün und mehr oder weniger purpurn überhaucht und dunkelgrün geadert. Der Rand der Schuhöffnung trägt purpurne Flecken.

Manche beschriebenen Varietäten werden z. T. als eigene Arten angesehen, z. B. *Phragmipedium wallisii, Phragmipedium lindenii.*

Blütezeit Frühjahr (März bis Mai), Blüten halten etwa 6 Wochen.

Heimat Guatemala (sehr selten) bis Kolumbien, Venezuela und weiter bis Ekuador und Peru (größtes Vorkommen); in Höhen von 1400 bis 2500 m.

Kultur Kühle (vor allem im Winter) bis temperierte Bedingungen.

Phragmipedium pearcei
(Rchb. f.) Rauh et Sengh. T/W

Diese terrestrische oder lithophytische und verhältnismäßig kleinwüchsige Art wurde 1975 von Rauh und Senghas aufgrund ihres kriechenden Rhizoms und anderer Unterschiede (z. B. nicht behaarter Fruchtknoten) von der Art *Phragmipedium caricinum* abgetrennt und mit dem ursprünglich für diese Art vorgesehenen Namen *pearcei* (nach dem Sammler Pearce) versehen. Typisch sind die bis zu einer Entfernung von 10 cm aus dem Rhizom erscheinenden, teilweise verzweigten Neutriebe, wodurch der Wuchs einer Pflanze sehr locker ist. Die fast grasartigen, bei einer Länge von 20 bis 25 cm nur 1 cm Breite erreichenden Blätter stehen an der Basis schräg nach oben und sind zur Spitze hin umgebogen. Der etwa 30 cm lange Blütenstand trägt meist 2, aber selten auch bis zu 4 sich nacheinander öffnende Blüten. Die länglich ovale, zugespitzte und am Rand leicht gewellte Fahne ist etwa 3,5 cm lang und an der Basis 1 cm breit. Sie hat wie die 6 cm langen Petalen eine weißlich bis hellgrüne Grundfarbe mit dunkelgrüner Aderung. Die Form der herabhängenden und stark gedrehten Petalen ist bandartig und spitz zulaufend. Die 3 cm lange, schuh-

förmige Lippe ist ebenfalls hellgrün mit kräftig grünen Längsstreifen. Der Rand der Schuhöffnung ist weißlich mit grüner bis violetter Punktierung.

Blütezeit Meist Frühjahr; Einzelblüten halten nur wenige Tage.

Heimat Östliches Ekuador und angrenzendes Kolumbien (dagegen *Phragmipedium caricinum*: Peru, Bolivien); in Höhenbereichen um etwa 600 m.

Kultur Temperierte bis warme (im Sommer) Bedingungen.

Paphiopedilum Pfitz.
Tr. Paphiopedileae
Subtr. Paphiopedilinae

Etymologie Griechisch *Paphia* = Beiname der Venus, nach der Stadt Paphos auf Zypern, *pedilon* = Schuh; wegen der schuhförmigen Lippe Venusschuh oder Frauenschuh genannt.

Beschreibung Diese Gattung ist die bekannteste Orchideen-Gattung überhaupt, wozu auch sicherlich der deutsche Name beiträgt. Die charakteristische Schuhform der Lippe ist so faszinierend und auffallend, daß jede Art von jedermann eindeutig als Frauenschuh erkannt werden kann. Die Gattung *Paphiopedilum* besteht aus fast 70 Arten; der einheimische Frauenschuh (*Cypripedium calceolus*) gehört der verwandten Gattung *Cypripedium* an.

Das Vorkommen der Paphiopedilen beschränkt sich auf Südostasien, besonders auf das Gebiet von Indien über die malaiische Halbinsel bis nach Neuguinea und Philippinen. In den Erdteilen Afrika, Amerika und Australien gibt es sie nicht. Die meisten Arten kommen terrestrisch und einige auch lithophytisch vor. Alle Arten besitzen immergrüne, dicht gedrängte Blattrosetten, aus denen nur einmal 1 Blütentrieb mit

33

einer Einzelblüte oder auch wenigen Blüten entspringt. Mit ihrem sympodialen Wuchs bilden sich in den Blattachseln in der nächsten Wachstumsperiode neue Blattrosetten, so daß sie sehr dicht beieinander stehen. Die alten Blattrosetten verwelken aber erst nach mehreren Jahren. Die Paphiopedilen lassen sich z.T. relativ leicht halten. Ihre Blüten erfreuen den Liebhaber mehrere Wochen, auch wenn man sie abschneidet und in eine Vase stellt. Beim Aufbau der Blüte ist neben der schuhförmigen Lippe noch erwähnenswert, daß die beiden seitlichen Sepalen zusammengewachsen sind und meist relativ klein bleiben, so daß sie hinter der Lippe verschwinden. Die mittlere, nach oben stehende Sepale ist meist groß, auffallend gefärbt und wird bei den Paphiopedilen als Fahne bezeichnet.

Die Gattung *Paphiopedilum* hat es den Orchideenzüchtern schon immer angetan. Seit der Mitte des vorigen Jahrhunderts, nachdem der Frauenschuh in

Paphiopedilum armeniacum (2/3 nat. Gr.)

Europa eingeführt wurde, bis heute wurden Tausende von Hybriden künstlich erzeugt. Neben Primär- und Sekundärhybriden werden jetzt vor allem Hybriden angeboten, die aus mehreren Arten zusammengekreuzt wurden und deren Stammbaum vielfach leider unbekannt ist. Sie besitzen besonders große, schöne und lange haltbare Blüten.

Kultur Je nach ihrer Herkunft gibt es Arten (meist mit einfarbig grünen Blättern), die kühle bis temperierte Bedingungen benötigen, und andere Arten (meist mit marmorierten Blättern), die einen temperierten bis warmen oder warmen Standort vorziehen. Als Erdorchideen lieben die Paphiopedilen keine direkte Sonne, sondern nur Halbschatten. Da sie keine Speicherorgane besitzen, darf keine ausgeprägte Ruhezeit eingelegt werden. Alle 3 bis 5 Tage kann gegossen werden. Nur nach der Blüte ist für 3 bis 4 Wochen das regelmäßige Gießen etwas einzuschränken. Allerdings darf auch in der übrigen Zeit der Pflanzstoff nicht ständig durchweicht sein. Genügend Luftfeuchtigkeit ist besonders im Frühjahr und Sommer notwendig, während das ganze Jahr über wie bei allen Orchideen eine ausreichende Luftbewegung vorteilhaft ist, um stickige Luft zu vermeiden.

Paphiopedilen bringt man am besten in Töpfen unter, die im unteren Viertel zur Dränage mit Scherben gefüllt werden. Als Pflanzstoff dient der übliche für Epiphyten, dem man noch ganz wenig Sand und Torfmull zusetzen kann.

Die Topfgröße ist so zu wählen, daß nicht öfter als alle 3 bis 4 Jahre umgepflanzt werden muß. Beim Umtopfen, das am günstigsten im Frühjahr stattfindet, ist der alte (verbrauchte) Pflanzstoff vollständig zu entfernen. Die Pflanze kommt in die Topfmitte und wird mit dem Pflanzstoff fest in den

Topf gedrückt. Bis zur neuen Wurzelbildung sollte wenig gegossen und mehr gesprüht werden, erst danach darf man wieder normal gießen. Starke Pflanzen kann man auch teilen und auf diese Weise vermehren.

Die Arten *Paph. callosum* und *Paph. sukhakulii* sowie die meisten Hybriden eignen sich besonders gut für die Fensterbankkultur.

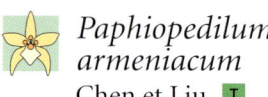

Paphiopedilum armeniacum
Chen et Liu T

Diese sehr attraktive Art wurde erst 1979 in China entdeckt und 1982 von zwei chinesischen Botanikern, S. C. Chen und F. Y. Liu, erstmals beschrieben. Die meist 5 bis 7 länglich ovalen und zugespitzten Blätter sind etwa 6 bis 12 cm lang und 2 bis 2,5 cm breit. Die Blattoberseite trägt eine dunkelgrüne, würfelartige Musterung, die Unterseite ist dicht violett gepunktet. Der aufrechte, einblumige Blütenstand von etwa 25 cm Länge trägt eine einheitlich schwefelgelb gefärbte Blüte (*armeniacum* = aprikosenfarbig, trifft aber nicht den Farbton) von 8 bis 10 cm Durchmesser. Die mittlere Sepale (Fahne) ist oval-lanzettlich und spitz zulaufend. Die Vorderseite ist fein behaart und der Rand fein bewimpert. Die breit ovalen, an der Spitze abgerundeten Petalen sind 3 bis 5 cm lang und 2,5 bis 3 cm breit. Sie haben das gleiche Erscheinungsbild wie die Fahne. Die schuhförmige Lippe von rundlich bis ovaler Gestalt verdeckt die beiden zusammengewachsenen, seitlichen Sepalen.

Blütezeit Winter, Frühjahr.

Heimat Südwest-China (Provinz Yunnan); auf Felsen in ca. 1000 m Höhe.

Kultur Temperierte Bedingungen.

Paphiopedilum callosum
(Rchb. f.) Pfitz. `T/W`

Die 4 bis 5 Blätter werden 15 bis 25 cm lang, etwa 4 bis 5 cm breit und sind oberseits hell- und dunkelgrün geseckt sowie unterseits gleichmäßig graugrün gefärbt. Der 1 bis 2 Blüten tragende, dunkelviolette und behaarte Schaft erreicht eine Höhe von 25 bis 35 cm. Die bis 10 Wochen haltende Blüte von etwa 11 cm Durchmesser besitzt eine fast runde, oben zugespitzte Fahne, die im oberen Teil weiß ist mit purpurnen Längsstreifen und im unteren Teil ins grünlich Weiße übergeht mit dunkelgrünen Längsstreifen. Die schwach S-förmigen Petalen ragen schräg nach unten und tragen auf der oberen Kante 4 bis 5 kleine, runde, braunschwarze und behaarte Schwielen (*callosum* = schwielig). Ihre Farbe ist am Grunde hellgrün und zur Spitze hin hellviolett. Der Schuh ist purpurbraun und zur Spitze hin hellgrün.
Blütezeit Meist Herbst, Winter (Oktober bis März).
Heimat Thailand; in Höhen bis zu 750 m.
Kultur Temperierte bis warme Bedingungen.

Paphiopedilum concolor
(Par. et Batem.) Pfitz. `T/W`

Die etwa 4 auf der Oberseite dunkelgrün und graugrün geseckten und auf der Unterseite mit violetten Flecken versehenen Blätter sind breit zungenförmig und werden etwa 10 bis 15 cm lang und etwa 4 cm breit. Der etwa 10 cm hohe, rötlich behaarte Blütenschaft trägt 1 bis selten 2 Blüten von etwa 7 cm Durchmesser. Die Blütenform entspricht bis auf den etwas länger gestreckten Schuh der nahe verwandten Art *Paph. bellatulum*. Die Petalenspitzen sind etwas nach hinten gebogen. Die Blütenfarbe ist gleichmäßig hellgelb (*concolor* = gleichfarbig) mit sehr feiner, violettroter Punktierung.
Blütezeit Frühjahr oder Herbst.
Heimat Birma, Thailand bis Südvietnam; auf Kalkfelsen.
Kultur Temperierte bis warme Bedingungen.

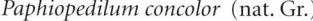

Paphiopedilum concolor (nat. Gr.)

Paphiopedilum callosum (2/3 nat. Gr.)

Paphiopedilum haynaldianum
(Rchb. f.) Stein `T`

Der nach dem Botaniker und Erzbischof Dr. Haynald benannte Frauenschuh gehört zu denjenigen Arten, die an einem Blütenstand mehrere, gleichzeitig geöffnete Blüten tragen. Diese stattliche Frauenschuhart besitzt etwa 6 Blätter, die bis zu 45 cm lang und 5 cm breit sind. Sie wächst sowohl auf Felsen in Humusansammlungen als auch epiphytisch in Astgabeln. Die etwa 75 cm lange, aufrechte bis leicht übergebogene Infloreszenz ist 3- bis 6blütig. Die zur Seite gestreckten, linealischen und leicht gedrehten Petalen haben eine Spannweite von etwa 15 cm. Sie sind mehrfarbig. Die Grundfarbe reicht von grünlich gelb an der Basis bis zu violett an den zugespitzten Enden. In der basalen Hälfte leuchten zusätzlich große

35

braune Flecken. Die etwa 5 cm lange und 2 cm breite, länglich ovale Fahne sieht in der basalen Hälfte wie die Petalen aus, nur zur gefalteten Spitze hin ist sie weiß bis cremefarben mit schwacher violetter Aderung. Der einheitlich grünliche, purpurn überhauchte Schuh hat eine breite Öffnung, so daß man im Innern gut die purpurne Behaarung sehen kann. – Diese Art kann ggf. mit *Paphiopedilum lowii* verwechselt werden. Doch dieser Frauenschuh unterscheidet sich durch die zottige Behaarung des Blütenstandstiels; außerdem sind die Petalen breiter und die Fahne länger und wesentlich stärker gefleckt.

Blütezeit Winter (Januar bis März).

Heimat Philippinen (Inseln Luzon und Negros); in Höhen von 0 bis 1400 m.

Kultur Trotz der Verbreitung in z.T. niedrigen Höhenlagen temperierter Kulturraum.

Paphiopedilum haynaldianum (2/5 nat. Gr.)

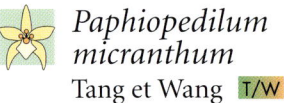

Paphiopedilum micranthum
Tang et Wang T/W

Diese auffallende chinesische Art wurde zwar schon 1940 gefunden und 1951 anhand eines getrockneten Herbarexemplars beschrieben, aber erst 1986 das erste Mal im Westen gezeigt, wo sie für sensationelles Aufsehen sorgte. Die bandförmigen Blätter sind 7 bis 14 cm lang und 1,5 bis 2 cm breit. Sie sind oberseitig hell- und dunkelgrün marmoriert und unterseitig purpurn gefleckt. Der 10 bis 20 cm lange, purpurn gefärbte und behaarte Blütenstiel trägt nur eine verhältnismäßig große Blüte. Der Artname *micranthum* = kleinblütig ist eigentlich falsch und kommt daher, daß die der Erstbeschreibung zugrundeliegende, getrocknete Pflanze eine verschrumpelte, nicht ganz geöffnete Blüte besaß. Die außen behaarte Fahne ist rundlich und leicht zugespitzt (ca. 2 bis 3 cm Durchmesser). Die beiden Petalen sind ebenfalls fast rund bis elliptisch geformt und gleich groß. Die Fahne und die Petalen haben eine weiße bis rosa und im Zentrum gelbliche Grundfarbe sowie eine interessante rote Aderung. Die schuhförmige Lippe ist mit ca. 6 cm Länge und 4 bis 5 cm Breite überproportional groß. Sie ist einheitlich mehr oder weniger intensiv rosa gefärbt (siehe Bild Seite 1).

Blütezeit Winter, Frühjahr.

Heimat Südwest-China (Provinz Yunnan); auf Felsen in 600 bis 1400 m Höhe.

Kultur Temperierte bis warme (im Sommer) Bedingungen.

Paphiopedilum parishii
(Rchb. f.) Stein T

Dieser nach ihrem Entdecker Parish benannte Frauenschuh besitzt bandförmige, lederartige Blätter von glänzend hellgrüner Farbe, die 25 bis 35 cm lang und etwa 5 cm breit werden. Der flaumig behaarte, aufrecht stehende oder leicht gebogene, 50 bis 60 cm lang werdende Blütenschaft trägt 4 bis 8 Blüten, die kurz nacheinander erblühen und eine grünliche Grundfärbung besitzen. Die länglich elliptische, etwa 4 cm lange und 2,5 cm breite Fahne ist hellgelb und trägt feine grüne Längsstreifen. Der etwa 4 cm lange Schuh ist dunkelgrün mit bräunlichem Schimmer und grüner Aderung. Die seitlichen Sepalen ähneln der Fahne, sind aber bedeutend kleiner und hinter dem Schuh versteckt. Die den Blütenaspekt beherrschenden Petalen von 10 bis 12 cm Länge und etwa 1 cm Breite hängen herabgebogen nach unten und sind in sich gedreht; ihre Farbe ist an der Basis gelbgrün und geht zur Spitze hin in dunkelbraun über.

Blütezeit Spätsommer, Herbst (August bis November).

Heimat Birma, Thailand (epiphytisch wachsend!).

Kultur Temperierte Bedingungen.

Paphiopedilum spicerianum
(Rchb. f.) Pfitz. K/T

Die riemenförmigen Blätter werden 15 bis 25 cm lang und etwa 3 cm breit. Sie sind auf der Oberseite dunkelgrün und auf der Unterseite zur Basis hin violett gefleckt. Der schlanke, dunkelrot gefärbte Blütenstiel von 20 bis 30 cm Länge steht aufrecht und trägt 1 bis selten 2 Blüten von etwa 7 cm Durchmesser, die sich mindestens 4 Wochen halten. Von der breit ovalen Fahne sind die Seitenränder schwach nach hinten gebogen. Die Farbe der Fahne ist schneeweiß und geht zur Basis hin ins Grüne über, das leicht violett angehaucht ist; in der Mitte trägt die Fahne einen durchgehenden dunkelvioletten Längsstreifen. Die zungenförmigen, zur Seite stehenden und etwas nach vorn gebogenen Petalen sind am Rand gewellt. Ihre Farbe ist grün und violett angehaucht bzw. fein violett punktiert. Der Schuh ist ebenfalls grün gefärbt und mehr oder weniger stark braunviolett geadert bzw. überlaufen. Die Narbe am Fuß der Lippe ist auffallend hellviolett gefärbt.
Blütezeit Herbst (September bis Dezember).
Heimat Indien (Assam); in Höhen von 1000 bis 2000 m.
Kultur Kühle bis temperierte Bedingungen.

Paphiopedilum sukhakulii
Schos. et Sengh. T/W

Diese Art wurde erst im Jahr 1964 durch Zufall ausfindig gemacht und nach dem thailändischen Orchideensammler Sukhakul benannt. Die schmal elliptischen 4 bis 7 Blätter werden bis 25 cm lang und etwa 4 bis 5 cm breit. Sie sind auf der Oberseite dunkelgrün und hellgrün marmoriert, auf der Unterseite

fein rot punktiert. Der etwa 25 cm lange, dunkelbraune Blütenstiel trägt 1 bis selten 2 Blüten von 10 bis 12 cm Durchmesser. Die verkehrt herzförmige Fahne ist weiß mit dicht dunkelgrüner

Paphiopedilum Cottisford

Die Arten der Gattung **Paphiopedilum** sind schon im letzten Jahrhundert zu Kreuzungen verwendet worden. Über die vielen Jahrzehnte sind Tausende von Hybriden entstanden. So kann die hier gezeigte Hybride nur ein Beispiel sein. Sie wurde 1969 gezüchtet und besteht aus mindestens 6 Arten. Die größten Anteile haben *Paphiopedilum insigne* (25 %), *Paphiopedilum spicerianum* (21 %) und *Paphiopedilum villosum* (14 %). Entsprechend ihrer Elternarten besitzt die Hybride einfarbig grüne Blätter und ist somit kühl bis temperiert zu halten. Es gibt aber auch viele Hybriden mit marmorierten Blättern, die es wärmer lieben.

Paphiopedilum Cottisford (1/2 nat. Gr.)

Paphiopedilum sukhakulii (1/2 nat. Gr.)

Längsaderung. Die riemenförmigen, spitz zulaufenden Petalen stehen waagerecht zur Seite und sind etwa 6 cm lang und 1,5 cm breit. Sie sind weiß bis hellgrün und dunkelgrün gestreift und besitzen zahlreiche dunkelviolette Punkte. Ihre Ränder sind dunkel behaart. Der Schuh ist zur Öffnung hin violett und zur Spitze hin grünlich gefärbt.
Blütezeit Meist Herbst.
Heimat Thailand; in Höhen bis zu 1000 m.
Kultur Temperierte bis warme Bedingungen.

Meiracyllium Rchb. f.
Tr. Podochileae
Subtr. Meiracylliinae

Etymologie Griechisch *meirakyllion* = kleiner Knabe; wegen der Pflanzengröße.
Beschreibung Diese Gattung besteht nur aus 2 bis 3 Arten, die von Mittel-

amerika bis Venezuela vorkommen. Die flach kriechenden, sich verzweigenden Rhizome sind mit vertrockneten Scheidenblättchen bedeckt und tragen viele Wurzeln. Auf einem kurzen Blattstiel sitzt das sehr fleischige Einzelblatt. Es fehlen Pseudobulben, so daß die derben Blätter als Speicherorgan dienen. Der mehrblütige Blütenstand mit den schön rosaviolett gefärbten Blüten erscheint an der Blattbasis.

Kultur Da die *Meiracyllium*-Arten in nicht allzu großen Höhen vorkommen, wünschen sie temperierte bis warme Kulturbedingungen; allerdings kann die Temperatur im Winter bis auf 15 °C fallen. Sie benötigen hohe Luftfeuchtigkeit (70 bis 80 % rel. Feuchte) und viel Licht, doch muß im Sommer leicht schattiert werden. Die Blätter nehmen dann eine rötliche Färbung an. Am besten gedeihen Meiracyllien auf Aststücken oder Korkrinde, damit die zarten Wurzeln immer wieder abtrocknen können. Pflanzstoff wird nicht benötigt. Dafür muß regelmäßig gesprüht bzw. getaucht werden. Im Winter werden sie etwas trockener gehalten, doch eine strenge Ruhezeit ist nicht notwendig.

 *Meiracyllium trinasutum* Rchb. f. T/W

Auf dem kriechenden Rhizom sitzen die schräg abstehenden, dickfleischigen und runden bis ovalen Blätter von 3 bis 5 cm Länge. Der kurze Blütenstand erscheint aus einer kleinen Blattscheide an der Blattbasis und trägt 2 bis 3 rötlich purpurne Blüten. Die länglich elliptischen, zugespitzten Sepalen sind etwa 1,5 cm lang und 0,5 cm breit. Die Petalen sind geringfügig kürzer und schmaler. Alle Blütenblätter sind leicht nach vorne gebogen. Die etwa 1 cm lange Lippe sieht in der Aufsicht herzförmig aus; zur Basis hin ist sie stark tassenförmig vertieft und dunkelpurpur gefleckt.

Blütezeit Sommer (Juli, August).
Heimat Mexiko, Guatemala, El Salvador; bis über 1000 m Höhe.

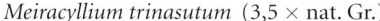

Meiracyllium trinasutum (3,5 × nat. Gr.)

 *Meiracyllium wendlandii* Rchb. f. T/W

Bezüglich Habitus und Blütenfarbe und -größe ist diese nach dem Orchideensammler Wendland benannte Art mit *M. trinasutum* weitgehend identisch. Der Unterschied liegt in der leicht glockenförmigen (d. h. etwas nach vorne gerichteten) Anordnung der Blütenblätter. Die Infloreszenz trägt 3 bis 4 Blüten. Der herzförmigen Lippe fehlt die sackförmige Vertiefung; im Querschnitt ist sie nur schwach V-förmig.

Blütezeit Winter (Dezember, Januar).
Heimat Mexiko, Guatemala; in Höhen bis 800 m.

Calanthe R. Br.
Tr. Epidendreae Subtr. Bletiinae

Etymologie Griechisch **kalos** = schön, **anthos** = Blüte; wegen der schönen Blüten.

Beschreibung Es gibt etwa 200 *Calanthe*-Arten, die schwerpunktmäßig in Asien vorkommen; aus Afrika sind 2 Arten und aus Mittelamerika und Ostaustralien je 1 Art bekannt. Sie wachsen vorwiegend terrestrisch. Ihre Stämme sind meist pseudobulbenartig gestaltet mit 2 oder meist mehr terminal angeordneten, längsgefurchten und gestielten Blättern. Es gibt 2 Gruppen, von denen die eine jährlich die Blätter abwirft und die andere ausdauernde Blätter besitzt. Der aufrechte Blütenstand erscheint terminal zwischen den Blättern oder (selten) an der Seite oder auch seitlich an der Pseudobulbenbasis. Die zahlreichen, auffälligen und sporntragenden Blüten stehen mehr oder weniger dicht. Die Sepalen und Petalen sehen sich einander ähnlich. Typisch für diese Gattung ist wie bei der Gattung

Epidendrum die Verwachsung des kurzen, dicken Gynostemiums mit der meist mehrlappigen Lippe. Hinter der oft schnabelförmigen Anthere liegen die 8 Pollinien. – Calanthen werden auch zur Züchtung verwendet, vor allem zur Gewinnung von Schnittorchideen. Bei vielen Hybriden ist die Art *C. vestita* ein Kreuzungspartner.

Kultur Als Orchideen der niederen Berglagen benötigen die *Calanthe*-Arten im Winter temperierte und im Sommer temperierte bis warme Bedingungen. Aufgrund ihrer terrestrischen Lebensweise lieben sie es halbschattig bis schattig, wobei die immergrünen Arten mehr Schatten und Feuchtigkeit verlangen. Die laubabwerfenden Arten brauchen nach dem Laubfall in der Ruheperiode nicht mehr gegossen zu werden. Es ist empfehlenswert, jährlich zu Beginn der Vegetationsperiode, wenn die Neutriebe erscheinen, sowohl die laubabwerfenden als auch die immergrünen Calanthen umzupflanzen. Als Erdorchideen bevorzugen sie torfhaltige Blumenerde, die mit etwas Kiefernrinde aufgelockert und mit Humus versetzt wird. Die Wassergaben sind erst allmählich zu steigern, wobei schließlich auch schwache Düngergaben das Pflanzenwachstum verbessern. Wenn das Wachstum abgeschlossen ist, wird das Gießen reduziert. Um das Blattwerk nicht zu schädigen, wird vom direkten Besprühen abgeraten.

 *Calanthe cardioglossa* Schltr. T/W

Diese Art gehört zu der Gruppe der jährlich laubabwerfenden Calanthen. Die ei- bis birnenförmigen Pseudobulben erreichen etwa 5 cm Länge und 2 cm Durchmesser an der Basis. Sie tragen 1 bis 3 gestielte, lanzettliche Blätter,

die bis zu 25 cm lang und 5 cm breit werden. Der aufrecht wachsende, 20 bis 30 cm lange Blütenstand erscheint an der Pseudobulbenbasis; der Schaft ist charakteristisch fein flaumig behaart. Die lanzettlichen Brakteen sind über 1 cm lang. Die mehreren Blüten öffnen sich nacheinander, so daß meist nur 2 Blüten gleichzeitig für einige Tage offen sind. Die Blütenfarbe ist variabel; sie reicht von weiß über rosa bis rot. Die lanzettförmigen Sepalen und Petalen von etwa 1,5 cm Länge und 0,5 cm Breite stehen im Basisbereich nach vorne und sind zur Spitze hin nach hinten umgeschlagen. Die 3lappige, 2 cm große Lippe ist je nach Grundfarbe rosa bis dunkelviolett gefleckt; ihre Form ist, wenn man sie ausbreitet, herzförmig (*cardioglossa* = herzförmige Zunge); die Seitenlappen und der Vorderlappen sind nach hinten umgeschlagen. Der Sporn von etwa 2,5 cm Länge steht waagerecht oder ist leicht nach unten gebogen.

Blütezeit Winter (Dezember bis Februar).

Heimat Thailand, Kambodscha, Laos und Vietnam.

Calanthe triplicata
(Willem.) Ames 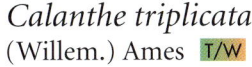 T/W

(Syn.: *Calanthe veratrifolia* (Willd.) R. Br.)

Der Stamm ist bulbenartig verdickt und trägt 3 bis 6 langgestielte, längsgefaltete Blätter von etwa 50 cm Länge und 10 bis 12 cm Breite, die ausdauernd sind. Der terminal erscheinende Blütenstand überragt die Blattlänge und trägt an der Spitze 25 und mehr Blüten, die pyramiden- bis eiförmig angeordnet sind. Die etwa 4 cm großen Blüten sind weiß oder cremefarben. Die 3gefaltete (= *triplica-*

Calanthe triplicata (nat. Gr.)

ta) Lippenschwiele ist leuchtend gelb oder orange. Die keulenförmigen, zugespitzten Sepalen und Petalen von etwa 2 cm Länge und 0,6 cm Breite stehen nach außen ab. Die 2 cm lange Lippe ist im Basisbereich mit dem Gynostemium verwachsen. Die beiden länglichen, riemenförmigen Seitenlappen stehen nach außen ab. Der Mittellappen besteht aus 2 sichelartig nach außen gebogenen, riemenförmigen Schwänzen. Der schlanke Sporn wird etwa 2,5 cm lang und ist leicht S-förmig gebogen.

Blütezeit Frühjahr (März bis Juni).

Heimat Von Südindien über Südostasien, Indonesien bis Japan und Ostaustralien.

Calanthe vestita Lindl. T/W

Die kegelförmigen, kantigen Pseudobulben stehen dicht beieinander und werden 10 bis 12 cm hoch. An der Pseudobulbenspitze wachsen 3 bis 4 längsgefaltete Blätter von 40 bis 60 cm Länge und 10 bis 15 cm Breite, die im Herbst abgeworfen werden. Im blattlosen Zustand erscheint an der Pseudobulbenbasis der behaarte, 50 bis 80 cm lange Blütenschaft, der aufrecht steht und im Gipfelbereich, in dem sich die lange haltenden etwa 10 Blüten befinden, leicht nach unten gebogen ist. Die lanzettlichen Brakteen sind groß und auffällig. Die 6 bis 8 cm großen Blüten sind in der Normalform weiß bis cremefarben und tragen auf der Lippenmitte vor dem Gynostemium einen gelben Fleck. Die länglich elliptischen Sepalen und Petalen sind ungefähr 2 cm lang und knapp 1 cm breit. Die flach ausgebreitete Lippe von 2 cm Länge ist 3lappig. Die bandförmigen Seitenlappen von 1 cm Länge stehen waagerecht ab. Der verkehrt herzförmige Mittellappen ist etwa 1,2 cm lang und 1,8 cm breit. Der schlanke, 2 cm lange Sporn ist grünlich gefärbt. Diese Art wird gerne zusammen mit der ähnlichen Art *Cal. rosea*, die rosarote Blüten besitzt, zu Züchtungszwecken verwendet, vor allem zur Schnittblumengewinnung.

Es gibt mehrere Varietäten, z. B. die von Regnier eingeführte Varietät *C. vestita* var. *regnieri*, die eine rosa bis hellrote Lippe und manchmal auch rötliche Sepalen und Petalen besitzt, sowie die Varietät *C. vestita* var. *rubro-maculata* (= rot gefleckt), bei der der Lippenfleck nicht gelb sondern leuchtend rot ist.

Blütezeit Spätherbst, Winter (November bis Februar).

Heimat Von Thailand, Birma über die Malaiische Halbinsel bis nach Borneo und Celebes.

Bulbophyllum Thou.
Tr. Epidendreae
Subtr. Bulbophyllinae

Etymologie Griechisch *bolbos* = Zwiebel, *phyllon* = Blatt.

Beschreibung Diese Gattung gehört zu den artenreichsten Orchideengattungen. Die neuesten Schätzungen liegen bei etwa 1200 *Bulbophyllum*-Arten, die sich in allen tropischen und subtropischen Gebieten der Erde (Afrika, Südamerika, Asien, Australien) angesiedelt haben. Wegen der Vielzahl der Arten mit ihren Unterschieden im Habitus und Blütenaussehen ist eine allgemeine Beschreibung dieser Gattung schwierig. Viele kultivierte Arten besitzen einblättrige Pseudobulben, die in gewissen Abständen an einem vorwärts kriechenden Rhizom sitzen. Die Blätter sind fleischig und unterscheiden sich bei den einzelnen Arten in Form und Größe. Manche Blütentrauben erscheinen direkt oder dicht am Fuße der Pseudobulben und bestehen aus unterschiedlich vielen und großen Blüten, die ein fremdartiges Aussehen haben. Manchmal erscheinen die Blüten an einem mitunter spiralig gedrehten Hochblatt und sind von der Blattmitte aus nach beiden Seiten angeordnet. Typisch für diese Gattung ist, daß die Lippe durch ein Gelenk mit dem Fuß des Gynostemiums verbunden ist. Somit kann sie sich bei geringster Luftbewegung mehr oder weniger stark bewegen. Der meist intensive Duft der Blüten ist bei vielen Arten ziemlich unangenehm.

Die Orchideenzüchter haben diese umfangreiche Gattung erst sehr spät entdeckt. Die erste Kreuzung wurde zwar schon im Jahre 1937 angemeldet, doch eine größere Hybridenzahl (6) wurde erst 1996 registriert, wobei ein Elternteil weitgehend das großblumige *Bulbophyllum lobbii* (siehe Seite 42) ist. Leider werden die *Bulbophyllum*-Hybriden noch sehr selten im Handel angeboten.

Kultur Es können nur allgemeine und grundsätzliche Angaben zur Pflege gemacht werden, weil jede Art und bei weitverbreiteten Arten eigentlich jedes Individuum andere Kulturbedingungen erfordert. Folgende Grundsätze gelten für die meisten *Bulbophyllum*-Arten: Diejenigen Arten, die in tieferen Lagen der Tropen vorkommen, benötigen warme Bedingungen, während die Arten aus höheren Bergregionen unter temperierten Bedingungen zu pflegen sind. Wegen der kriechenden und stark bewurzelten Rhizome sollten die Pflanzen an Baumfarnbrettern, an Korkrinde oder in flachen Schalen mit Epiphytenpflanzstoff kultiviert werden. Wichtig ist eine gute Dränage, da die Wurzeln keine stauende Nässe vertragen. Während des Wachstums, das bei manchen Arten das ganze Jahr über stattfindet, benötigen die Pflanzen viel Wasser und hohe Luftfeuchtigkeit. Bei den laubabwerfenden *Bulbophyllum*-Arten, die in ihrer Heimat sehr trockene Zeiten erleben (z. B. Himalajagebiet, Birma), sollte die Feuchtigkeit für ein paar Wochen herabgesetzt werden. Arten aus tropischen Gebieten brauchen eine solche Trockenzeit jedoch nicht. Viele Arten gedeihen am besten nahe am Glas, doch ist bei starker Sonneneinstrahlung etwas zu schattieren, denn die fleischigen Blätter verbrennen leicht. Um die Pflanzen nicht zu stören, sollte ein Umpflanzen möglichst selten erfolgen. Bei Neutrieben und Blütentrieben ist darauf zu achten, daß kein Wasser an ihnen verbleibt, um ein Faulen zu vermeiden.

40

Bulbophyllum affine
Lindl. T/W

(Syn.: *Bulbophyllum kusukusense* Hay.)

Diese Art besitzt ein kriechendes Rhizom, aus dem in einem Abstand von etwa 2 bis 5 cm die schlanken, fast zylindrischen, nach oben sich leicht verjüngenden Pseudobulben wachsen, die bei einem Durchmesser von etwa 5 bis 8 mm etwa 3 bis 4 cm lang werden. Sie tragen ein einzelnes Blatt, das im Mittel eine Länge von etwa 12 bis 16 cm und eine Breite von etwa 2 cm erreicht. Die an 5 cm langen Stielen einzeln stehenden, etwa 2,5 cm großen Blüten erscheinen vor allem in älteren Rhizombereichen. Die sternförmig angeordneten, länglich ovalen Sepalen und Petalen tragen rote bis rotviolette Längsstreifen auf weißlich gelbem Untergrund. Die Sepalen sind 1,5 bis 1,8 cm lang und 5 bis 6 mm breit; die geringfügig kleineren Petalen sind etwa 1,4 cm lang und 4 mm breit. Die sehr bewegliche Lippe hat eine spitz zulaufende Dreiecksform und ist etwa 7 mm lang und an der Basis 3 mm breit. Die Lippe hat in der Mitte eine gelbliche Farbe; der leicht nach oben gebogene Seitenrand ist dagegen leuchtend rot. Das kleine Gynostemium mit Antherenkappe ist gelb bis orange gefärbt.
Blütezeit Sommer (Juni, Juli).
Heimat Vom westlichen Himalaja über Thailand, Laos, China (Hainan) bis nach Taiwan und zu den Ryukyu-Inseln; in Höhen bis zu 1500 m.
Kultur Temperierte bis warme Bedingungen.

Bulbophyllum ambrosia
(Hance) Schltr. T/W

Die zylindrischen, 3 bis 4 cm hohen Pseudobulben von etwa 1 cm Durchmesser wachsen auf dem stark kriechenden Rhizom in Abständen von etwa 3 cm. Sie tragen ein ledriges Einzelblatt von bis zu 8 cm Länge und 1,5 bis 2 cm Breite. Die Einzelblüten erscheinen nicht nur an der Basis von gerade ausgereiften, sondern auch von älteren Pseudobulben. Der etwa 6 cm lange Blütenstiel trägt die etwa 2,5 cm große und ausnahmsweise sehr angenehm duftende Blüte, worauf auch der Artname (*ambrosia* = nach Ambra duftend) hinweist. Die Sepalen sind gleich geformt und gefärbt, nur bei den seitlichen ist zusätzlich die äußere Randseite leicht verwunden. Sie haben eine zugespitzte, ovale Form und tragen auf hellem Grund dünne, rotviolette Streifen. Die dreieckförmigen Petalen sind einheitlich weißlich bis hellrosa. Die bewegliche, auf der Oberfläche papillöse Lippe ist in der Mitte um 180° nach unten gebogen; auf gelblichem Grund ist sie rotviolett gepunktet.
Blütezeit Winter (Dezember, Januar).
Heimat Südchina (in der Gegend von Hongkong).
Kultur Temperierte bis warme Bedingungen.

Bulbophyllum barbigerum Lindl. W

Die Pseudobulben wachsen dicht beieinander und sind breit oval, flachgedrückt und etwa 3 cm lang. Die einzeln stehenden, lederartigen Blätter werden etwa 7 cm lang und bis 2,5 cm breit; ihre Form ist länglich und an der Spitze stumpf. Die etwa 8 bis 14 Blüten erscheinen an einer zweizeiligen Blütentraube, die mit Stiel bis 15 cm lang wird. Die sich lange haltenden Blüten stehen horizontal ab, besitzen einen überriechenden Duft und sind einschließlich Lippe etwa 2,5 cm groß. Die lanzettlichen, spitzen, 1,5 cm langen Sepalen sind abstehend oder zurückgeschlagen und haben eine schmutzig purpurne Farbe. Die Petalen sind stark zurückgebildet und kaum zu sehen. Die zungenförmige Lippe ist dicht besetzt mit bis zu 1 cm langen, dunkelvioletten, sehr beweglichen, feinen und vorn verdickten Haaren (*barbigerum* = barttragend), die schon bei geringsten Luftbewegungen schwingen. Die Lippe ist grün mit bräunlicher oder violettbrauner Zeichnung.
Blütezeit Sommer (Juni bis August).
Heimat Tropisches Westafrika (z.B. Kamerun, Sierra Leone); längs der Flüsse auf Bäumen.
Kultur Warme Bedingungen.

Bulbophyllum ambrosia (4 × nat. Gr.)

Bulbophyllum crassipes
Hook. T/W

Die Pseudobulben befinden sich bis zu 10 cm voneinander entfernt an einem Rhizom. Sie sind ellipsoidförmig, bis zu 7 cm hoch und 3,5 cm dick. Die einzeln stehenden, zungenförmigen und lederartigen Blätter werden maximal 23 cm lang und 5 cm breit. Die dickstieligen (= *crassipes)*, dichtblütigen und zylinderförmigen Blütentrauben wachsen horizontal oder hängen etwas; sie werden bis 5 cm lang und bis 2,5 cm im Durchmesser. Die Blüten sind kaum 1,5 cm groß und riechen etwas sauer. Die Sepalen sind gelb bis ockergelb und mehr oder weniger dicht mit purpurnen Flecken versehen. Die mittlere Sepale ist elliptisch, kurz zugespitzt und etwa 0,6 cm lang. Die seitlichen Sepalen sind etwa 1 cm lang und kahnförmig zusammengeklebt. Die sehr kleinen, lanzettlichen und lang zugespitzten Petalen sind meist gelb und haben manchmal in der Mitte eine bräunliche Linie.

Bulbophyllum falcatum (1,5 × nat. Gr.)

Die breit zungenförmige und kurz gewimperte Lippe besitzt zwei kurze Seitenlappen; ihre Farbe ist bräunlich bis bräunlich violett.
Blütezeit Frühjahr (März bis Mai).
Heimat Himalaja, Birma, Thailand.
Kultur Temperierte bis warme Bedingungen.

Bulbophyllum falcatum
(Lindl.) Rchb. f. W

Die länglichen, vierkantigen Pseudobulben werden bis zu 8 cm hoch und tragen 2 lederartige, zungenförmige und an der Spitze abgestumpfte Blätter. Die Blätter sind bis zu 17 cm lang und 4 cm breit. Der bis zu 15 cm lange, schlanke Schaft trägt ein etwa 12 cm langes, 1 cm breites, stark dunkelbraun geflecktes, oben waagerecht abstehendes (*falcatum* = sichelförmig) Hochblatt. An diesem Hochblatt sind die etwa 1 cm großen Blüten in 10 bis 12 Paaren beiderseits der Mitte angeordnet. Die Lippe ist purpurbraun; die restliche Blüte hat eine bräunlich gelbe Farbe mit rötlichen Streifen und Punkten. Der Geruch der Blüten ist unangenehm.

Blütezeit Frühsommer (Juni).
Heimat Tropisches Westafrika (Kamerun bis Sierra Leone).
Kultur Warme Bedingungen.

Bulbophyllum lobbii
Lindl. T/W

Die gelbgrünen, eiförmigen Pseudobulben wachsen an dem kräftigen Rhizom in einem Abstand von etwa 7 cm; sie werden 3 bis 5 cm hoch. Die einzeln stehenden, lederartigen und länglichen Blätter sind etwa 20 cm lang und 4,5 cm breit. Die wachsartigen und langlebigen Blüten stehen einzeln auf einem etwa 12 cm langen Stiel und neigen sich etwas durch ihr Eigengewicht. Sie sind weit geöffnet, sehr wohlriechend und bis zu 10 cm groß. Die etwa 6 cm langen Sepalen sind abstehend, lanzettförmig, spitz zulaufend und haben eine fahlgelbe oder rötlich gelbe Farbe und außen rote Flecken. Die seitlichen Sepalen sind sichelförmig gebogen. Die gelben, manchmal außen rot gestreiften Petalen werden etwa 5 cm lang und haben die gleiche Form wie die nach oben gerichtete Sepale; sie sind jedoch etwas schmaler. Die Lippe ist nur 2,5 cm lang, sehr beweglich, herzförmig, spitz und zurückgebogen. Sie ist gelb, mehr oder weniger zart violett gefleckt und hat am Grunde ein kleines oranges Mal. Das Gynostemium ist kurz, breit und gelb mit violetten Flecken.
Diese relativ häufig in Kultur befindliche Art wurde nach Thomas Lobb benannt, der sie in Java entdeckte und etwa 1846 nach England einführte.
Blütezeit Meistens Spätfrühjahr, Sommer (Mai bis Juli).
Heimat Thailand, Birma, Malaiische Halbinsel, Sumatra, Java, Borneo.
Kultur Temperierte bis warme Bedingungen.

Bulbophyllum lobbii (2/3 nat. Gr.)

 Bulbophyllum macranthum Lindl. T/W

Der Abstand der Pseudobulben auf dem stark kriechenden Rhizom liegt zwischen 3 und 6 cm. Die Pseudobulben schwanken in ihrer Form zwischen elliptisch kugelig bis länglich gestreckt; sie haben eine Länge von 2 bis 3 cm und einen Durchmesser zwischen 0,8 und 1,5 cm. Typisch für diese Art sind die Reste der Scheidenblättchen am älteren Teil des Rhizoms, die an kleine, zerfranste Strohbesen erinnern. Das einzelne, zungenförmige Blatt wird bis über 20 cm lang und 3 bis 5 cm breit. Aus dem segmentartig gegliederten Rhizom entspringen an kurzen, nur etwa 2 cm langen Blütenstielen die prächtigen, relativ großen (= *macranthum*) Blüten von etwa 6 cm Durchmesser. Eine Eigenart dieser Art ist die fehlende Resupination der Blüten, d. h. die Lippe und die mehr ins Auge fallenden, seitlichen Sepalen stehen bogenförmig nach oben, wobei die seitlichen Sepalen sich im Spitzenbereich meist berühren. Die mittlere Sepale und die Petalen sind weißlich und mit purpurroten Flecken mehr oder weniger dicht besetzt. Die seitlichen Sepalen sind gelblich mit kleinen purpurroten Flecken im nach außen zeigenden Randbereich. Die bewegliche, hakenförmig gebogene Lippe stellt ausgestreckt mit 1,5 cm Länge und 7 mm Breite das kleinste Blütenblatt dar; sie ist zur einen Hälfte gelblich und zur anderen purpurrot gefärbt. Das kleine Gynostemium ist gelblich. Nach erfolgter Bestäubung verwelkt die Blüte sehr schnell.

Blütezeit Spätfrühjahr, Sommer (Mai bis August).
Heimat Thailand, Birma, Malaiische Halbinsel bis Indonesien, Vietnam und Neuguinea; in Höhen bis 1200 m.
Kultur Temperierte bis warme Bedingungen.

 Bulbophyllum odoratissimum Lindl. T/W

An einem verhältnismäßig kräftigen Rhizom wachsen die 1 bis 4 cm langen, mit etwa 0,5 cm Durchmesser fast zylinderförmigen Pseudobulben. Die einzelnen, länglichen, in der Mitte eingekerbten Blätter sind etwa 2,5 bis 7,5 cm lang. Die kräftigen, locker eingehüllten Stiele des Blütenstandes erscheinen manchmal etwas von den Pseudobulben entfernt. Die dicht stehenden Blüten bilden einen kugelförmigen Blütenstand von etwa 1,5 bis 2 cm Durchmesser. Die länglichen oder lanzettförmigen Deckblätter sind länger als der Fruchtknoten. Die nur 4 mm langen Blütenstiele tragen die sehr wohlriechenden (= *odoratissimum*), gelben, 6 bis 8 mm großen Blüten. Die Sepalen sind lanzettförmig, dreinervig, ge-schwänzt und fast alle gleichaussehend; die Spitzen sind stumpf. Die Petalen sind einnervig und kurz. Die kurze Lippe trägt kleine, warzenartige Erhebungen.

Blütezeit Sommer (Juni, Juli).
Heimat Indien, Birma.
Kultur Temperierte bis warme Bedingungen.

Bulbophyllum pachyrrhachis Griseb. W

Die gelbgrünen Pseudobulben sitzen auf dem kriechenden Rhizom in beträchtlichen Abständen; sie sind etwa 2,5 cm hoch, fast konisch und viereckig.

Bulbophyllum macranthum (2 3 nat. Gr.)

43

Die lederartigen, meist glänzenden, lanzettförmigen und spitz zulaufenden Blätter wachsen paarweise und werden bis 20 cm lang und meist 2,5 cm breit. Der am Grunde der Pseudobulben entspringende, bis 35 cm lange Blütenschaft ist aufgerichtet oder leicht gebogen, am Ende mit dem blütentragenden Hochblatt versehen. Das ziemlich aufgeblähte Hochblatt (= *pachyrrhachis*) ist gewöhnlich schmutzig rot. Die kleinen, kaum sich öffnenden, meist faulriechenden Blüten sitzen am Hochblatt zerstreut in seichten Gruben; sie sind etwa 6 mm groß und haben entweder eine grünlich gelbe Farbe mit mehr oder weniger vielen purpurnen Flecken oder sind vollständig weinrot mit dunkleren Flecken. Die Säule besitzt einen langen Fuß, an dem die bewegliche Lippe befestigt ist.

Blütezeit Winter (Dezember bis Februar).

Heimat Süd-Florida, Mexiko bis Panama und Antillen.

Kultur Warme Bedingungen.

Bulbophyllum weddelii
Rchb. f. W

Die nach Weddel benannte Orchidee besitzt nahezu vierkantige, eiförmige Pseudobulben, die bis zu 5 cm lang werden und ein einzelnes, lederartiges Blatt tragen. Die bis zu 10 cm langen und 4 cm breiten Blätter haben eine längliche Form und eine stumpfe Oberfläche. Der bis zu 30 cm lange und nach oben ragende Blütenstiel trägt eine nach unten hängende, dichtblütige, etwa 15 cm lange Blütentraube. Die etwa 3 cm großen Blüten haben eine gelblich grüne Farbe mit kleinen roten Punkten am Grunde. Die etwa 2,5 cm langen Sepalen sind lanzettförmig. Die Petalen sind verschwindend klein. Die etwa

2 cm lange, zungenförmige Lippe ist weiß mit purpurnen Flecken. An ihrer Basis sitzen 2 kleine, stumpfe und bewimperte Lappen.

Blütezeit Sommer (Juli, August).

Heimat Brasilien.

Kultur Warme Bedingungen.

Cirrhopetalum Lindl.
Tr. Epidendreae
Subtr. Bulbophyllinae

Etymologie Lateinisch *cirr(h)us* = Locke, griechisch *petalon* = Blumenblatt; wegen der lockenähnlichen Drehung der seitlichen Sepalen.

Beschreibung Die etwa 150 Arten umfassende Gattung *Cirrhopetalum* ist mit der Gattung *Bulbophyllum* eng verwandt und wird von manchen Botanikern zu dieser Gattung gerechnet. Die epiphytische Lebensweise und die kriechenden Rhizome mit den einblättrigen Pseudobulben haben beide Gattungen gemeinsam. Die *Cirrhopetalum*-Blüten sind charakterisiert durch ihre doldenartige Anordnung sowie durch die sehr verschiedenen Sepalen. Die obere, eiförmige Sepale ist kleiner als die beiden seitlichen Sepalen, die langgestreckt sowie gedreht und manchmal sogar an den Seiten zusammengeklebt sind. Die verhältnismäßig kleinen Petalen besitzen an der Spitze, bis auf Ausnahmen, Wimpern. Die Lippe ist sehr klein und wie bei den Bulbophyllen sehr beweglich. Das Verbreitungsgebiet der *Cirrhopetalum*-Arten beschränkt sich im wesentlichen auf Ostafrika, Madagaskar und das tropische Asien.

Die ersten Kreuzungen bei *Cirrhopetalum* liegen über 60 Jahre zurück, noch heute ist das damals gezüchtete *Cirrhopetalum* Louis Sander am bekanntesten.

Auch das 1969 angemeldete *Cirrhopetalum* Elizabeth Ann wird häufiger im Handel angeboten. Aber erst ab 1994 gibt es etwa 15 neue Kreuzungen, die aber noch nicht häufig gehandelt werden. Es gibt auch Kreuzungen mit der verwandten Gattung *Bulbophyllum*, die dann × *Cirrhophyllum* heißen. Der Beginn dieser Kreuzungen war 1985, ein bisheriger Höhepunkt war 1995 mit 4 Registrierungen. Die im Bild Seite 47 unten gezeigte Primärhybride wurde 1995 unter dem Namen × *Cirrhophyllum* Sunshine Queen angemeldet und entstand aus den Arten *Cirrhopetalum mastersianum* (siehe Seite 46) und *Bulbophyllum corolliferum*. Da letztere bei Trennung der beiden Gattungen auch ein *Cirrhopetalum* ist – der entsprechend gültige Name lautet *Cirrhopetalum curtisii* Hook. f. – müßte die Hybride eigentlich *Cirrhopetalum* Sunshine Queen heißen. Blütengröße und -farbe liegen intermediär zwischen den beiden Elternarten (siehe Bild Seite 47).

Kultur Die allgemein kleinwüchsigen, aber relativ großblütigen *Cirrhopetalum*-Arten benötigen je nach Herkunft temperierte bis warme Bedingungen. Als Epiphyten wachsen sie am besten an Korkrinde mit etwas Pflanzstoff oder an Baumfarnbrettern. Da viele Arten durch ihre kleinen Pseudobulben nicht sehr viel Nährstoffreserven besitzen, ist es ratsam, keine allzu langen Ruheperioden ohne Wassergaben einzulegen. Sie benötigen genügend Licht zur Blütenbildung. Ansonsten ist die Kultur die gleiche wie für die verwandte Gattung *Bulbophyllum*.

Cirrhopetalum fascinator
Rolfe T/W

Die annähernd kugelförmigen Pseudobulben werden 2 bis 4 cm hoch und etwa 2 cm dick und sind am Grunde von einem dünnen Deckblatt umhüllt. Sie tragen ein schmal elliptisches, derbes Blatt von bis zu 10 cm Länge und 4 cm Breite, das auf der Oberseite glänzend grün und auf der Unterseite graugrün ist. Am Grunde der ausgewachsenen Pseudobulben wächst leicht gebogen der etwa 10 cm lange Blütenstiel, der 1 bis 2 Blüten trägt. Die mittlere, nach oben stehende Sepale ist etwa 2,5 cm lang und hat eine eiähnliche, lanzettliche Form, die zugespitzt ist, am Rande ist sie dicht behaart. Ihre Farbe ist grünlich gelb mit rotvioletten Längsstreifen. Die seitlichen, 17 bis 22 cm langen, schwanzartig nach unten hängenden Sepalen sind an der Basis umgedreht und von dort bis auf eine Länge von 3 bis 4 cm an der Spitze am Rand eng verbunden. Beide Sepalen sind insgesamt 2 cm breit und besitzen auf grünlich gelber Grundfarbe rötliche Längslinien; die beiden fadenförmigen Spitzen sind rötlich gelb. Die etwa 1,5 cm langen, rötlich bis grünlichen Petalen laufen spitz zu und sind am Rande stark gefranst mit dunkelroten Härchen. Die etwa 1 cm große, bewegliche Lippe ist meist halbkreisförmig gebogen, fahlgelb und beidseitig dicht dunkelrot gesprenkelt. In der Mitte hat sie eine tiefe, ungefleckte Längsfurche; ihr Rand ist flaumhaarig. – Sehr ähnlich dieser Art, vor allem in Bezug auf das Aussehen der Blüte, ist *C. putidum* T. et B.; bei ihm ist die Blüte nur etwas größer und sein Verbreitungsgebiet reicht weiter bis zu den Philippinen.

Blütezeit Frühjahr (April, Mai).
Heimat Thailand, Laos, Süd-Vietnam.
Kultur Temperierte bis warme Bedingungen.

Cirrhopetalum gamosepalum
(1,5 × nat. Gr.)

Cirrhopetalum gamosepalum Griff. T/W

(Syn.: *Bulbophyllum lepidum* (Bl.) J. J. Sm)

Die eiförmigen, bis 2 cm hohen Pseudobulben stehen auf dem Rhizom in etwa 2 cm Entfernung. Sie tragen ein einzelnes, derbes Blatt von 8 bis 12 cm Länge und etwa 2,5 cm Breite. Die ca. 20 cm lange Infloreszenz entspringt an der Pseudobulbenbasis und trägt am Ende die in einem Halbkreis fächerartig angeordneten 5 bis 8 Blüten, deren Farbe von Pflanze zu Pflanze sehr variiert. Die in den Blüten dominierenden, 2 bis 2,5 cm langen und 0,5 cm breiten, seitlichen Sepalen sind zusammengewachsen (= *gamosepalum*), was jedoch für die gesamte Gattung typisch ist. Ihre Farbe ist cremefarben bis zartviolett und zur Basis hin mehr oder weniger intensiv violett gepunktet bzw. durchgehend gefärbt. Die mittlere, 5 mm lange Sepale ist kappenartig geformt und an der Spitze etwa 3 mm fadenförmig ausgezogen; der Kappenrand ist stark gewimpert. Sie ist auf der sichtbaren

Oberseite gelb, grün oder violett (mit allen denkbaren Zwischenmusterungen) gefärbt. Die kleinen, 5 mm langen und seitlich nach vorne stehenden Petalen haben ebenfalls unterschiedliche Färbung, sind aber immer dicht gewimpert. Die ebenfalls kleine Lippe ist gebogen und violett gefärbt.

Blütezeit Meist Frühjahr, aber auch zu anderen Jahreszeiten.
Heimat Vietnam bis Malaiische Halbinsel, Andamanen, Sumatra bis Molukken.
Kultur Temperierte bis warme Bedingungen.

Cirrhopetalum guttulatum Wight T

(Syn.: *Bulbophyllum umbellatum* Lindl.)

Die relativ weit auseinanderstehenden, bis 5 cm langen Pseudobulben sind schmal eiförmig und tragen ein einzelnes, lederartiges, längliches Blatt, das eine Länge von 18 cm erreichen kann. Der aufrecht stehende, schlanke, bis 20 cm lange Blütenschaft trägt in einem

45

Cirrhopetalum guttulatum (nat. Gr.)

Halbkreis angeordnet 3 bis 7 Blüten von 2,5 bis 3 cm Länge. Die mittlere, fast runde Sepale ist etwa 1 cm lang und deutlich 5nervig. Die seitlichen, mehr ovalen und spitz zulaufenden Sepalen sind doppelt so lang und mit dem oberen Rand etwas nach innen gebogen. Die ovalen Petalen haben nur eine Länge von 0,5 cm. Petalen und Sepalen sind blaßgelb und mehr oder weniger gleichmäßig purpurn getüpfelt (= *guttulatum*). Die kleine, wippende, weiße Lippe ist dicht mit dunkelvioletten Punkten und mit einer seichten Nute versehen. Das kurze, gelbe Gynostemium besitzt beidseitig der Anthere einen haarförmigen Fortsatz.

Blütezeit Sommer, Herbst (Juni bis November).

Heimat Nepal, Himalajagebiet.

Kultur Temperierte Bedingungen.

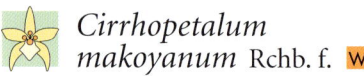 *Cirrhopetalum makoyanum* Rchb. f. W

Auf kriechendem Rhizom wachsen in Abständen von etwa 2 bis 5 cm die etwa 3 bis 4 cm hohen, breit eiförmigen Pseudobulben. An ihrer Spitze steht das zungenförmige, zur Basis hin schmaler werdende Einzelblatt von 7 bis 10 cm Länge

und etwa 3 cm Breite. Der zunächst aufrecht wachsende, zur Spitze hin waagerecht stehende, violett gefärbte Blütenschaft ist etwa 20 bis 25 cm lang und trägt in fächer- bis kreisförmiger Anordnung die ungefähr 10 Blüten. Die duftenden, sehr schmalen Blüten werden etwa 3 bis 4 cm lang. Die kurze, mittlere Sepale ist wie die Petalen rötlich gefärbt und am Rande mit gelblichen Härchen versehen; sie läuft in eine fadenförmige Spitze aus. Die beiden schmalen, seitlichen Sepalen sind fast ihrer ganzen Länge nach verbunden und prägen das Blütenbild. Auf gelblicher Grundfarbe sind sie fein rotviolett gepunktet bis marmoriert. Die hakenförmig gebogene Lippe ist sehr klein und unauffällig.

Blütezeit Winter (Januar, Februar).

Heimat Hinterindien bis Philippinen.

Kultur Warme Bedingungen.

Cirrhopetalum mastersianum Rolfe W

Diese nach dem Gartenzeitschriftenherausgeber Dr. Masters benannte Art besitzt eiförmige, etwa 4 cm hohe Pseudobulben, die in Abständen von etwa 3 cm dem kriechenden Rhizom entspringen. Die einzeln stehenden, zun-

genförmigen Blätter sind ziemlich ledrig und werden bis 20 cm lang und 5 cm breit. Der schlanke, leicht gebogene Blütenschaft von 20 bis 30 cm Länge trägt oben in halbkreisförmiger Anordnung 6 bis 10 Blüten von etwa 5 cm Länge. Während die kleine, helmförmige obere Sepale braun ist, sind die zungenförmigen, 4 cm langen seitlichen Sepalen dunkelgelb, in der Mitte zusammengeklebt und in der oberen Hälfte bräunlich gestreift. Die kleinen Petalen sind rot bewimpert und die kleine, zurückgebogene Lippe ist braun.

Blütezeit Meist spätes Frühjahr, Sommer (Mai bis Juli).

Heimat Molukken (Ost-Indonesien).

Kultur Warme Bedingungen.

 Cirrhopetalum medusae Lindl. W

Die etwas auseinanderstehenden Pseudobulben sind eiförmig, schwach vierkantig und etwa 4 cm hoch. Sie tragen ein lederartiges, längliches und stumpfes Blatt, das eine Länge von 20 cm und eine Breite von 5 cm erreicht. Der bis zu 20 cm lange Blütenschaft, der von einigen, cremefarbenen Deckblättchen umgeben ist, wächst am Fuße der Pseudobulbe aufrecht und ist durch das Gewicht der zahlreichen, etwas modrig riechenden Blüten gebogen. Die eigentümliche, bizarre Gestalt der Blüten ergibt sich durch die beiden seitlichen, fadenförmigen und bis 12 cm langen Sepalen, die der Infloreszenz durch die halbkreisförmige Blütenanordnung das Aussehen eines Medusenhauptes (= *medusae*) verleihen. Die Blüten sind cremeweiß bis strohgelb und mit rosa

Cirrhopetalum rothschildianum
(2/5 nat. Gr.)

bis roten Tupfen versehen. Die kleine Lippe ist gelb.

Blütezeit Herbst (Oktober bis Dezember).

Heimat Malaiische Halbinsel, Sumatra, Borneo.

Kultur Warme Bedingungen.

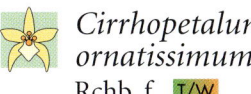 *Cirrhopetalum ornatissimum* Rchb. f. T/W

Diese mit sehr schönen Blüten geschmückte (= *ornatissimum*) Art besitzt eiförmige, vierkantige Pseudobulben von etwa 3 cm Länge, die an einem Rhizom im Abstand von 4 bis 5 cm wachsen und ein einzelnes, lederartiges, stumpfes Blatt tragen, das 10 bis 15 cm lang und etwa 3 cm breit wird. Der Blütenschaft ist so lang wie das Blatt und besitzt am Ende 3 bis 5 unangenehm riechende, bogenförmig angeordnete Blüten. Die längliche, 2 cm lange, obere Sepale ist gelb und rot gestreift und hat

am Rand haarförmige, dunkelviolette Fransen. Die lanzettförmigen, 8 cm langen, seitlichen Sepalen haben gelbliche Färbung mit rötlichen Adern. Sie sind an der Basis gedreht, berühren sich am äußeren Rand und enden fadenförmig. Die kleinen, gelblichen Petalen besitzen an der Spitze dunkelviolette Wimpern. Die kurze, bewegliche Lippe ist purpurrot gefärbt.

Blütezeit Herbst (September).

Heimat Indien, Himalajagebiet.

Kultur Temperierte bis warme Bedingungen.

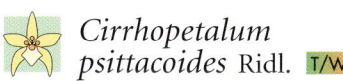 *Cirrhopetalum psittacoides* Ridl. T/W

(Syn.: *Cirrhopetalum gracillimum* Rolfe)

Die kleinen, eiförmigen und vierkantigen Pseudobulben werden etwa 1,5 cm groß und tragen ein lederartiges, zungenförmiges Blatt von etwa 10 cm Länge und 2 bis 3 cm Breite. Der rötlich überlaufene, etwa 25 cm lange Blütenschaft ist leicht gebogen und trägt die 6 bis 12 kreisförmig angeordneten, papageienähnlichen (= *psittacoides*) Blüten, die 5 bis 6 cm lang und überwiegend kräftig dunkelrot sind. Die kappenförmige obere Sepale hat eine haarförmige Verlängerung und ist am Rande mit roten Wimpern besetzt. Die beiden seitlichen Sepalen sind ca. 4 cm lang und etwa zur Hälfte miteinander verbunden. Die schwanzförmigen Enden ragen frei in die Luft. Die kleinen, lanzettförmigen, in der Mitte gelblich weißen Petalen sind gefranst und enden in einer haarfeinen Verlängerung. Die sehr kleine Lippe ist in der Mitte hell und wird zum Rand hin violett.

Blütezeit Frühjahr (April, Mai).

Heimat Thailand, Malaiische Halbinsel bis Neuguinea.

Kultur Temperierte bis warme Bedingungen.

 Cirrhopetalum rothschildianum O'Brien T/W

Diese Art trägt den Namen des Baron Rothschild, in dessen Sammlung sie 1895 das erste Mal blühte. In Habitus und Blütenaussehen ist sie dem *Cirr. ornatissimum* sehr ähnlich, doch sie unterscheidet sich durch die noch länger fadenförmig ausgezogenen Sepalen. Diese »Schwänze« machen etwa 30 bis 50 % der gesamten Sepalenlänge aus; zusammen kann eine Länge von etwa 12 bis 14 cm erreicht werden. Ein weiterer Unterschied zwischen beiden Arten besteht darin, daß die seitlichen Sepalen und die Petalen bei *Cirr. ornatissimum* am Gynostemiumfuß in einem Abstand von etwa 2,5 mm angewachsen sind, während sie sich bei *Cirr. rothschildianum* ohne Zwischenraum berühren.

Blütezeit Sommer, Herbst (August bis November).

Heimat Nordost-Indien.

Kultur Temperierte bis warme Bedingungen.

Cirrhopetalum Sunshine Queen
(1,5 × nat. Gr.; siehe Seite 44)

47

Coelogyne Lindl.
Tr. Epidendreae
Subtr. Coelogyninae

Etymologie Griechisch *koilos* = hohl, *gyne* = Weib (Narbe); bezieht sich auf die ausgehöhlte Narbe.

Beschreibung Die Gattung *Coelogyne* hat ihr Verbreitungsareal in den Monsungebieten von Asien, von Indien und Ceylon über Indonesien und Philippinen bis zu den Fidschi-Inseln und nach Samoa. Der Verbreitungsschwerpunkt dieser etwa 240 Arten umfassenden Gattung liegt an den Südhängen des Himalaja. Die z. T. recht großen Pseudobulben mit unterschiedlichen Formen bei den einzelnen Arten sind durch ein kräftiges Rhizom verbunden. Sie tragen je nach Art 1 bis 4 breit elliptische und meist gefaltete Blätter, die in der Größe und Beschaffenheit sehr variieren. Die aufrecht stehenden, graziös gebogenen oder herabhängenden Infloreszenzen erscheinen entweder an der Basis der Pseudobulben oder an ihrer Spitze (ggf. zwischen den Blättern). Die wohlriechenden Blüten der meist traubigen Infloreszenzen blühen entweder gleichzeitig oder nacheinander. Es gibt auch Arten mit Einzelblüten. Die Sepalen sind gewöhnlich länger als die Petalen und untereinander gleich. Die große, charakteristische Lippe ist meist dreilappig, wobei die Seitenlappen das Gynostemium mehr oder weniger weit umschließen. Die zweiteilige Narbe ragt hervor und ist tief eingesunken, worauf der Gattungsname anspielt.

Kultur Aufgrund des ziemlich weiten Verbreitungsgebietes dieser Gattung gibt es Arten, die es kühl benötigen, und andere Arten, die es temperiert oder warm brauchen. Alle Arten verlangen jedoch eine gute Dränage, unabhängig davon, ob sie in Töpfen oder in Holz-

körbchen mit Epiphytenpflanzstoff untergebracht sind. Da sie überwiegend epiphytisch wachsen, vertragen die Wurzeln keine stauende Nässe. Auch auf Baumfarnstücken kann man sie aufpflanzen. Ein Umtopfen sollte nur dann vorgenommen werden, wenn es unbedingt notwendig ist, da sie solche Störungen nicht gut vertragen. In diesem Fall wartet man nach der Ruhezeit bis zum Beginn des Wachstums, wenn neue Wurzeln treiben. Bei den warm zu haltenden *Coelogyne*-Arten aus den Tropen mit dauerndem Wachstum ist der geeignete Zeitpunkt für das Umpflanzen nur kurz. Ziemlich helles und diffuses Licht benötigen alle Arten, während direktes Sonnenlicht den Blättern nicht gut tut. Die kühl und temperiert zu kultivierenden Arten besitzen eine mehr oder weniger ausgeprägte Ruhezeit nach der vollständigen Entwicklung der neuen Pseudobulbe. In dieser Zeit wird das Gießen eingeschränkt. Das Einhalten einer Ruhezeit bei niedrigeren Temperaturen ist zur Blüteninduktion notwendig.

Coelogyne corymbosa Lindl. K

Die eiförmigen, 2blättrigen, etwa 5 cm langen und dicht stehenden Pseudobulben sind an der Basis von braunen, papierartigen Scheidenblättern umgeben. Die kurzgestielten, lederartigen, lanzettlichen Blätter werden bis zu 15 cm lang und etwa 3 cm breit. Der Blütenschaft erscheint in der Mitte des neuen Triebes, wächst aufrecht bis leicht gebogen, wird etwa 20 cm hoch und trägt am Ende doldentraubig (= *corymbosa*) 3 bis 5 Blüten. Die derben, duftenden Blüten werden etwa 5 cm groß. Die schmal lanzettförmigen Petalen und Sepalen haben eine creme-

weiße Farbe. Die 3lappige Lippe ist weiß und trägt in der Mitte braun umrandete gelbe Flecken; der Schlund ist ungleichmäßig gelb und braun gestreift. Die kurzen, rundlichen Seitenlappen stehen aufrecht, der Mittellappen ist eiförmig und zugespitzt.

Blütezeit Sommer (Juli bis September).

Heimat Himalajagebiet; in 2000 bis 2800 m.

Kultur Kühle Bedingungen.

Coelogyne cristata Lindl. K

Die dicht zusammenstehenden, fast kugelförmigen Pseudobulben von gelblich grüner Farbe werden bis zu 6 cm lang und schrumpfen ein wenig mit der Zeit. Die lanzettförmigen, zugespitzten Blätter stehen zu zweit und erreichen eine Länge bis zu 30 cm und eine Breite von 3 bis 5 cm. Der Blütenschaft wächst aufrecht an der Basis der letzten Pseudobulben, wird etwa 30 cm lang und neigt sich später unter dem Gewicht der an seinem Ende stehenden 3 bis 9 Blüten. Die angenehm duftenden, porzellanartig aussehenden, in allen Teilen schön gewellten und schneeweißen Blüten erreichen einen Durchmesser von 7 bis 10 cm. Die schmal elliptischen, abgestumpften Petalen und Sepalen sind insgesamt nach vorne gebogen und ihre Spitzen sind meist nach hinten umgebogen. Die nach vorne ragende Lippe ist 3lappig und trägt in der Mitte 5 längs angeordnete, goldgelbe und kammförmige (= *cristata*) Erhebungen. Die abgerundeten Seitenlappen sind nach oben und der Mittellappen an der Spitze nach hinten gebogen.

Blütezeit Winter, Frühjahr (Januar bis April).

Coelogyne cristata (4/5 nat. Gr.)

Heimat Himalajagebiet in Höhen von 1600 bis 2500 m.

Kultur Diese *Coelogyne*-Art ist schon seit Jahrzehnten eine sehr populäre Liebhaberorchidee und wird vielfach als Anfängerorchidee dargestellt. Ihre Pflege ist jedoch nicht ganz unproblematisch. Beispielsweise benötigt sie im Herbst zur Blüteninduktion relativ niedrige Temperaturen (Temperaturen bis fast an den Gefrierpunkt schaden nichts). Auch im Sommer braucht sie es kühl, wobei kurzzeitig höhere Temperaturen vertragen werden. Für beheizte Zimmer ist diese Orchidee absolut ungeeignet.

Coelogyne fimbriata Lindl. K/T

Die 2blättrigen, ellipsenförmigen Pseudobulben wachsen in einem Abstand von etwa 3 cm an einem schlanken Rhizom und werden etwa 3 cm hoch. Die ziemlich dünnen und lederartigen, lanzettförmigen Blätter sind 10 bis 12 cm lang und 2 cm breit. Der 1- bis 2blütige, etwa 5 cm lange Blütenstiel erscheint zwischen den Blättern an der Spitze der letzten Pseudobulben. Die 3 cm großen Blüten, die ggf. an einer Pseudobulbe nacheinander aufblühen, duften nach Moschus und halten ziemlich lange. Die sehr schmalen, zurückgebogenen Petalen und die länglichen, zugespitzten Sepalen sind grünlich gelb bis bräunlich.

Die 3lappige Lippe ist gelblich mit rotbraunen Streifen. Die kurzen Seitenlappen stehen aufrecht bis zum gelben Gynostemium. Der fast quadratische Mittellappen hat einen fein gefransten (= *fimbriata*) Rand und zwei an der Spitze zusammenlaufende, unregelmäßig gezähnte Leisten.

Diese Art läßt sich leicht verwechseln mit den im Habitus und in der Blüte ähnlich aussehenden Arten *Coel. fuliginosa* Lindl. und *Coel. ovalis* Lindl. Auch die Blütezeiten sind kein eindeutiges Art-Kennzeichen, weil sie sich von Sommer bis Winter gegenseitig stark überschneiden. Alle drei Arten wachsen unter kühlen bis temperierten Bedingungen, wobei *Coel. ovalis* mehr zu temperiert tendiert. Im Gegensatz zu

49

Coelogyne ovalis (3,5 × nat. Gr.)

den anderen beiden Arten läuft bei *Coel. ovalis* die Lippe relativ spitz zu.

Blütezeit Herbst (August bis Oktober).

Heimat China bis Thailand und Vietnam.

Coelogyne massangeana
Rchb. f. T/W

Die nach dem belgischen Orchideenliebhaber Massange, bei dem diese Art 1878 zum ersten Mal in Europa blühte, benannte Art, besitzt eiförmige, 10 bis 12 cm lange Pseudobulben, die zwei schmal elliptische, stark gefaltete und vorn zugespitzte Blätter von maximal 50 cm Länge und 10 cm Breite tragen. Die vielblütige, 40 bis 60 cm lange Infloreszenz erscheint am Fuße der Pseudobulben und hängt herab. Die 5 bis 7 cm großen, angenehm duftenden Blüten sind 2zeilig angeordnet. Die Petalen und Sepalen haben eine fahlgelbe Farbe. Die Lippe ist 3lappig. Die beiden Seitenlappen sind innen braun mit weißer Aderung. Der Mittellappen ist gelb und braun gezeichnet und trägt in der Mitte in Längsrichtung 3 weiße Kämme.

Diese Art ähnelt im Habitus und im Blütenaussehen der Art *Coel. dayana* Rchb. f. Beide Arten haben das gleiche Verbreitungsgebiet.

Blütezeit Unterschiedlich, meist im Sommer.

Heimat Malaiische Halbinsel sowie Sumatra, Java und Borneo.

Kultur Warme bis temperierte Bedingungen.

Pleione Don
Tr. Epidendreae
Subtr. Coelogyninae

Etymologie Benannt nach der mythologischen Figur Pleione (Mutter der Pleiaden).

Beschreibung Die Gattung *Pleione* besteht je nach Auffassung aus etwa 10 bis über 20 Arten, die als Bergorchideen meistens im Himalajagebiet und in China in Höhen zwischen 1000 bis 3500 m vorkommen. Sie wachsen am Boden und auf Felsen, aber auch auf Bäumen. Ihr Habitus ist ziemlich einheitlich. Die nicht sehr großen, meist mit kleinen Warzen bedeckten Pseudobulben stehen dicht nebeneinander, haben eine ei- bis flaschenähnliche Form und tragen lange, faltige und elliptische Blätter, die jährlich im Herbst abfallen. Auch die Pseudobulben werden nicht älter als 2 Jahre. Die relativ großen, attraktiven Blüten erscheinen einzeln am Fuße der Pseudobulben gemeinsam mit den Neutrieben, d. h. während der Blüte sind die Pleionen blattlos. Die Blütenlippe bildet an der Basis einen röhrenförmigen Teil, an dem sich der schöne, meist stark gefranste Vorderlappen anschließt.

Kultur Die Pleionen hält man am besten in Schalen oder Töpfen, die eine gute Dränage besitzen müssen. Als Pflanzstoff ist eine Mischung zu gleichen Teilen aus Lehm, weißem Sand und Kiefernrinde empfehlenswert. Man kann auch etwas Lauberde daruntermischen. Beim Einpflanzen ist darauf zu achten, daß die kurzen Pseudobulben aus der Erdmischung herausstehen und die Neutriebe nicht mit Erde bedeckt werden. Nach dem Einpflanzen ist vorsichtig zu gießen. Erst nach ausreichender Wurzelbildung nach etwa 6 Wochen kann regelmäßig und reichlich gegos-

sen werden. Der Standort sollte kühl, luftfeucht, luftig und schattig sein. Man kann die Pleionen auch in den Garten pflanzen. Da sie jedoch nicht winterhart sind, müssen sie im Winter ins Haus geholt werden. Wenn die Pseudobulben ausgewachsen sind, müssen die Wassergaben zum Ausreifen reduziert werden. Im Herbst, wenn die Blätter abgefallen sind, benötigen die Pleionen eine Ruhezeit, in der die Erde nur schwach anzufeuchten ist. Erst beim Erscheinen der Knospen wird zur besseren Ausbildung der Blüten wieder etwas mehr gegossen. Ein jährliches Umpflanzen nach der Blüte ist notwendig. Dabei können die Pseudobulben auseinandergenommen werden; denn in jeder Vegetationsperiode werden meistens 2 Neutriebe gebildet. Auf diese Art und Weise ist auch eine gute Vermehrung möglich.

Pleione bulbocodioides (1,2 × nat. Gr.)

Pleione bulbocodioides
(Franch.) Rolfe K

(Syn.: *Pleione formosana* Hay., *Pleione limprichtii* Schltr.)

Die kugel- bis zwiebelförmige Pseudobulbe hat einen Durchmesser von 3 bis 4 cm und trägt ein einzelnes, elliptisches und gefaltetes Blatt, das eine Länge von 30 bis 50 cm und eine Breite von etwa 10 cm erreicht und im Spätherbst oder Winter verwelkt und abfällt. Die etwa 8 cm großen Einzelblüten, die vor allem in ihrer Farbe der Frühlingslichtblume *(Bulbocodium)* ähnlich sind (= *bulbocodioides*), erscheinen im blattlosen Zustand an einem aufrechten 10 bis 12 cm langen Blütenstiel, der mit Hüllblättern umgeben ist, und halten etwa 10 bis 14 Tage. Die lanzettförmigen Sepalen und Petalen sehen ziemlich gleich aus, stehen sternförmig ab, sind manchmal etwas nach hinten gebogen und violettrosa gefärbt. Von der 3lappigen Lippe umschließen die violettrosa Seitenlappen das Gynostemium röhrenförmig.

51

Der eiförmige bis runde Vorderlappen ist rosa bis weiß oder gelblich und vor allem in der Mitte rötlich braun gefleckt. Sein Rand ist schön gefranst. Zum Schlund hin befinden sich ca. 4 parallele, weiße oder gelbliche Kämme.
Blütezeit Spätwinter, Frühjahr (Februar bis April).
Heimat Tibet bis Taiwan (Formosa).

Pleione hookeriana
(Lindl.) B. S. Williams K

Die nach ihrem Entdecker Hooker benannte Art besitzt ei- bis kugelförmige Pseudobulben von etwa 2,5 cm Höhe. Die 1 bis 2 gefalteten Blätter pro Pseudobulbe haben eine länglich elliptische und zugespitzte Form und werden 8 bis 10 cm lang und etwa 2 bis 3 cm breit. Die etwa 6 cm großen Blüten erscheinen einzeln und meist zugleich mit den Blättern an einem etwa 6 cm langen, mit Hüllblättern bedeckten Blütenstiel. Die lanzettförmigen, abstehenden und fast

gleich aussehenden Sepalen und Petalen sind weiß und violett angehaucht. Die 3lappige Lippe besitzt röhrenförmig gebogene Seitenlappen und einen am Rand gefransten und gewellten Vorderlappen. Sie hat eine weiße bis hellrosa Farbe, einen gelben Schlund und einen mehr oder weniger stark rotbraun gefleckten Vorderrand. Zum Schlund hin sitzen 5 gelbe Kämme.
Blütezeit Frühjahr (Mai, Juni).
Heimat Himalajagebiet, Birma, Thailand; in Höhen zwischen 2000 und 4000 m.

Pleione maculata
(Lindl.) Lindl. K

Die etwa 2,5 cm langen, schwach braun gefleckten, 2blättrigen Pseudobulben sind zylindrisch und zur Spitze hin flaschenförmig zusammengezogen. Die lanzettförmigen, gefalteten Blätter erreichen eine Länge von 15 bis 20 cm und eine Breite von 3 bis 4 cm. Der kur-

ze, mit Hüllblättern versehene Blütenschaft trägt eine duftende Einzelblüte von etwa 6 bis 8 cm Durchmesser. Die lanzettförmigen Sepalen sind weiß und die gleich geformten Petalen sind weiß und tragen manchmal violette Längsstriche. Von der 3lappigen Lippe bilden die beiden weißen Seitenlappen eine geschlossene Röhre, während der Vorderlappen fast eine Kreisscheibe bildet, die am Rand leicht gewellt ist. Der Vorderlappen besitzt einen breiten weißen Rand mit radial angeordneten, kräftig violetten Flecken (*maculata* = gefleckt), eine überwiegend goldgelbe, sonst weiße Mitte mit violetten Längsstreifen und bis in den Schlund hinein 5 gezähnte Kämme. *Pleione × lagenaria* ist eine Naturhybride von *Pln. maculata* mit *Pln. praecox* (siehe Bild Seite 30/31).
Blütezeit Herbst (Oktober, November).
Heimat Himalajagebiet.

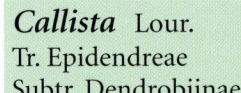

Callista Lour.
Tr. Epidendreae
Subtr. Dendrobiinae

Etymologie Griechisch *callistos* = sehr schön; wegen der kräftig gefärbten Blüten.
Beschreibung Die in dieser Gattung zusammengefaßten 12 Arten sind erst in jüngster Zeit von der Gattung *Dendrobium* abgetrennt worden. Fast alle Arten sind in Liebhaberkreisen beliebt und daher in Kultur weit verbreitet. Das natürliche Verbreitungsgebiet reicht vom Himalajagebiet über Thailand bis nach Vietnam und zur Malaiischen Halbinsel. Die kurz bis länglich zylin-

Pleione maculata (nat. Gr.)

drischen oder keulenförmigen Pseudobulben stehen dicht beieinander und tragen im Spitzenbereich je nach Art 1 bis etwa 4 derbe Blätter. Die Blütenstände erscheinen im oberen Bereich an den Internodien und hängen meist dekorativ herab. Die Blüten lassen sich charakterisieren durch ihre fast kreisförmigen, ungeteilten Lippen, die eine mehr oder weniger starke Randbehaarung besitzen.

Kultur Die *Callista*-Arten benötigen im großen und ganzen einen temperierten Standort, wobei manche zur warmen und andere zur kälteren Seite hin tendieren. Groß werdende Arten pflanzt man am besten mit Epiphytenpflanzstoff in Töpfe mit guter Wasserdränage oder in Holzkörbchen, während Arten mit kleinem Wuchs gut auf Rinde oder Baumfarn mit geringer Pflanzstoffunterlage aufgebunden werden können. Die Neutriebe erscheinen im späten Frühjahr und wachsen sehr rasch zu voller Größe heran. Dabei ist darauf zu achten, daß die Pflanzen leicht schattiert und luftfeucht gehalten werden, aber durch vorsichtiges, jedoch tägliches Gießen und reichlicher Luftzirkulation es zu keinem Abfaulen der Neutriebe kommt. Nach Triebabschluß im Spätsommer oder Herbst wird eine Ruhezeit bei etwas kühleren Temperaturen eingelegt. Erst bei der Bildung der Infloreszenz im Spätwinter werden die Temperaturen und die Wassergaben erhöht. Für die Fensterbankkultur sind diese Arten kaum geeignet.

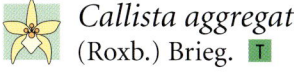

Callista aggregata
(Roxb.) Brieg. T

(Syn.: *Dendrobium aggregatum* Roxb.)

Die einblättrigen, gedrängt (= *aggregata*) zusammenstehenden Pseudobulben

sind länglich oval und etwa 6 cm lang. Bei älteren Pseudobulben bilden sich Längsriefen. Die länglichen und abgerundeten Blätter sind ledrig, dunkelgrün und werden etwa 6 cm lang und 1,5 cm breit. Sie werden in der Ruhezeit nicht abgeworfen. Die aus 10 bis 16 Blüten bestehende und etwa 15 bis 20 cm lang werdende Infloreszenz entwickelt sich an den oberen Knoten der Pseudobulbe und hängt seitlich herab. Die nach Honig duftenden Blüten von etwa 4 cm Durchmesser haben eine Blühdauer von gut 2 Wochen und blühen nacheinander auf. Ihre Farbe ist goldgelb mit einem großen, orangegelben Fleck in der Lippenmitte. Die kleinen, eiförmigen Sepalen sind schmaler als die gleich geformten Petalen. Die Lippe ist fast rund und kaum sichtbar am Rand gefranst.

Die manchmal als eigene Art angebotene Varietät *Callista aggregata* var. *jenkinsii* (Wall.) Brieg. besitzt viel kleinere Pseudobulben und Blätter. Die Infloreszenz besteht aus nur 1 bis 3 Blüten von etwa 2,5 cm Durchmesser. Ein Unterschied zur Stammform ist auch die nierenförmige Lippe der Blüten. Während Blütezeit und Kultur bei beiden Formen gleich ist, beschränkt sich die Herkunft der Varietät auf Birma.

Blütezeit Frühjahr (März bis Mai).

Heimat Himalajagebiet, Birma bis Thailand und Laos.

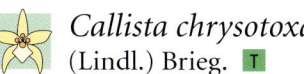

Callista chrysotoxa
(Lindl.) Brieg. T

(Syn.: *Dendrobium chrysotoxum* Lindl.)

Die spindel- bis keulenförmigen 15 bis 30 cm langen Pseudobulben haben eine schlanke Basis und sind im Alter gerillt. Die Pflanzengröße und -gestalt ist abhängig von der Standorthöhe in der

Heimat bzw. von der Kultur. An ihrer Spitze tragen sie 2 bis 4 (manchmal auch mehr) Blätter, die lederartig und meist ausdauernd sind und eine Länge von 10 bis 15 cm sowie eine Breite von etwa 3 cm erreichen. Der seitlich, dicht unterhalb der Pseudobulbenspitze beginnende Blütenstand ist gebogen oder hängt herab. Er besteht aus 8 bis 15 stark duftenden, goldfarbigen (= *chrysotoxa*) Blüten und wird je nach Blütenzahl 15 bis 25 cm lang. Die etwa 4 cm große Blüte besteht aus den goldgelben Sepalen und den gleichfarbigen, etwas breiteren Petalen sowie aus der fast kreisrunden, samtartigen Lippe, die einen ringförmigen, dunkelroten bis dunkelbraunen Schlundfleck besitzt. Der Lippenrand ist fein gefranst.

Blütezeit Winter, Frühjahr (November bis April).

Heimat Himalajagebiet, Südchina, Laos, Thailand; im Tiefland und in den Bergen.

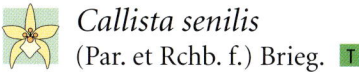

Callista senilis
(Par. et Rchb. f.) Brieg. T

(Syn.: *Dendrobium senile* Par. et Rchb. f.)

Die walzenförmigen, zugespitzten Pseudobulben erreichen meistens nur eine Länge von 10 cm. Besonders am oberen Ende sind sie mit kurzen weißen Haaren bedeckt, was ihnen ein greisenhaftes (= *senilis*) Aussehen verleiht. An der Spitze einer Pseudobulbe sitzen die 2 bis 3 lederartigen, verkehrt eiförmigen, bis 7 cm langen Blätter, die ebenfalls weiß behaart sind. Die einzeln oder paarweise stehenden Blüten entwickeln sich an den oberen Knoten derjenigen Pseudobulben, die ihre Blätter schon abgeworfen haben. Die langlebigen, wachsartigen und angenehm nach Zitrone duftenden Blüten haben eine

Callista senilis (4/5 nat. Gr.)

leuchtend gelbe Farbe und werden etwa 4 bis 5 cm groß. Die Sepalen und Petalen haben eine längliche und zugespitzte Form. Die Petalen sind etwas länger und breiter als die Sepalen. Die 3lappige Lippe läuft spitz nach vorne zu und besitzt am Schlundanfang eine hellgrüne Querbinde von einem Seitenlappen über den Mittellappen bis zum anderen Seitenlappen. Die Seitenlappen sind bis zum gelben Gynostemium nach oben gebogen.

Blütezeit   Frühjahr (März bis Juni).
Heimat   Birma, Laos, Thailand.

Dendrobium Sw.
Tr. Epidendreae
Subtr. Dendrobiinae

Etymologie   Griechisch *dendron* = Baum, *bios* = Leben; auf Bäumen lebend.

Beschreibung   Während die Gattung *Dendrobium* früher zu den artenreichsten Gattungen gehörte, zählen heute nach der Revision mit zahlreichen Abspaltungen in neu eingeführte Gattungen (siehe z.B. *Callista*) zu dieser Gattung nur noch etwa 240 Arten, die alle epiphytisch wachsen, worauf auch der Gattungsname hinweist. Trotzdem ist die Vielgestaltigkeit der einzelnen Arten bezüglich Habitus und Blütenaussehen ziemlich erhalten geblieben. Das Verbreitungsgebiet erstreckt sich auf den südasiatischen und australischen Raum, und dort verteilen sich die Vorkommen von der tropisch warmen Seehöhe bis auf die kühlen Berggipfel. Es gibt somit Arten, die ihre Blätter jährlich abwerfen und solche mit immergrünen, dauerhaften Blättern. Die vielfach auf dem Rhizom dicht nebeneinander stehenden, mehr oder weniger langen Pseudobulben haben keulen- oder spindelähnliche Formen. Die Blütenstände erscheinen sowohl an der Spitze als auch an den Kanten der Pseudobulben. Sie bilden häufig prächtige Trauben mit attraktiven Blüten. Charakteristisch an allen *Dendrobium*-Blüten ist die Kinnbildung unterhalb des Fruchtknotens, so daß die seitlichen Sepalen meist schief stehen. Bei ein- und derselben Art sehen die Petalen und Sepalen ziemlich ähnlich aus, meistens sind die Petalen etwas breiter als die Sepalen. Die Anthere trägt bei dieser Gattung 4 Pollinien. Die Dendrobien sind in den Kulturen der Liebhaber weitverbreitet, wobei sicherlich auch die

mehreren hundert künstlich gezüchteten Hybriden ihren Anteil haben. Bei den *Dendrobium*-Hybriden, die zunehmend im Handel angeboten werden, sind im wesentlichen zwei Zuchtrichtungen von Bedeutung: eine von *Dendrobium nobile* abgeleitete, mit entsprechenden Kulturbedingungen auch für die kühlere Fensterbank, und eine von *Dendrobium phalaenopsis*, die es wärmer wie die Gattung *Phalaenopsis* benötigt. Auch als Schnittorchideen werden Dendrobien, vor allem *Den. phalaenopsis* und seine Hybriden, in vielen Blumengeschäften angeboten.

Kultur   Entsprechend ihrer Herkunft gibt es Arten, die kühle bis temperierte Bedingungen benötigen, und andere Arten, die viel Wärme zum Gedeihen brauchen. Die »kühlen« Dendrobien der Bergregionen (z.B. als bekannteste *Den. nobile*), die in Kultur nicht immer alle Laubblätter abwerfen, sind während der Wachstumsperiode, die in die Sommermonate fällt, reichlich zu gießen und zu spritzen. In dieser Zeit vertragen sie viel Licht, hohe Luftfeuchtigkeit und sogar relativ viel Wärme. Auch volle Sonne können sie gelegentlich vertragen. Wenn der Neutrieb ausgewachsen ist, müssen die Pflanzen über einen Monat kühler gestellt werden bei fast gänzlicher Trockenheit. Auf diese Weise werden die Blütentriebe induziert. Durch erneutes Warmstellen und ausgiebiges Gießen werden die Blüten richtig entwickelt. Nach dem Abblühen beginnt eine neue Wachstumsperiode. Die tropischen, »warmen« Arten, wie z.B. *Den. phalaenopsis*, und auch die temperiert zu haltenden Dendrobien besitzen keine ausgeprägte Ruheperiode. Sie beanspruchen einen sonnigen Platz und zu allen Zeiten genügend Wasser. Nur im Winter sollten bei etwas abgesenkten Temperaturen die Wassergaben ein wenig herabgesetzt werden.

Jedoch ist immer für ausreichende Luftfeuchtigkeit zu sorgen.

Alle Dendrobien können sowohl in Töpfen als auch in Holzkörben mit Epiphytenpflanzstoff kultiviert werden, wobei sie als Epiphyt eine sehr gute Dränage benötigen. Arten mit herabhängenden Pseudobulben, wie z.B. *Den. loddigesii,* müssen in hängenden Töpfen oder besser in Holzkörben kultiviert werden. Kleinwachsende Arten (z.B. *Den. unicum*) können gut an Korkrinde oder an Baumfarnbrettern gezogen werden. Eine gute Möglichkeit zum Vermehren bietet sich u. a. durch Stecklinge, die man durch Zerschneiden der Pseudobulben gewinnt und dann auf den Pflanzstoff legt oder in ihn hineinsteckt. Die jungen Triebe erscheinen an den Knoten und ihr Wachstum kann durch Übersprühen mit Wasser gefördert werden. Außerdem bilden sich auch dadurch gut die Wurzeln.

Dendrobium bellatulum
Rolfe T

Diese attraktive und niedliche (= *bellatulum)* Art besitzt etwa 5 cm lange, keulenförmige und gegliederte Pseudobulben mit 2 bis 4 graugrünen, schwarz behaarten Blättern von 4 cm Länge und etwa 1,5 cm Breite. Aus den Achseln der Bulbenblätter erscheint die 1blütige Infloreszenz. Die etwa 4 cm große, wachsartige Blüte wird von der orangeroten und gelben, dreilappigen Lippe dominiert. Der halbkreisförmige Vorderlappen ist vorne fast um 180° umgeschlagen. Über die gesamte Lippenlänge verläuft eine warzige Schwiele. Die Seitenlappen sind röhrenförmig um das Gynostemium herumgeschlagen. Die übrigen Blütenblätter sind einheitlich schmal eiformig und zugespitzt und weiß bis eifarben, von denen die seitlichen Sepalen etwas größer als die Petalen und die mittlere Sepale und an der Basis zu einem etwa 1 cm langen, gebogenen Kinn zusammengewachsen sind.

Blütezeit   Frühjahr (März bis Mai).
Heimat   Ost-Indien, Thailand bis Süd-China; in Höhen von 1400 bis 1800 m.
Kultur   Temperierte Bedingungen.

Dendrobium canaliculatum
R. Br. W

Die spindelförmigen, bis zu 10 cm langen und etwa 1,5 bis 2 cm dicken Pseudobulben stehen gebüschelt auf dem Rhizom. Sie tragen im Gipfelbereich 3 bis 6 derbe, binsenartige Blätter mit fast zylindrischem Querschnitt von etwa 10 bis 15 cm Länge und 1 cm Breite. Die in den Blattachseln erscheinenden, aufrecht stehenden und etwa 20 bis 40 cm langen Blütenstände tragen an einem langen Schaft die mehrblütige Traube. Die 2,5 cm großen und duftenden Blüten sind im Zentrum weißlich und nach außen hin gelblich grün mit purpurner Lippenspitze. Die lanzettlichen Sepalen und Petalen von 1,5 cm Länge stehen sternförmig auseinander und sind zur Spitze hin leicht in sich gedreht. Die 1,5 cm lange, 3lappige Lippe trägt 3 Kiele, die bis zum Vorderlappen rinnenartig (= *canaliculatum)* angeordnet sind und kammförmig aussehen. Die beiden kleinen Seitenlappen stehen nach oben. Es kommen mehrere Farbvarietäten vor.

Blütezeit   Winterhalbjahr (Oktober bis April).
Heimat   Neuguinea und östliches Australien.
Kultur   Warme Bedingungen.

Dendrobium bellatulum (1,5 × nat. Gr.)

Dendrobium cuthbertsonii F. v. M. K

(Syn.: *Dendrobium sophronites* Schltr., *Pedilonum cuthbertsonii* (F.v.M.) Brieg.)

Der z. Z. in der Literatur und im Orchideenhandel gängige Name ist der zuerst genannte. Früher wurde der als 1. Synonym angegebene Name benutzt. Da sich diese Art von den üblichen Dendrobien unterscheidet, hat man sie vor vielen Jahren unter dem zuletzt genannten Namen umkombiniert, doch bis heute wird dieser noch nicht verwendet. Die leicht konischen Pseudobulben sind etwa 1 cm lang. 2 Blätter erscheinen gegenständig im unteren Bulbenbereich und 1 Blatt wächst aus der Pseudobulbenspitze. Sie sind schmal lanzettlich und werden knapp 2 cm lang, oberseitig sind sie dunkelgrün und auffallend warzig; die Blattunterseite ist purpurn gefärbt. Die mit einem Durchmesser von 2,5 bis 3 cm verhältnismäßig große Blüte erscheint an der Pseudobulbenspitze und ist nicht resupiniert, d. h. die Lippe steht nach oben. Sepalen und Petalen haben eine elliptische Form; die seitlichen Sepalen sind an der Basis kinnartig zusammengewachsen. Die Lippe bildet eine nach unten offene Rinne. Alle Blütenblätter sind einheit-

55

Dendrobium cuthbertsonii (1,2 × nat. Gr.)

lich gefärbt; die Farbpalette reicht von cremefarben über gelb, orange, rot bis violett. Nur die Lippenspitze ist bei jeder Farbe dunkelbraun radial gestreift.

Blütezeit Das ganze Jahr über; Einzelblüten halten mehrere Monate.

Heimat Neuguinea; in Höhen von über 2000 m.

Kultur Kühle Bedingungen (zwischen 10 und 20 °C tagsüber, bis 5 °C nachts; mit hoher Luftfeuchtigkeit), die nicht leicht – besonders im Sommer – zu erreichen sind.

Dendrobium fimbriatum
Hook. T

Die schlanken, stammförmigen Pseudobulben mit rundem Querschnitt sind wegen ihrer Länge (bis 1,5 m) leicht ge-

bogen und an der Basis etwas verdickt. Die lanzettförmigen, spitzen, dunkelgrünen Blätter werden 10 bis 15 cm lang und halten etwa 2 Jahre. Die lockerblütige Infloreszenz, bestehend aus 7 bis 15 Blüten, erscheint dicht an der Spitze der alten, meist blattlosen Pseudobulben, wird etwa 20 cm lang und hängt herab. Die Blüten von etwa 7 cm Durchmesser haben eine leuchtende, orangegelbe Farbe. Die Sepalen und Petalen sind breit elliptisch und etwa 3 cm lang. Die Petalen sind am Rand schwach gezähnt. Die fast kreisrunde Lippe ist samtartig und am Rand schön gefranst (= *fimbriatum*).

Die Varietät *Dendrobium fimbriatum* var. *oculatum* Hook. ist öfter in Kultur als die reine Art und unterscheidet sich von dieser durch die etwas größeren Blüten, durch die meist nicht gezähnten Petalen und die 2 dunkelbraunen, manchmal zusammenfließenden, Flekken (*oculatum* = mit Augen versehen) am Lippenschlund (siehe Titelbild).

Blütezeit Frühjahr (März bis Mai).

Heimat Himalajagebiet, Birma bis Vietnam und Malaiische Halbinsel.

Kultur Temperierte Bedingungen.

 ## Dendrobium loddigesii
Rolfe T

Diese Art wurde nach dem englischen Pflanzenimporteur Loddiges benannt. Die schlanken, stengelartigen und leicht gefurchten Pseudobulben werden etwa 20 cm lang und hängen vielfach, gemeinsam mit den vielen kräftigen Luftwurzeln herab. Die lanzettförmigen, etwa 7 cm langen Blätter wachsen zu mehreren links und rechts entlang der Pseudobulbe. Die Einzelblüten erscheinen an den oberen Knoten der dann meist blattlosen Pseudobulbe. Die duftenden und entzückend aussehenden

Blüten werden etwa 5 cm groß. Die ziemlich gleich geformten Sepalen und Petalen sind karminrosa bis hellviolett. Die kreisförmige, samtartige Lippe ist am Rand weiß und purpurn gesprenkelt sowie fein gefranst. In der Mitte und zum kurzen Schlund hin ist die Lippe orangegelb.

Blütezeit Spätwinter, Frühjahr (Februar bis April).

Heimat Laos, Südchina (Yunnan), Insel Hainan.

Kultur Temperierte Bedingungen.

Dendrobium nobile
Lindl. K/T

Diese in Kultur weit verbreitete und als vornehm (= *nobile*) bezeichnete Art ist sehr variabel bezüglich Abmessungen und Blütenfarbe. Die fleischigen, zylindrischen und vielblättrigen Pseudobulben werden 45 bis 60 cm oder auch bis 90 cm hoch und sind im Alter gefurcht. Die lanzettlichen, bis 10 cm langen Blätter sitzen wechselständig an der Pseudobulbe und fallen in der Ruhezeit nach der Blüte ab. Die langlebigen, wachsartigen und stark duftenden Blüten entspringen zu 1 bis 3 mit kurzen Stielen an den oberen Knoten der Pseudobulbe und erreichen einen Durchmesser von 6 bis 8 cm. Die schmal elliptischen Sepalen und Petalen sind am Grunde weißlich bis grünlich und gehen zur Spitze hin in zart rosenrot oder zart lila über. Die Petalen sind etwas gewellt. Die tütenförmige Lippe ist vorne fast rund und besitzt einen gewellten Rand. Die Lippenfarbe geht kontinuierlich vom zart rosenroten oder zart lila Rand über in weißlich bis grünlich und zum Schlund hin in einen dunkelpurpurnen Fleck, der manchmal mit einem schmalen gelben Rand umgeben ist. Diese Art ist der Partner vieler Züchtungen.

Blütezeit Spätwinter, Frühjahr (Januar bis April).
Heimat Himalajagebiet, Südchina bis Taiwan und Vietnam.
Kultur Kühle bis temperierte Bedingungen.

Dendrobium phalaenopsis
Fitzger. W

Die langen, schlanken und zylinderförmigen Pseudobulben erreichen eine Höhe von etwa 40 bis 70 cm, an deren oberen Teil sich die mehrere Jahre haltenden, dunkelgrünen Blätter entwickeln. Die Blätter sind lederartig und werden etwa 10 bis 15 cm lang. An der Spitze der Pseudobulbe bildet sich je nach Blütenzahl der bis 50 cm lange, leicht gebogene Blütenstand mit 3 bis 15 schönen Blüten, die in ihrer Form an die Blüten der Gattung *Phalaenopsis* erinnern, worauf der Artname auch hinweist. Die in der Farbe variablen Blüten

haben einen Durchmesser von etwa 8 cm. Die länglichen, zugespitzten Sepalen und die mehr als doppelt so breiten Petalen sind entweder ziemlich gleichmäßig rot oder haben eine weiße bis rosarote Grundfarbe, die zur Spitze hin in ein dunkleres Rot übergeht. Die Lippe mit ihrem zungenförmigen, zugespitzten Vorderlappen ist rötlich bis purpurn mit mehr oder weniger starker dunkelpurpurner Aderung. Der Lippenschlund endet in einem kurzen Sporn. Diese Art ist wirtschaftlich sehr wichtig, da sie sich wegen der schönen und haltbaren Blüten als Schnittblume ausgezeichnet eignet.

Dendrobium phalaenopsis (1/2 nat. Gr.)

Dendrobium nobile (4/5 nat. Gr.)

Blütezeit Verschieden, meist Frühjahr; z. T. mehrmals im Jahr.
Heimat Neuguinea, Nordaustralien.
Kultur Warme Bedingungen.

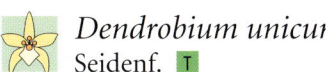 ## *Dendrobium unicum*
Seidenf. T

Die stammförmigen Pseudobulben werden bis 10 cm lang und tragen an der Spitze 2 bis 3 schmal lanzettförmige, zugespitzte Blätter von etwa 10 cm Länge. Die einzel- oder wenigblütigen Infloreszenzen erscheinen an verschie-

57

denen Stellen am oberen Teil der vorjährigen Pseudobulben. Die etwa 5 cm großen, auffällig gestalteten und nicht resupinierten Blüten bestehen aus den schmalen, spitz zulaufenden und nach hinten umgeschlagenen Sepalen und Petalen, die eine orangerote Farbe besitzen und aus der horizontal nach vorne stehenden und nach oben verdrehten tütenförmigen Lippe, die eine weißliche bis hellgelbe Färbung mit feinen orangeroten Adern hat. Diese Art wird meistens als *Den. arachnites* im Handel angeboten.

Blütezeit Frühjahr (März bis Mai).
Heimat Thailand, Laos.
Kultur Temperierte Bedingungen.

Dendrobium
Mount Fuji K/T

Es gibt sehr viele *Dendrobium*-Hybriden, die von der Art *Dendrobium nobile* abgeleitet sind. Besonders in Japan sind auf dieser Basis viele Hybriden entstanden. Dies gilt auch für die hier gezeigte, 1973 entstandene Züchtung, die ihren Namen nach dem berühmten japanischen Berg Fujijama trägt. Sie besteht aus 7 Arten, von denen *Dendrobium nobile* mit über 50% Anteil dominiert. Wesentlich beteiligt sind noch *Den. hildebrandii* (16%), *Den. regium* (10%), *Den. signatum* (9%) und *Den. aureum* (8%).

Epigeneium Gagn.
Tr. Epidendreae
Subtr. Dendrobiinae

Etymologie Griechisch *epi* = auf, *geneion* = Kinn; seitliche Sepalen und verlängerte Gynostemiumbasis bilden ein Kinn.

Beschreibung Diese Gattung umfaßt etwa 35 Arten, die in Südostasien von Indien über Thailand bis nach Indonesien und zu den Philippinen zu Hause sind. Es sind kleine bis mittelgroße Pflanzen, die ein mehr oder weniger stark kriechendes Rhizom besitzen. Die Pseudobulben sind an der Basis von braunen Scheidenblättchen umgeben. Die meist nur 1blütige Infloreszenz erscheint grundsätzlich an der Pseudobulbenspitze neben den 1 bis 2 Blättern aus einem Scheidenblatt, das zur Blütezeit schon braun geworden ist. Die schmal dreieckförmigen Sepalen und Petalen sind lang ausgezogen. Die frei am unteren Ende des Gynostemiums sich befindliche Lippe ist meist 3lappig.

Kultur Die *Epigeneium*-Arten lassen sich gut im temperierten Bereich kultivieren. Aufgrund ihres kriechenden Wuchses kommen als Kulturgefäße nur flache Schalen oder Holzkörbchen in Frage, in die man den üblichen Epiphytenpflanzstoff füllt. Besser dürfte allerdings das Aufbinden auf Kork mit etwas Pflanzstoff oder auf Baumfarnblöcke sein. Die Luftfeuchtigkeit sollte im Mittel bei etwa 70% liegen. Leichte Schattierung ist angebracht. Eine ausgeprägte Ruhezeit wird nicht eingelegt, so daß mehr oder weniger regelmäßig zurückhaltend gegossen bzw. getaucht werden muß. Auch gelegentliches Übersprühen ist wünschenswert. Bei richtiger Pflege sind die in Kultur befindlichen Arten dankbare Blüher.

 Epigeneium coelogyne
(Rchb. f.) Summerh. T

(Syn.: *Dendrobium coelogyne* Rchb. f.)

An dem schuppenbedeckten, lang dahinkriechenden Rhizom wachsen in größeren Abständen die ellipsoiden, deutlich 4kantigen und 2blättrigen Pseudobulben von etwa 6 cm Länge.

Dendrobium Mount Fuji (4/5 nat. Gr.)

Epigeneium nakaharai (3 × nat. Gr.)

Die zungenförmigen, ledrigen Blätter werden etwa 10 cm lang. An der Spitze der Pseudobulben entwickeln sich an kurzen Stielen die stark duftenden, lange haltbaren und bei ausgebreiteten Blütenblättern etwa 10 cm großen Einzelblüten, die denen der Gattung *Coelogyne* (= *coelogyne)* ähnlich sehen. Die länglichen, zugespitzten Sepalen und die schmalen, linealischen Petalen sind etwa 5 cm lang und besitzen außen eine gelbe Farbe und innen eine strohgelbe Grundfarbe mit gleichmäßiger, violetter Fleckung. Die Petalen sind an der Spitze etwas gebogen, während die seitlichen Sepalen stark nach hinten umgeschlagen sind. Die 3lappige und dunkelviolett gefärbte Lippe besteht aus den beiden kleinen Seitenlappen und aus dem eiförmigen Mittellappen.

Blütezeit Herbst (Oktober, November).

Heimat Birma, Thailand.

 Epigeneium nakaharai (Schltr.) Summerh. T

Die 2 bis 3 cm langen und etwa 1 cm dicken Pseudobulben liegen, durch kurze Rhizomabschnitte verbunden, dem Substrat direkt auf und sind nur zur Spitze hin schräg aufgerichtet. Sie sind länglich oval und im Alter stark gefurcht. Die Blätter wachsen einzeln an der Spitze der Pseudobulben. Das Blatt von länglich ovaler Form und derber Beschaffenheit ist 3 bis 5 cm lang und 1,2 bis 1,5 cm breit. Auf dem 3,5 bis 4 cm langen Blütenstiel einschließlich Fruchtknoten erscheint die etwa 2,5 cm große Einzelblüte. Die sternförmig ausgebreiteten und schmal dreieckförmigen Sepalen und Petalen sind etwa 1,5 cm lang, jedoch sind die Petalen an der Basis mit 4 mm Breite etwas schmaler als die Sepalen mit über 6 mm Breite. Die Farbe der Sepalen und Petalen ist einheitlich kräftig ockergelb mit zart violettbrauner Tönung zur Basis hin. Die 3lappige, glänzend dunkelbraune Lippe ist etwa 1,5 cm lang und 1 cm breit. Die 2 kleinen Seitenlappen im Basisbereich sind nach oben geschlagen, während der Vorderrand schwach nach unten umgebogen ist. Die Lippe trägt im Basisbereich 2 etwas erhöhte, gelblich gefärbte Kiele. Das 2 mm lange Gynostemium ist gelb.

Blütezeit Herbst (September bis Dezember).

Heimat Vietnam, Taiwan; in Höhen von etwa 1000 bis 2000 m.

 Epigeneium sanseiense (Hay.) Summerh. T

Der Habitus dieser Art entspricht weitgehend dem von *E. nakaharai,* nur sind Pseudobulben und Blätter sichtbar kleiner. Die Pseudobulben erreichen eine Länge von nur 1,5 bis 2 cm bei einem Durchmesser von etwa 6 mm, auch sind die Altersfurchen nur angedeutet. Die Blattabmessungen betragen etwa 2 cm Länge und 1 cm Breite. Die 2,5 bis 3 cm großen Blüten erscheinen ebenfalls einzeln an der Pseudobulbenspitze. Alle Blütenteile sind weißlich bis rosa gefärbt, wobei die Farbtönungen zum Rand der Blütenblätter hin kräftiger werden; bis auf die Lippe sind ihre Außenseiten weiß und dunkelrosa marmoriert. Im Gegensatz zu *E. nakaharai* ergibt der Blütenaspekt durch das teilweise Aneinanderliegen von Sepalen, Petalen und Lippe eine längs gestreckte Form. Nur der Vorderlappen der Lippe ist nach unten gebogen und die seitlichen Sepalenspitzen sind nach hinten umgeschlagen.

Blütezeit Spätes Frühjahr, Sommer (Mai bis Juli).

Heimat Taiwan.

Epigeneium sanseiense (3 × nat. Gr.)

Barkeria Knowl. et Westc.
Tr. Epidendreae
Subtr. Epidendrinae

Etymologie Nach dem Engländer Barker (gest. 1845) benannt.

Beschreibung Die etwa 12 Arten umfassende Gattung *Barkeria* hat ihren Namen nach dem Importeur G. Barker erhalten, der die erste Pflanze dieser Gattung in England einführte. Sie ist eng verwandt mit der Gattung *Epidendrum,* zu der sie früher hinzugerechnet wurde. Der Unterschied zwischen beiden Gattungen besteht darin, daß die Pseudobulben unterschiedlich aussehen und das sehr flache Gynostemium zwar direkt an der Lippe anliegt, aber nur an den Rändern im Basisbereich mit der Lippe verwachsen ist. Die beblätterten, stammartigen Pseudobulben tragen an ihrer Spitze einen langgestielten Blütenstand mit schön gefärbten Blüten. Alle *Barkeria*-Arten wachsen epiphytisch. Ihr Verbreitungsgebiet beschränkt sich auf Mittelamerika von Mexiko bis Panama.

Kultur Die *Barkeria*-Arten benötigen temperierte Bedingungen. Der Standort sollte hell, aber nicht zu sonnig und sehr luftig sein. Ebenso ist für ausreichende Luftfeuchtigkeit zu sorgen. Die Wachstumszeit beginnt im Frühjahr und wird durch neue Wurzelbildung eingeleitet. Dann muß zunehmend mehr gegossen werden, bis die Wachstumszeit mit der Blütenbildung abgeschlossen ist. Anschließend folgt im Herbst die Ruhezeit, zu deren Beginn die Blätter welken und abfallen. Jetzt darf nur ganz selten gegossen werden, da die Vegetationsruhe streng eingehalten werden muß. Als Pflanzgefäß eignen sich gut Holzkörbchen oder evtl. auch Töpfe, die mit Epiphytenpflanzstoff gefüllt werden. Da die *Barkeria*-Arten gerne ihre Wurzeln frei in die Luft strecken, können sie auch auf Korkrinde mit etwas Pflanzstoff oder auf Baumfarnbrettern aufgebunden werden. Sie gehören zu den relativ leicht zu pflegenden Orchideen.

Barkeria skinneri
Paxt. T

Diese Art wurde nach dem Pflanzensammler G. Ure-Skinner benannt. Sie besitzt sehr schlanke Pseudobulben mit einem Durchmesser von etwa 0,5 cm und einer Länge von 8 bis 14 cm, die außen von papierartigen Scheiden-

Barkeria skinneri (1,25 × nat. Gr.)

blättchen bedeckt sind. Längs der Pseudobulben sitzen in zweizeiliger Anordnung etwa 6 fleischige Blätter, die eine lanzettliche bis elliptische und zugespitzte Form haben und etwa 7 bis 14 cm lang und 1 bis 2 cm breit werden. Der langstielige, an der Pseudobulbenspitze aufrecht stehende Blütenstand wird 15 bis 30 cm hoch und trägt 5 bis 10 oder (selten) 20 Blüten von etwa 4 cm Durchmesser. Die Blüten sind rosa- bis rotviolett und halten 4 bis 5 Wochen. Die sternförmig abstehenden Sepalen und Petalen sind schmal elliptisch und zugespitzt, wobei die Petalen deutlich breiter sind als die Sepalen. Die eiförmige und zugespitzte Lippe trägt in Verlängerung des rotvioletten Gynostemiums, das der Lippe aufliegt, 3 gelbliche Längskiele.

Blütezeit Herbst, Winter (Oktober bis Februar).

Heimat Mexiko (Chiapas), Guatemala.

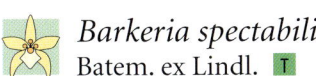

Barkeria spectabilis
Batem. ex Lindl. T

Diese sehr sehenswerte (= *spectabilis*) Art besitzt dicht stehende, zylindrische bis spindelförmige Pseudobulben von etwa 12 cm Länge. Die lanzettförmigen Blätter werden etwa 15 cm lang und bis 4 cm breit. Zwischen den Blättern entspringt der Blütenstand von 10 bis 15 cm Länge mit maximal 10 Blüten, die einen Durchmesser von etwa 8 cm haben. Die lanzettlichen bis elliptischen Sepalen und Petalen sind einheitlich rotviolett gefärbt. Die elliptische, zugespitzte Lippe ist überwiegend weiß bis gelblich gefärbt, nur der Rand ist schwach rosaviolett und der Vorderteil kräftig rosaviolett. Links und rechts der gelben Längskiele ist die Lippe wie die Gynostemiumseiten kräftig violett gepunktet. Das rosaviolette, fast 2 cm

lange Gynostemium ist der Lippe angepreßt.

Blütezeit Frühjahr (April bis Juni).

Heimat Mexiko (Chiapas) bis Honduras; in einer Höhe von 1500 bis 2000 m.

Brassavola R. Br.
Tr. Epidendreae
Subtr. Epidendrinae

Etymologie Benannt nach dem italienischen Arzt und Botaniker Prof. Antonio Musa Brassavola (1500–1555).

Beschreibung Etwa 15 Arten enthält die Gattung *Brassavola,* von denen die meisten epiphytisch sind. Sie lassen sich leicht an ihrem Habitus erkennen; die dünnen, zylindrischen, stengelartigen Pseudobulben tragen 1 bis 2 fleischige, binsenartige Blätter von nahezu rundem Querschnitt. Die Blüten, die einzeln stehen oder eine kurze Traube bilden, entspringen an der Verbindungsstelle zwischen Pseudobulbe und Blatt. Charakteristisch an der Blüte sind die 5 schmalen Sepalen und Petalen und die meist große, im hinteren Teil das Gynostemium umfassende und sich nach vorn verbreiternde Lippe. Die kappenförmige Anthere trägt die 8 Pollinien. Das Verbreitungsgebiet dieser Gattung erstreckt sich von Mexiko und den Antillen bis nach Brasilien und Paraguay.

Kultur Die *Brassavola*-Arten lieben einen temperierten bis warmen Standort mit viel Licht. Sogar volle Sonneneinstrahlung wird von den sehr derben Blättern vertragen. Während der Wachstumsperiode benötigen sie reichliche Wassergaben. Wenn die Pseudobulben ausgewachsen sind, wird in der nicht sehr stark ausgeprägten Ruhezeit das Gießen für ein paar Wochen einge-

schränkt. Die Kultivierung entspricht also weitgehend der von Cattleyen. Auch der gleiche Pflanzstoff wie für Cattleyen kann verwendet werden. Am besten pflanzt man die *Brassavola*-Arten in Töpfe oder Körbe, wobei auf eine gute Dränage zu achten ist. Manche Arten haben einen hängenden Wuchs und können gut an Rinde oder Baumfarn kultiviert werden. Eine Vermehrung ist möglich durch Teilung starker Pflanzen bei Beginn der Wachstumszeit.

Brassavola cucullata
(L.) R. Br. T/W

Die bis zu 12 cm langen und schlanken Pseudobulben tragen ein fast rundes (0,7 cm Durchmesser), 20 bis 30 cm langes und spitz zulaufendes Blatt, das meist nach unten gebogen ist oder sogar herabhängt. Die 1 bis (selten) 3 duftenden und langhaltenden Blüten wachsen an einem etwa 20 cm langen Blütenstiel und erreichen eine Größe bis zu 18 cm bei Ausbreitung der Sepalen und Petalen, die normalerweise herabhängen. Die etwa 10 cm langen, schmalen und spitz zulaufenden Sepalen und Petalen variieren in ihrer Farbe von weiß über gelblich bis grünlich weiß und zur Spitze hin schwach rötlich. Die weiß bis gelbliche Lippe ist an der Basis gefranst und geht dort auch ins Rötliche über; ihre Gestalt ist kapuzenförmig (= *cucullata),* wobei die Spitze sehr lang ausgezogen ist und fast die Länge der Sepalen und Petalen erreicht. Das teilweise umschlossene Gynostemium ist weiß.

Blütezeit Während des ganzen Jahres, aber meist im Winter.

Heimat Von Mexiko bis Honduras und über die Antillen bis zum Norden Südamerikas (meist unterhalb 800 m Höhe).

61

Brassavola flagellaris
Rodr. `T/W`

Die sehr schlanken Pseudobulben von 15 bis (selten) 25 cm Länge sind peitschenartig (= *flagellaris*) gebogen. Sie tragen ein einzelnes, drehrundes Blatt, das mit einer Längsriefe versehen ist und sehr spitz zuläuft. Seine Länge beträgt 25 bis (selten) 40 cm. Die lockerblütige Infloreszenz besteht aus 3 bis 8 Blüten von etwa 7 cm Durchmesser. Die angenehm duftenden Blüten blühen etwa 1 Monat lang. Die schmalen, gelblich bis grünlich aussehenden Sepalen und Petalen sind schmal, spitz zulaufend sowie etwas nach hinten gebogen und stehen ausgebreitet. Die weiße, ellipsenförmige Lippe umfaßt nur am Grunde das gelbliche Gynostemium und hat dort einen kräftig gelben Schlund. Die vordere Lippenspitze ist etwas nach hinten umgeschlagen.

Die nach dem Gärtner Perrin benannte *Brassavola perrinii* Lindl. (syn. *B. fragrans* Lem.) ähnelt im Habitus und Blütenaussehen der Art *B. flagellaris* sehr; ihr Wuchs ist jedoch mehr hängend.
Blütezeit Spätfrühjahr (Mai, Juni).
Heimat Brasilien.

Brassavola martiana
Lindl. `W`

Der Habitus dieser Art ähnelt sehr dem von *B. flagellaris*. Typisch sind jedoch die 5 bis 6 cm großen Blüten, deren breit ovale, zugespitzte und weiß gefärbte Lippe am Rand rundherum herrlich gefranst ist. Die etwa 3 cm langen und 0,5 cm breiten Sepalen haben eine grünliche Färbung; auch die etwas schmaleren Petalen sind grünlich gefärbt. 4 bis 8 Blüten sind an einer Infloreszenz vorhanden.
Blütezeit Sommer (Juli, August).
Heimat Brasilien (Amazonasgebiet), Guyana; d. h. warme Kultur.

Brassavola nodosa
Lindl. `T/W`

Die schlanken Pseudobulben haben einen kreisförmigen Querschnitt und werden bis 15 cm hoch. Sie tragen je ein einzelnes, ziemlich fleischiges, lanzettförmiges, spitz zulaufendes und aufrecht stehendes Blatt, das mit einer durchgehenden Längsriefe versehen ist. Die Blätter erreichen eine Länge bis zu 30 cm und eine Breite bis zu 1,5 cm. Die etwa 20 cm lange Infloreszenz besteht aus max. 6 Blüten von 8 bis 9 cm Durchmesser. Die langlebigen Blüten duften vor allem nachts sehr stark. Die schmalen Petalen und Sepalen haben eine blasse, grünlich gelbe Farbe. Während

die Lippe am Grunde röhrenförmig ist mit grünlicher Färbung, breitet sie sich nach vorne breit herzförmig aus und ist dort leicht gewellt und weiß, versehen mit einigen purpurroten Punkten zum Röhrenteil hin.
Blütezeit Das ganze Jahr, meistens Herbst bis Winter.
Heimat Mexiko und Antillen bis Venezuela und Peru (bis 600 m Höhe auf Felsen und Bäumen).

Cattleya Lindl.
Tr. Epidendreae
Subtr. Epidendrinae

Etymologie Benannt nach dem englischen Orchideensammler William Cattley (19. Jh.).
Beschreibung Diese Gattung, die aus etwa 40 Naturarten und einigen Varietäten besteht, gilt für die meisten Menschen als der Inbegriff einer Orchidee. Die Cattleyen gehören wegen ihrer schönen, farbenprächtigen und großen Blüten schon seit langem zu den bekanntesten und begehrtesten Orchideen. Ihr gärtnerischer Wert hat durch das Züchten von infragenerischen Hybriden und intergenerischen Hybriden, z. B. mit *Brassavola* (ergibt × *Brassocattleya*), *Laelia*, *Sophronitis*, sogar noch zugenommen. Für den Schnittblumengärtner sind sie eine der wichtigsten Orchideen. Heute werden schon fast in jedem Blumengeschäft Cattleyenblüten zum Verkauf angeboten.
Alle *Cattleya*-Arten leben epiphytisch in den Urwäldern Mittel- und Südamerikas. Sie besitzen einen kräftigen Wurzelstock mit meist aufrecht wachsenden, ei- bis walzenförmig verdickten Stengeln, den Pseudobulben. An ihrem oberen Ende befinden sich 1 oder 2 ziemlich große, dunkelgrüne und dick-

Brassavola flagellaris (6/7 nat. Gr.)

ledrige Blätter. Aufgrund der Blattanzahl lassen sich zwei Gruppen unterscheiden, die 1blättrige oder »labiata«-Gruppe, zu der die Art *C. labiata* gehört und deren Arten wenige, dafür aber relativ große Blüten besitzen, sowie die 2blättrige Gruppe, deren Arten viele und etwas kleinere Blüten besitzen. An der Basis der Blätter wächst am Ende der Vegetationsperiode eine flache, grüne Blütenscheide, in der sich der Blütenstand entwickelt und schließlich langsam aus ihr herauswächst.

Kultur Die Cattleyen, vor allem die 2blättrigen Arten, lassen sich unter Berücksichtigung der Vegetations- und Ruhezeiten relativ einfach pflegen. Manche Arten (z.B. *C. bowringiana, C. forbesii, C. loddigesii)* können sogar erfolgreich auf der Fensterbank kultiviert werden. Die meisten Cattleyen benötigen einen temperierten Standort. Während der Wachstumsperiode, die bei vielen Arten im Frühjahr beginnt, benötigen sie viel Wasser, wobei jedoch stauende Nässe zu vermeiden ist. Wenn die Pseudobulben ausgewachsen sind, sollten die Wassergaben reduziert werden, damit die Pflanzen nicht durchtreiben, sondern Blüten bilden; sobald die Knospen in der Scheide sichtbar werden, wird das Gießen wieder verstärkt. Nach der Blütezeit beginnt die Ruhezeit, in der der Pflanzstoff ziemlich trocken gehalten werden muß und somit schwaches Gießen nur etwa alle 2 bis 4 Wochen notwendig sein wird. Die Cattleyen sind bekannt für ihren Lichthunger zu allen Zeiten. Es ist also immer ein Standort direkt am Glas (Fenster bzw. Gewächshaus) zu empfehlen, damit die Pflanzen auch blühen. Sobald nach der Ruheperiode sich neue Wurzeln zu bilden beginnen, kann umgepflanzt werden, sofern es notwendig ist. Die Pflanzgefäße sind dabei so zu wählen, daß möglichst nicht häufiger

als alle 3 Jahre verpflanzt werden muß. Aus den abzutrennenden Rückbulben lassen sich leicht neue Pflanzen heranziehen. Als Pflanzstoff eignet sich der übliche für Epiphyten. Man kann auch etwas Kies, Holzkohle oder ähnliches zusetzen. Es ist darauf zu achten, daß nur die Wurzeln vom Pflanzstoff umgeben werden, denn die Neutriebe müssen sich frei entfalten können und dürfen nicht feucht gehalten werden. Kleinwüchsige Arten lassen sich auch auf Baumfarnstücken pflegen.

Cattleya aclandiae (3/4 nat. Gr.)

Cattleya aclandiae
Lindl. Ⓦ

Diese Art wurde von dem Botaniker Lindley beschrieben und von ihm nach der englischen Lady Acland (= *aclandiae)*, bei der sie zuerst blühte, benannt. Die schlanken, zylindrischen, manchmal schwach verdickten Pseudobulben werden etwa 10 bis 15 cm hoch und tragen am Ende 2 Blätter. Die ovalen, bis 10 cm langen und etwa 2,5 cm breiten Blätter sind dunkelgrün und dickledrig. Die wohlriechenden, derben und glänzenden Blüten erscheinen an einem kurzen Stiel einzeln, selten paarweise;

ihr Durchmesser beträgt bis zu 10 cm. Die länglichen, an den Enden abgerundeten Sepalen und Petalen sind gewöhnlich gelblich grün mit großen purpurbraunen Flecken. Die 3lappige Lippe ist weit offen und umschließt nicht das Gynostemium.

Die kleinen Seitenlappen sind weißlich rosa. Der große, hervorstehende, verkehrt herzförmige, etwas wellige Mittellappen ist leuchtend rosa bis purpurrot und hat an der Basis einen gelben Fleck. Das ziemlich breite Gynostemium hat eine ähnliche Farbe wie der Mittellappen.

Blütezeit Sommer (Juni bis August).
Heimat Nord-Brasilien in Meeresnähe, d. h. warme Kultur.

Cattleya amethystoglossa
Lind. et Rchb. f. T

Die stammförmigen Pseudobulben erreichen eine Länge von 70 bis 100 cm, sind von ausdauernden, weißlichen

Hüllblättern umgeben und tragen 2 ledrige Blätter, die breit lanzettförmig, abgestumpft sowie ca. 20 cm lang und 7 bis 8 cm breit sind. Die langgestielte, manchmal ziemlich große Infloreszenz (30 cm und mehr lang) besteht aus 4 bis 10 Blüten von etwa 10 cm Durchmesser. Die derben, wachsartigen und duftenden Blüten besitzen eine schmale, mittlere Sepale sowie breitere, seitliche Sepalen und Petalen. Die Sepalen und Petalen sind weiß bis rosa mit vielen dunkelvioletten Flecken. Die 3lappige Lippe besteht aus den kleineren, weißlichen Seitenlappen und aus dem vorne gekrausten und gefransten Mittellappen, der an der Basis keilförmig und nach vorne hin breit nierenförmig ist. Der Mittellappen ist in der Mitte zum Schlund hin weiß bis cremefarben und zum Rand hin amethystfarben (*amethystoglossa* = amethystzüngig).

Blütezeit Frühjahr (März bis Juni).
Heimat Brasilien.

Cattleya bowringiana
Veitch T

Diese Art ist nach dem englischen Orchideenliebhaber J. C. Bowring benannt. Die 30 bis 50 cm langen, säulenförmigen Pseudobulben sind am Grunde kugelförmig verdickt und nehmen nach oben im Durchmesser zu. An ihrem Ende stehen in horizontaler Richtung die lanzettförmigen, etwa 15 cm langen und 6 cm breiten Blätter. Zwischen den Blättern wächst der bis 15 cm lange Blütenstand mit 5 bis 10 (selten mehr) Blüten, die einen Durchmesser von 6 bis 8 cm haben und etwa 2 Wochen halten. Die rosa bis purpurroten Blüten sind geadert und glitzern.

Cattleya bowringiana (3/7 nat. Gr.)

Die lanzettförmigen, spitz zulaufenden Sepalen sind schmaler als die ovalen, abgerundeten Petalen, aber ebenso leicht gewellt. Die Lippe umschließt am Grunde röhrenförmig das Gynostemium und ist an ihrer Spitze schwach eingekerbt. Sie hat eine dunkelpurpurne Farbe und ist damit etwas dunkler als die Sepalen und Petalen. Ihr Schlund ist gelblichweiß und purpurn geadert.

Vom Habitus und von der Blüte ist die Art *C. skinneri* Batem. von dieser Art kaum zu unterscheiden, nur die Blütezeit liegt früher (März bis Juni).

Blütezeit Herbst (September bis November).
Heimat Belize (Britisch-Honduras), Guatemala.

Cattleya forbesii Lindl. T

Die nach dem Orchideensammler Forbes benannte Art besitzt schlanke, zylindrische Pseudobulben, die bis zu 30 cm lang werden und 2 lederartige Blätter tragen. Die Blätter sind ellipsenförmig und haben eine Länge bis zu 15 cm und eine Breite von etwa 5 cm. Der aufrechte Schaft trägt 1 bis 6 Blüten von etwa 10 cm Durchmesser. Sie sind wachsartig, langlebig und duftend. Die länglichen Sepalen und Petalen sind olivgrün oder gelbgrün. Die röhrenförmige, nach unten gebogene Lippe ist außen weißlich bis rosa, innen gelb mit roten Adern und umschließt das Gynostemium; der wellige, gelbliche Mittellappen ist rundlich und erweitert sich nach außen.

Die im Habitus ähnliche *C. loddigesii* Lindl. hat die gleiche Blütezeit und Heimat, nur die Sepalen und Petalen haben dagegen eine rötliche Farbe.

Blütezeit Sommer (Juli bis September).
Heimat Brasilien.

Cattleya guttata Lindl. T

Die stammartigen Pseudobulben werden bis über 1 m hoch. Die meist 2 derben Blätter sind länglich elliptisch, etwa 15 bis 25 cm lang und 5 bis 7 cm breit. Der 10 bis 20 cm lange Blütenstand, der aus einer 5 bis 10 cm langen Blütenscheide hervorkommt, trägt 5 bis 10 oder mehr fleischige, langlebige Blüten von etwa 8 bis 10 cm Durchmesser. Die länglich elliptischen, etwa 4 bis 5 cm langen Sepalen und die ähnlich geformten, aber zugespitzten Petalen sind hell- bis olivgrün und dicht dunkelpurpurn getüpfelt (= *guttata*). Die Petalen sind am Rand leicht gewellt. Die 3lappige Lippe ist etwa 3 cm lang und vorne 2,5 cm breit. Die weißlichen bis rosa Seitenlappen umschließen das Gynostemium. Der fächerförmige, am Rand leicht gewellte Mittellappen ist an der Basis gelblich und nimmt bis zur Spitze eine dunkelviolette Färbung an.
Blütezeit Spätsommer, Herbst (August bis Oktober).
Heimat Brasilien; in Höhen von 200 bis 600 m auf Felsen oder Bäumen an Wasserläufen.

Cattleya labiata Lindl. T

Diese Art ist vor allem in der Blütenfarbe sehr veränderlich. Die kräftigen, etwa 15 bis 25 cm langen Pseudobulben sind keulenförmig und mit zunehmendem Alter immer stärker gefurcht. An ihrem Ende wächst ein lederartiges, längliches Einzelblatt von etwa 25 cm Länge und 8 cm Breite. Der kurze Blütenstiel, der an der Basis des Blattes aus einer doppelten Scheide wächst, trägt 2 bis 5 ziemlich große Blüten (etwa 15 cm Durchmesser). Die Sepalen und Petalen sind rosa bis hellrosa. Die Sepalen haben eine schmale, längliche Form, die

Cattleya guttata (1,5 × nat. Gr.)

sich zum Ende hin zuspitzt. Die viel breiteren Petalen sind elliptisch und besonders am Rande gewellt und an der Spitze nach hinten zurückgebogen. Die große Lippe (= *labiata*) umgibt das Gynostemium und besitzt einen stark gekräuselten Rand. Ihre Form ist eiähnlich und ihre Farbe purpur mit dunkelvioletten Adern bis in den gelblichen Schlund hinein.
Blütezeit Herbst (Oktober bis Dezember).
Heimat Brasilien.

Cattleya intermedia Grah. T

Der Habitus ist ähnlich dem von *Cattleya forbesii* und *Cattleya loddigesii* und liegt etwa in der Mitte (= *intermedia*) zwischen ihnen; die Blüten der drei Arten unterscheiden sich aber in der Färbung sehr stark. Die dünnen, zylindrischen Pseudobulben werden 25 bis 40 cm lang und tragen gewöhnlich 2 länglich eiförmige Blätter von 12 cm Länge und 3,5 cm Breite. Die aus einer Blütenscheide sprießende Infloreszenz von etwa 10 cm Länge trägt 2 bis 6 leicht duftende Blüten von 10 cm Durchmesser. Die radial abstehenden Sepalen und Petalen sind weißlich bis blaßrosa. Die seitlichen Sepalen mit ihrer Sichelform rahmen die 3lappige Lippe ein. Der rundliche, am Rand gewellte und geschlitzte Mittellappen ist auffallend karminrot gefärbt. Die weißlichen Seitenlappen sind nach oben geschlagen und bilden eine Röhre um das schwach gebogene Gynostemium.

Blütezeit Meist Frühjahr (April bis Juni), ggf. nochmals im Herbst.

Heimat Süd-Brasilien (oft in Küstennähe).

Cattleya intermedia (2/3 nat. Gr.)

Cattleya schilleriana
Rchb. f. W

Diese nach dem Hamburger Orchideensammler und Ratsherrn Schiller benannte Art hat Ähnlichkeit mit der *C. aclandiae* und benötigt wie diese eine warme Kultur. Sie besitzt schlanke, keulenförmige Pseudobulben von 10 bis 15 cm Länge. Die beiden dunkelgrünen, fleischigen Blätter von elliptischer Form werden etwa 10 cm lang. Der kurze Blütenstiel trägt 1 bis 2 Blüten von etwa 10 cm Durchmesser, die duften und langlebig sind. Die am Rand gewellten Sepalen und Petalen sind dunkelgrün bis braungrün mit dunkelbraunen Flecken. Die beiden Seitenlappen der Lippe umschließen das Gynostemium. Der nach vorn breiter werdende, verkehrt herzförmige Mittellappen ist purpur mit weißer Aderung, am Rande weiß bis gelb und zum Schlund hin gelb. Der ganze Rand ist schwach gewellt und gefranst.

Blütezeit Sommer (Juli bis September).

Heimat Brasilien.

× *Laeliocattleya* Gold Digger (2/3 nat. Gr.)

× *Laeliocattleya* Gold Digger T

Diese im Jahre 1974 entstandene Hybride besteht aus 6 *Cattleya*-Arten und aus einer *Laelia*-Art (*Laelia cinnabarina*), die zu 12,5% beteiligt ist. Bei den Cattleyen dominieren *Cattleya aurantiaca* mit 50% Anteil und *Cattleya dowiana* mit 19% Anteil. Die übrigen Cattleyen sind jeweils zu weniger als 5% enthalten.

× *Sophrolaeliocattleya* Jewel Box T

Die Hybride ist zwar schon im Jahre 1962 gezüchtet worden, doch wird sie

Encyclia Hook.
Tr. Epidendreae
Subtr. Epidendrinae

Etymologie Griechisch *enkyklein* = ein-(um-)schließen; wegen der das

auch heute noch vielfach gezeigt und angeboten. Da *Sophronitis coccinea* nur zu 6,25 % in dieser Hybride enthalten ist, hat sie zwar ihre kräftig rote Farbe eingebracht, doch ihre Größe wurde nicht dominant vererbt, so daß die Hybride nicht zu den Kleinorchideen gezählt werden kann. Die übrigen Kreuzungspartner aus den Gattungen *Cattleya* und *Laelia* sind stattliche Pflanzen. Den größten Anteil hat *Cattleya aurantiaca* (50 %), dann folgen *Cattleya dowiana* (18,7 %), *Laelia purpurata* (12,5 %), *Cattleya mossiae* (6,25 %) und *Laelia cinnabarina* (6,25 %).

× *Sophrolaeliocattleya* Jewel Box (2/3 nat. Gr.)

Gynostemium umfassenden Seitenlappen der Lippe.

Beschreibung Die etwas mehr als 100 Arten umfassende Gattung *Encyclia* wurde zwar schon Anfang des letzten Jahrhunderts erstmals beschrieben, doch aber bald wieder nur als Sektion von *Epidendrum* geführt. Heute betrachten jedoch die meisten Botaniker *Encyclia* als eigenständige Gattung. Die Unterschiede zu *Epidendrum* liegen in der nicht oder nur teilweisen Verwachsung von Gynostemium und Lippenbasis sowie in dem weitgehenden Vorhandensein von Pseudobulben. Typisches Kennzeichen sind die aufgerichteten Seitenlappen der Lippe, die das Gynostemium umfassen. Die zwischen den Blättern an der Pseudobulbenspitze entspringende Infloreszenz ist meistens langstielig und mehrblütig. Bei einigen Encyclien sind die Blüten nicht gedreht (resupiniert), so daß die Lippe bei diesen nach oben steht. Das Hauptverbreitungsgebiet ist Mittelamerika und die Antillen; einige Arten kommen allerdings bis nach Südbrasilien vor.

Kultur Die meisten *Encyclia*-Arten benötigen wie die nahe verwandten Cattleyen temperierte Bedingungen. In der Wachstumszeit, die im Frühjahr beginnt, brauchen sie viel Wasser und genügend frische, nicht zu warme Luft. Es ist etwas zu schattieren, da direktes Sonnenlicht nicht so gut vertragen wird. Auf ausreichende Luftfeuchtigkeit ist zu achten. Wenn im Herbst nach dem Ausreifen der Neutriebe die Ruhezeit beginnt, wird nur noch ganz wenig gegossen, um durch ein zeitweises Austrocknen die Blütenbildung anzuregen. Die meisten Encyclien lassen sich in der üblichen Pflanzstoffmischung in Töpfen kultivieren. Der beste Umpflanzzeitpunkt ist der Wachstumsbeginn, wenn sich die neuen Wurzeln bilden. Kletternde *Encyclia*-Arten kann man auch gut an Baumrinde (z. B. Kork) mit etwas Pflanzstoff oder an Baumfarnbrettern halten. Einige Arten sind auch zur Fensterbrettkultur geeignet, z. B. *Enc. brassavolae* und *Enc. cochleata*.

Encyclia brassavolae
(Rchb. f.) Dressler K/T

(Syn.: *Epidendrum brassavolae* Rchb. f.)

Die schlank eiförmigen, ziemlich dicht zusammenstehenden Pseudobulben sind 2blättrig und werden etwa 14 cm hoch. Die riemenförmigen bis schmal eiförmigen, abgestumpften und ledrigen Blätter werden bis zu 30 cm lang und etwa 3 cm breit. Der endständige, aufrecht stehende, langstielige Blütenschaft von etwa 30 bis 40 cm Länge trägt am oberen Ende 5 bis 12 locker angeordnete lange haltbare Blüten und ist an der Basis von einem auffälligen, bräunlichen Scheidenblatt umgeben. Die schwach duftenden, ziemlich derben Blüten haben höchstens einen Durchmesser von 10 cm und sehen denen der Gattung *Brassavola* ähnlich, worauf der Artname hinweist. Die sehr schmalen, sternförmig abstehenden, 4 bis 5 cm langen Sepalen und Petalen sind an der Spitze mehr oder weniger stark nach hinten gebogen. Ihre Farbe ist einheitlich bräunlich gelb bis grün. Die 4 bis 5 cm lange Lippe, die nur am Grunde mit dem Gynostemium verwachsen ist, hat eine dreieckig ovale bis herzähnliche Form sowie eine weiße und zur Spitze hin kräftig rotviolette Farbe. Das Gynostemium ist grün und braun gefleckt.

Blütezeit Herbst, Winter (September bis Januar).

Heimat Mexiko, Guatemala bis Panama; in Höhen von 2000 bis 2700 m.

Encyclia cochleata
(L.) Lemee T

(Syn.: *Epidendrum cochleatum* L.)

Die dicht beieinander stehenden, länglichen und zusammengedrückten Pseu-

Encyclia cochleata (1,2 × nat. Gr.)

nung. Ihre Basis endet in der Mitte des Gynostemiums.

Blütezeit Unterschiedlich, meist Herbst bis Frühjahr.

Heimat Florida über Mexiko bis Kolumbien und bis zu den Antillen.

 ### *Encyclia polybulbon*
(Sw.) Dressler T

(Syn.: *Epidendrum polybulbon* Sw., *Dinema polybulbon* (Sw.) Lindl.)

Die vielen Pseudobulben (= *polybulbon*) von etwa 2 cm Länge entspringen dem schlanken, kriechenden Rhizom in Abständen von 2 bis 3 cm. Sie sind eiförmig bis ellipsoidförmig und tragen an der Spitze 2 länglich elliptische Blätter, die nur eine Länge von 3 bis 6 cm erreichen. Zwischen den Blättern erscheinen einzeln (selten zu zweit) die lange haltenden, duftenden und verhältnis-

mäßig großen Blüten an einem etwa 4cm langen Blütenstiel. Die länglichen, zugespitzten und abstehenden Sepalen und Petalen von fast 2 cm Länge haben eine gelblich rote bis bräunlich rote Färbung. Die runde bis verkehrt herzförmige, am Rande leicht gewellte Lippe ist cremeweiß und am Grunde gelblich. Das Gynostemium ist oben rötlich, auch die Anthere ist rot.

Blütezeit Winter (Dezember bis Februar).

Heimat Mexiko, Guatemala sowie Kuba und Jamaika; in Höhen von 600 bis 2000 m.

Encyclia vitellina
(Lindl.) Dressler K/T

(Syn.: *Epidendrum vitellinum* Lindl.)

Diese in Kultur etwas schwierige Art fasziniert durch ihre leuchtend roten

Encyclia polybulbon (nat Gr.)

dobulben werden etwa 10 bis 20 cm lang und 3 bis 4 cm dick. Die 2 oder 3 an ihrer Spitze stehenden Blätter sind lanzettförmig und erreichen eine Länge von 20 bis 30 cm und eine Breite von 3 bis 5 cm. Die 5 bis 10 Blüten wachsen an einem 25 bis 45 cm langen Blütenstiel, der aufrecht steht oder leicht gebogen ist und zwischen den Blättern hervorkommt. Die bis 7 cm großen, langlebigen und sich nacheinander öffnenden Blüten haben die Lippe nach oben gerichtet. Die schmalen, riemenförmigen Sepalen und Petalen sind leicht korkenzieherförmig gedreht und stehen nach unten. Ihre Farbe ist bräunlich grün bis grasgrün mit ein paar violetten Punkten an der Basis. Die fast kreisrunde, muschelförmig (= *cochleata*) nach außen gewölbte und am Rand gewellte Lippe ist gelblich grün mit dunkelvioletter Aderung und Zeich-

68

Encyclia vitellina (nat. Gr.)

Blüten. Die eiförmigen, zusammengepreßten Pseudobulben erreichen eine Länge von 4 bis 8 cm und sind meist 2blättrig. Die 20 bis 30 cm langen und etwa 5cm breiten Blätter sind lederartig und zungenförmig. Der meist aufrecht stehende Blütenstand ist lockerblütig und je nach Blütenzahl (10 bis 20) etwa 30 bis 45 cm lang. Die lange haltenden Blüten haben einen Durchmesser von etwa 4 cm. Die veränderliche Farbe der abstehenden, elliptischen und zugespitzten Sepalen und Petalen reicht von orange bis zum dunklen scharlachrot. Die kleine, zungenförmig herabhängende und nur an der Basis mit dem Gynostemium verwachsene Lippe ist dottergelb (= *vitellina*).

Blütezeit Herbst (Oktober bis Dezember).

Heimat Mexiko, Guatemala; in Höhen von 1500 bis 2600 m.

Epidendrum L.
Tr. Epidendreae
Subtr. Epidendrinae

Etymologie Griechisch *epi* = auf, *dendron* = Baum; auf Bäumen lebend.

Beschreibung Wie der Gattungsname schon besagt, gehören die meisten *Epidendrum*-Arten zu den epiphytischen Orchideen. Diese Gattung ist mit schätzungsweise 600 Arten eine der größten im tropischen Amerika; ihr Vorkommen reicht von den südlichen USA bis nach Argentinien. Entsprechend der großen Artenzahl findet man eine enorme Vielgestaltigkeit bezüglich Habitus und Blütenaussehen bei dieser Gattung. Es gibt kleinwüchsige und großwüchsige Arten. Typisch ist jedoch, daß die Stämme meist keine Pseudobulben bilden. Die mehrblütigen Infloreszenzen erscheinen überwiegend an der Spitze der Stämme und bilden entweder verzweigte Rispen oder schöne Trauben. Charakteristisch bei den *Epidendrum*-Arten ist bei den Blüten das mit der Lippe vollständig verwachsene Gynostemium.

Kultur Die Pflegemaßnahmen bei den Epidendren entsprechen weitgehend denjenigen bei den *Encyclia*-Arten; denn auch das Verbreitungsgebiet ist ähnlich. Temperierte Bedingungen werden bei den meisten Arten am besten vertragen. Mit Ausnahme der kleinwüchsigen Arten, die auf Baumfarn aufgebunden werden können, pflanzt man sie wegen ihrer mehr oder weniger hohen Stämme in Töpfe mit dem üblichen Epiphytenpflanzstoff. In den Wintermonaten ist eine relativ trockene Ruheperiode empfehlenswert. Während der Wachstumsphase im Sommer dagegen ist reichlich zu gießen und auch zu schattieren.

Epidendrum endresii (1,2 × nat. Gr.)

 Epidendrum endresii
Rchb. f. T

Diese sehr hübsche Art besitzt dicht zusammenstehende, beblätterte und schlanke Stämme von etwa 20 cm Höhe, die mit warzigen Scheidenblättchen bedeckt sind. Die fleischigen, ellipsenförmigen Blätter werden 3 bis 4 cm lang. Der lockerblütige, aufrechtstehende und endständige Blütenstand besteht aus 4 bis 10 duftenden Blüten und erreicht eine Länge von 8 bis 12 cm. Die länglich elliptischen etwa 1,5 cm langen Sepalen und Petalen sind innen weiß und außen rosenrot überlaufen. Die 4lappige Lippe ist etwas größer als die anderen Blütenteile. Ihre Farbe ist weiß mit rosarot in der Mitte und mit einem kräftigen violetten Fleck. Die Spitze vom Gynostemium und die Anthere ist ebenfalls violett gefärbt.

Blütezeit Winter (November bis Januar).

Heimat Costa Rica, Panama.

Epidendrum nocturnum (4/5 nat. Gr.)

Epidendrum nocturnum
Jacquin T

Die stielartigen Stämme können eine Länge von etwa 80 cm erreichen, bleiben aber meist kürzer. Sie tragen zahlreiche, länglich elliptische und lederartige Blätter von 10 bis 15 cm Länge und 2 cm Breite. Pro Stamm erscheint jährlich endständig 1 Blüte von etwa 10 cm Durchmesser. Die schmal lanzettförmigen und zugespitzten Sepalen haben eine gelblich bis grünliche Farbe und sind manchmal braunviolett überlaufen; sie sind etwa 5 cm lang und 6 mm breit. Die ebenso langen und gefärbten Petalen sind nur etwa 2 mm breit. An das etwa 2 cm lange und weiße Gynostemium schließen sich die halbmondförmigen Seitenlappen und der riemenförmige, zugespitzte Mittellappen der Lippe an. Bis auf 2 leuchtend gelbe Kiele an der Mittellappenbasis ist die Lippe weiß gefärbt. Die Blüten duften besonders nachts (= *nocturnum*).

Manche Pflanzen neigen zur Kleistogamie, d.h. es erfolgt eine Selbstbestäubung, ohne daß sich die Blüten öffnen.
Blütezeit Meist Sommer, Herbst (Juli bis Dezember).
Heimat Von Süd-Florida, Mexiko über Mittelamerika einschließlich Antillen bis Brasilien.

Epidendrum radicans
Pav. ex Lindl. T

(Syn.: *Epidendrum ibaguense* H. B. et Kth.)

Diese in ihrem Verbreitungsgebiet relativ häufige und terrestrisch mit vielen Wurzeln (= *radicans*) wachsende Art bildet schlanke, beblätterte Stämme von 1,5 m Länge und mehr. Die schmal elliptischen Blätter von etwa 10 cm Länge sind 2zeilig angeordnet. Der lange Blütenschaft trägt an der Spitze eine vielblütige, kugelförmige Traube aus etwa 4 cm großen Blüten, die von Pflanze zu Pflanze die unterschiedlichsten, leuchtenden Rottönungen aufweisen. Die schmal elliptischen Sepalen und Petalen stehen sternförmig auseinander und sind etwa 1,5 cm lang und 0,5 cm breit. Der nicht mit dem 1,5 cm langen Gynostemium verwachsene Lippenteil ist 3lappig. Die beiden fast rechteckförmigen Seitenlappen sind am Rand gefranst. Der kleinere Mittellappen ist 2zipfelig und am Rand ebenfalls gefranst. Die Gynostemiumspitze ist gelb gefärbt.
Es gibt viele ähnliche Arten, die schwer voneinander zu unterscheiden sind. Sie kommen bis nach Südbrasilien vor und werden von manchen Botanikern unter dem o. g. Synonym zusammengefaßt.
Blütezeit Herbst, Winter (Oktober bis Februar).
Heimat Mexiko bis Panama.

Laelia Lindl.
Tr. Epidendreae
Subtr. Epidendrinae

Etymologie Benannt nach dem römischen Feldherrn Gaius Laelius (2. Jh. v. Chr.).
Beschreibung Die etwa 60 Arten dieser Gattung sind überwiegend Epiphyten, die im tropischen Amerika von Mexiko bis Brasilien vorkommen. Sie sind eng verwandt mit den Cattleyen, mit denen sie von den Orchideenzüchtern gerne zu den sog. Laeliocattleyen gekreuzt werden. Wegen der großen Ähnlichkeit beider Gattungen ist ein eindeutiges Unterscheidungsmerkmal nur die unterschiedliche Pollinienanzahl; die Laelien besitzen 8 Pollinien (2 Sätze von je 4), die Cattleyen nur 4 Pollinien. Die *Laelia*-Arten haben keinen gemeinsamen Habitus, manche besitzen kurze, dicht stehende Pseudobulben, andere lange wie die *Cattleya*-Arten. Die großen Blüten haben ein attraktives Aussehen mit meist auffallenden, 3lappigen Lippen, wobei die Seitenlappen wie bei den Cattleyen das Gynostemium umfassen.
Kultur Ähnlich wie bei der Gattung *Cattleya* werden die meisten *Laelia*-Arten unter temperierten Bedingungen gehalten. Auch Zimmerkultur ist bei nicht zu geringer Luftfeuchtigkeit möglich. Während der Wachstumszeit ist ausreichend zu gießen und auch zu sprühen. Zur Blüteninduktion werden die Wassergaben rationiert, um ein Durchtreiben ohne Blütenbildung zu vermeiden. Viele Arten, besonders die aus Brasilien, benötigen volle Sonne, damit sich die Blüten bilden. Sonst genügt ein heller, aber leicht schattiger Platz. In der Blütezeit kann dann wieder normal gegossen werden. Nach der Blüte schließt sich die Ruhezeit an, in der

nur selten (etwa alle 2 Wochen) etwas gegossen wird. Bezüglich der Luftfeuchtigkeit werden keine allzu hohen Forderungen gestellt, obwohl eine relative Feuchte von 60 bis 70% anzustreben ist.

Die *Laelia*-Arten können entweder in Töpfen mit guter Dränage oder in Gitterkörbchen kultiviert werden. Als Pflanzstoff dient der übliche für Epiphyten. Wichtig ist, daß der Pflanzstoff zwischen dem Gießen abtrocknen kann. Kleinwüchsige Arten können auch auf Korkrinde mit etwas Epiphytenpflanzstoff oder auf Baumfarnstücke aufgebunden werden. Mit dem Beginn der Vegetationszeit, die sich mit dem Austreiben neuer Wurzelspitzen anzeigt, kann auch bei Bedarf umgepflanzt werden; das sollte jedoch nur etwa alle 3 Jahre geschehen. Aus den abgetrennten Rückbulben lassen sich neue Pflanzen ziehen.

Laelia anceps Lindl. T

Die 1blättrigen Pseudobulben sind länglich eiförmig und zusammengedrückt; sie werden 5 bis 7 cm hoch. Die lederartigen, lanzettförmigen Blätter erreichen etwa 15 cm Länge. Der an der Pseudobulbenspitze entspringende, 50 bis 70 cm lange Blütenschaft biegt sich etwas durch die Last der 2 bis 5 endständigen, locker angeordneten Blüten. Der Blütenschaft ist charakteristisch 2schneidig (= *anceps*). Die 8 bis 10 cm großen Blüten haben eine violettrosa Färbung. Die lanzettförmigen Sepalen sind 5 bis 6 cm lang und etwa 1,5 cm breit, während die gleichlangen, elliptischen und spitzen Petalen doppelt so breit sind wie die Sepalen. Die 3lappige Lippe umschließt mit ihren Seitenlappen das Gynostemium röhrenförmig. Der dunkelpurpurne Mit-

tellappen ist länglich eiförmig, leicht zugespitzt sowie in der Mitte weiß und mit 3 gelben Leisten versehen. Der Lippenschlund ist gelb mit purpurner Aderung.

Blütezeit Winter (Dezember, Januar).

Heimat Mexiko, Honduras; in Höhen von 1000 bis 2000 m.

Laelia autumnalis Lindl. T

(Syn.: *Laelia gouldiana* Rchb. f.)

Die konisch eiförmigen, 2blättrigen Pseudobulben werden 10 bis 15 cm lang und sind im Alter gefurcht. Die dickledrigen, lanzettförmigen Blätter werden 10 bis 18 cm lang und etwa 3 cm breit. Der sehr kräftige Blütenschaft erscheint zwischen den Blättern mit dem Ausreifen der Pseudobulben und erreicht Längen von 50 bis 70 cm. Die 3 bis 6 angenehm duftenden, 8 bis 10 cm großen Blüten am Schaftende blühen

innerhalb von wenigen Tagen auf und zwar von oben nach unten. Die Blühdauer beträgt 2 Wochen. Die abstehenden und zugespitzten Sepalen und Petalen haben eine rosaviolette Farbe, die zur Basis hin heller wird. Die Sepalen sind lanzettförmig, die Petalen breit elliptisch und leicht gewellt. Von der 3lappigen Lippe stehen die rundlichen, weißen bis rosa Seitenlappen aufrecht bis zum Gynostemium, umschließen es aber kaum. Der breit elliptische Mittellappen ist vorn zugespitzt und etwas nach hinten umgebogen. Seine Farbe ist am Grunde weiß und zur Spitze hin rosaviolett. Im Schlund befinden sich 3 gelbliche Kiele. Wegen der starken Farbvariationen wird manchmal *L. gouldiana* als eigene Art geführt.

Blütezeit Herbst (= *autumnalis*), Winter (November bis Januar).

Heimat Südmexiko; in Höhen von 1000 bis 1800 m.

Laelia anceps (4/5 nat. Gr.)

71

Laelia harpophylla (nat. Gr.)

Laelia harpophylla Rchb. f.

Die büschelartig dicht beieinanderstehenden, schlanken, zylindrischen Pseudobulben stehen aufrecht und werden 15 bis 30 cm lang. An ihrer Spitze wachsen einzeln die lederartigen, schmal zungenförmigen, zugespitzten und hakenähnlichen Blätter (= *harpophylla*) von 15 bis 20 cm Länge und etwa 3 cm Breite sowie die 4- bis 7blütigen Infloreszenzen, die kürzer als die Blätter bleiben. Die 5 bis 8 cm großen, langlebigen Blüten sind leuchtend zinnoberrot und am Lippenmittellappen hellgelb gefärbt. Die abstehenden, lanzettförmigen Sepalen und Petalen sehen sich ähnlich und sind etwa 4 cm lang. Die stark 3lappige Lippe besteht aus den beiden dreieckförmigen Seitenlappen, die das gebogene Gynostemium umfassen, und aus dem langen, teilweise zurückgebogenen und am Rand stark gekräuselten Mittellappen, der am Schlund 2 Kiele trägt.

Blütezeit Winter (Februar, März).
Heimat Brasilien.

 ## Laelia lundii Rchb. f. et Warm.

Die bleistiftdicken, 2,5 bis 4 cm langen Pseudobulben tragen 2 derbe, binsenartige, zugespitzte Blätter von 8 bis 10 cm Länge, die einen halbkreisförmigen Querschnitt (etwa 4 mm Durchmesser) besitzen und leicht gebogen sind. Die meist 2blütige Infloreszenz erscheint zwischen den gerade herauswachsenden Blättern; sie bleibt aber kürzer als die Blätter. Bei der etwa 4 cm großen Blüte sind die länglich-elliptischen und einheitlich weiß bis cremefarbenen Sepalen und Petalen von etwa 2 cm Länge sternförmig angeordnet. Die 3lappige, etwa 2 cm lange Lippe besteht aus den beiden, das Gynostemium fast umschließenden Seitenlappen und dem elliptischen, am Rand gewellten Mittellappen, der die gleiche Grundfarbe wie die anderen Blütenblätter hat und herrlich purpurrot geadert ist.

Blütezeit Winter (Januar bis März).
Heimat Östliches Brasilien.

Laelia pumila Rchb. f.

Die schöne und zwergenhafte (= *pumila*) *Laelia*-Art ist eine sehr beliebte Kleinorchidee wegen ihrer stattlichen Blüten und der relativ einfachen Pflege. Die 5 bis 10 cm langen, zylindrischen, einblättrigen Pseudobulben entspringen in deutlichen Abständen dem Rhizom. Die fleischigen, zungenförmigen Blätter erreichen eine Länge von 5 bis 10 cm. An einem kurzen Blütenstiel an der Spitze der Pseudobulben sitzen die lange haltenden, schwach duftenden Einzelblüten von 7 bis 10 cm Durchmesser. Die schmalen, länglichen, zugespitzten Sepalen und die elliptischen, zugespitzten, am Rande meistens gewellten Petalen sind mehr oder weniger zurückgeschlagen und haben eine gleichmäßige violettrosa Farbe. Die 3lappige Lippe umschließt mit ihren außen ebenfalls violettrosa Seitenlappen auf eine Länge von etwa 3 cm vollständig das Gynostemium. Der kleinere Mittellappen ist am Rand gewellt. Seine violettrosa Grundfarbe wird an beiden Seiten von dun-

Laelia lundii (2 × nat. Gr.)

kelpurpurner Farbe abgelöst und im Schlund von helleren Flecken.
Blütezeit Frühherbst (September, Oktober).
Heimat Süd-Brasilien; in Höhen von 600 bis 900 m.

Laelia tenebrosa
(Gower) Rolfe T

Diese stattliche und großblütige Art wurde ursprünglich von Gower als Varietät von *Laelia grandis* beschrieben, aber schon 1893 von Rolfe in den Rang einer Art erhoben. Die im oberen Bereich keulenförmigen, zusammengedrückten Pseudobulben werden etwa 20 cm lang und 3 cm breit und tragen terminal ein ledriges, riemenförmiges, vorne abgerundetes Einzelblatt von etwa 30 cm Länge und 6 cm Breite. Am Blattansatz entspringt auch ein länglich ovales, hüllenartiges Scheidenblatt von 12 cm Länge und 3 cm Breite. Geschützt in dieser »Hülle« entwickelt sich mehrere Wochen nach dem Ausreifen der Pseudobulbe die Infloreszenz, die nur wenige cm aus dem Scheidenblatt ragt und 2 bis 4 attraktive Blüten trägt. Durch die nach außen abgespreizten Sepalen und Petalen erreichen die Blüten einen Durchmesser von etwa 15 bis 18 cm. Die Sepalen und Petalen sind einheitlich hell- bis dunkelbraun gefärbt. Sie haben eine lanzettliche bis riemenförmige Gestalt und sind etwa 8 cm lang. Die Petalen sind fast 3 cm breit, die Sepalen nur etwa 1,5 cm. Die seitlichen Sepalen sind leicht sichelförmig nach unten gebogen. Die 7 bis 8 cm lange Lippe ist im Basisbereich durch die Seitenlappen röhrenförmig geschlossen und öffnet sich zur Spitze hin tütenförmig. Der gelblich grüne Lippenschlund trägt eine dunkelviolette Längsstreifung, die auch über den violettrosa, am

Laelia tenebrosa (2/5 nat. Gr.)

Rand gewellten Mittellappen reicht. Am Schlundeingang befinden sich 2 dunkelviolette Flecken. – Vom Habitus ist *Laelia grandis* sehr ähnlich, nur die Blüten sind mit etwa 10 bis 12 cm Durchmesser kleiner und weniger farbenprächtig (die Aderung ist schwächer und die 2 dunkelvioletten Flecken fehlen). Das Verbreitungsgebiet der beiden Arten ist gleich.
Blütezeit Sommer (Juni bis August).
Heimat Östliches Brasilien (Bahia und Espirito Santo).

Leptotes Lindl.
Tr. Epidendreae
Subtr. Epidendrinae

Etymologie Griechisch *leptotes* = Zartheit; wegen des zarten und zierlichen Habitus.
Beschreibung Die etwa 6 epiphytisch wachsenden Arten sind alle kleinwüchsig und besitzen relativ große und attraktive Blüten. Sie sind in Brasilien und Paraguay beheimatet. Mit ihren fleischigen Blättern, die einen fast kreisförmigen Querschnitt haben und einzeln an den stark zurückgebildeten, stengelförmigen Pseudobulben wachsen, erinnern alle *Leptotes*-Arten vom Habitus her sehr an winzige Brassavolen. In der Blattachsel entspringt die wenigblütige Infloreszenz. Die Blüten bestehen aus den abstehenden, sich ähnlich sehenden Petalen und Sepalen sowie aus der 3lappigen Lippe, deren kleine Seitenlappen seitlich vom kurzen Gynostemium nach oben ragen.
Kultur Die ziemlich leicht zu haltenden und zur Blüte zu bringenden *Leptotes*-Arten sind entsprechend ihrer Herkunft aus den Bergwäldern bei temperierten Bedingungen unterzubringen. Außerdem brauchen sie leichten Schatten, frische, sich leicht bewegende Luft und möglichst hohe Luftfeuchtigkeit. Auf Baumfarn oder Rinde mit etwas Pflanzstoff fühlen sie sich sehr wohl. Man kann sie auch in kleine Töpfe mit guter Dränage und mit der üblichen Epiphytenpflanzstoff-Mischung setzen. Während der Wachstumszeit ist immer

dann zu gießen bzw. zu tauchen, wenn der Pflanzstoff oder Baumfarn abgetrocknet ist, damit die Neutriebe nicht abfaulen. Wenn die Triebe ausgewachsen sind, werden die Wassergaben zur Blüteninduktion und zur Vermeidung des Durchtreibens etwas eingeschränkt. Sobald sich der Blütentrieb in der Blattachsel zeigt, darf man wieder normal Wasser geben. In der Ruhezeit nach der Blüte ist mit Wassergaben sparsam umzugehen. Die *Leptotes*-Arten vertragen es gut, wenn sie im Sommer im Garten oder auf dem Balkon etwas schattig aufgehängt werden.

Leptotes bicolor
Lindl. T

Die stengelartigen, etwa 2 cm langen Pseudobulben tragen ein fleischiges,

Leptotes bicolor (1,5 × nat. Gr.)

zugespitztes und auf der Oberseite in der Mitte gerilltes Blatt von etwa 5 bis 10 cm Länge und 6 bis 8 mm Durchmesser, das manchmal sichelförmig gebogen ist. Die kurzstielige Infloreszenz aus 2 bis 6 Blüten erscheint am Fuße des Blattes in der Blattrille. Die zart duftenden, 2farbigen (= *bicolor*) Blüten von etwa 4 cm Durchmesser blühen kurz hintereinander auf und halten etwa 4 bis 6 Wochen. Die zungenförmigen, an der Spitze nach vorn gebogenen Sepalen und Petalen sind von derber Konsistenz und haben eine schneeweiße Farbe. Die 3lappige Lippe besteht aus dem zungenförmigen, zugespitzten, etwa 1,5 cm langen Vorderlappen, der eine kräftige rosaviolette Farbe besitzt, und aus den beiden kleinen, ohrförmigen, aufragenden, weißen Seitenlappen. Das Gynostemium steht frei und hat eine olivgrüne Farbe.

Blütezeit Meist Winter, Frühjahr (Januar bis April).
Heimat Brasilien, Paraguay.

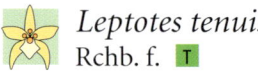

Leptotes tenuis
Rchb. f. T

Diese im Habitus schmächtige (= *tenuis*) Art besitzt eng beieinander stehende, fast kreisrunde Pseudobulben von etwa 1 cm Länge und 2 bis 3 mm Durchmesser. Sie tragen ein fleischiges, rundes, bis zu 4 cm langes und etwa 4 mm dickes Blatt, das zur Spitze hin leicht gebogen und zugespitzt ist sowie in der Mitte mit einer kleinen Rille versehen ist. Am Blattfuß erscheint in der Blattrille die etwa 2 cm große und etwa 4 Wochen haltende Einzelblüte an einem etwa 2 cm langen, dünnen und rötlich angehauchten Blütenstiel, an den sich der etwa 1,5 cm lange Fruchtknoten anschließt. Die länglich elliptischen, zugespitzten und 1 cm langen Sepalen und Petalen sind cremeweiß und schwach geadert. Die ebenfalls 1 cm lange Lippe besitzt 2 kleine, nach oben ragende und zart rotviolett gefärbte Seitenlappen und den verkehrt herzförmigen, gelblichen Mittellappen mit einer länglichen Schwiele in der Mitte. Der Mittellappenrand ist schwach gefranst und violett angehaucht. Das Gynostemium hat eine hellbräunliche bis grünliche Färbung.

Blütezeit Meist zweimal im Jahr: Sommer (Juni bis August) und Winter (Dezember, Januar).
Heimat Brasilien.

Leptotes unicolor
Rohr. T

Diese Art entspricht im Habitus der *Lpt. bicolor*, sie ist nur geringfügig kleiner und die Blütenzahl geht über 3 kaum hinaus. Die einfarbigen (= *unicolor*) Blüten hängen mehr oder weniger nach unten. Alle Blütenteile besitzen eine helle, violettrosa Farbe.

Blütezeit Winter (Februar).
Heimat Brasilien.

Nageliella L. O. Williams
Tr. Epidendreae
Subtr. Epidendrinae

Etymologie Benannt nach dem Reisenden und Orchideensammler Otto Nagel.
Beschreibung Diese kleine Gattung besteht nur aus 2 bis 3 Arten, die in Mittelamerika vorkommen. Es sind Epiphyten mit stengelartigen, einblättrigen Pseudobulben, schön gezeichneten Blättern und kräftig gefärbten Blüten. Die *Nageliella*-Arten sind beliebt bei Orchideenliebhabern für ausgefallene Naturarten, vielleicht vor allem deshalb, weil sie auch ohne Blüten attraktiv aussehen.
Kultur Die leicht zu pflegenden *Nageliella*-Arten kommen in mittleren Berghöhen vor, so daß sie am besten bei temperierten Bedingungen gehalten werden sollten. Zu allen Zeiten benötigen sie eine mäßige Feuchtigkeit, wobei stauende Nässe zu vermeiden ist. Es bietet sich der übliche Epiphytenpflanzstoff an, der gemeinsam mit der Pflanze fest in kleine, gut zu entwässernde Töpfe gepreßt wird. Auch kleine Baumfarnbrettchen eignen sich als Unterlage zum Aufpflanzen. Helles Licht bringt schön gefärbte Blätter und kräftige Blütenfarben. Der Blütenschaft sollte nicht abgeschnitten werden, da er in den nächsten Blühperioden immer wieder über mehrere Jahre hinweg Blüten produziert.

Nageliella angustifolia
(Booth ex Lindl.)
Ames et Correll T

(Syn.: *Hartwegia purpurea* var. *angustifolia* Booth ex Lindl.)

Der schmalblättrige (= *angustifolia*) Habitus entspricht weitgehend dem von *Nageliella purpurea,* nur die Infloreszenz ist mit 15 bis 25 cm Länge meist kürzer. Die etwa 1,2 cm großen, hellvioletten bis kräftig violettroten Blüten sind im Unterschied zu denen von *Nageliella purpurea* weit geöffnet. Die 7 mm langen, länglich ovalen Sepalen und Petalen stehen sternförmig ab, die 10 mm lange Lippe mit ihrer charakteristischen Schuhform steht nach vorne und umschließt teilweise das Gynostemium.
Blütezeit Winter (Januar bis März).
Heimat Guatemala, El Salvador; in Höhen bis 2200 m.

Nageliella purpurea
(Lindl.) L. O. Williams T

(Syn.: *Hartwegia purpurea* Lindl.)

Die sehr dicht zusammenstehenden, stengelartigen und oben keulenförmigen Pseudobulben werden 5 bis 7 cm lang. Die lanzettförmigen, äußerst dickledrigen Blätter haben eine dunkelgrüne Grundfarbe mit dunkelbraunen, rötlichen oder violetten Flecken; sie erreichen 7 bis 10 cm Länge und etwa 2 cm Breite. In der Blattachsel an der Pseudobulbenspitze entspringt der schlanke, drahtige und übergebogene, 30 bis 50 cm lange Blütenschaft mit einem kurzen 3- bis 10blumigen Blütenstand am Ende. Die etwa 1 cm großen, sich wenig öffnenden und ziemlich transparenten Blüten haben eine purpurne (= *purpurea*) Farbe. Die Sepalen sind länglich elliptisch. Die Petalen sind lanzettförmig, vorne stumpf und am Rand ganz schwach gezähnt. Die Lippe besitzt an der Basis eine kleine, sackartige Wölbung. Zur Spitze hin ist sie herzförmig bis eiförmig und schwach konkav gebogen.
Blütezeit Meist Sommer (Juni bis August).
Heimat Mexiko bis Honduras; in Höhen bis 1500 m.

Nageliella angustifolia (3 × nat. Gr.)

Nanodes Lindl.
Tr. Epidendreae
Subtr. Epidendrinae

Etymologie Griechisch *nanodes* = zwerghaft; wegen der Pflanzengröße.
Beschreibung Die Arten dieser Gattung wurden vielfach zur Gattung *Epidendrum* gestellt, obwohl sie alle einen ziemlich ähnlichen Habitus und Blütenbau besitzen, die von denen der reinen *Epidendrum*-Arten (bis auf die ebenfalls vorhandene Verwachsung des Gynostemiums mit der Lippenbasis) abweichen. Die kurzen Stämme sind dicht 2zeilig mit fleischigen Blättern besetzt, deren Scheiden so ineinandergreifen, daß der Stamm fast nicht zu sehen ist. Die wenigen Blüten bzw. Einzelblüten bilden sich an der Stammspitze zwischen blattartigen Brakteen.
Kultur Je nach Herkunftsgebiet, das sich auf Mittelamerika und das nördli-

75

Nanodes discolor (5 × nat. Gr.)

che Südamerika beschränkt, benötigen die *Nanodes*-Arten temperierte bis kühle Kulturbedingungen. Meist stammen sie aus höheren Berglagen, so daß relativ hohe Luftfeuchtigkeit und viel Luftbewegung notwendig sind. Aufgrund ihres kurzstämmigen, am Substrat kriechenden oder nur leicht aufsteigenden Wuchses bietet sich eine Kultur auf Baumrinde oder Baumfarnbrettern mit geringer Pflanzstoffunterlage an. Auch

flache Schalen und Holzkörbchen können als Pflanzgefäße Verwendung finden, in die der übliche Epiphytenpflanzstoff gefüllt wird. Es ist auf eine gute Dränage zu achten, da Neutriebe leicht abfaulen. Zur Erreichung der gewünschten feucht-kühlen Atmosphäre muß regelmäßig Wasser vernebelt werden. Der Pflanzstoff soll zwar stets feucht, aber nicht tropfnaß gehalten werden. Für eine Unterbringung in leichtem Schatten ist zu sorgen, damit die fleischigen, aber empfindlichen Blätter keinen Schaden erleiden.

 ## Nanodes discolor
Lindl. K/T

(Syn.: *Epidendrum schlechterianum* Ames)

Die bis 10 cm langen Stämme verzweigen sich an der Basis und sind vollständig mit den Blattscheiden bedeckt. Die 2zeilig angeordneten Blätter werden etwa 2 cm lang und 1 cm breit und besitzen in der Mitte eine tiefe Längsfurche. Am oberen Stammende entwickelt sich die meist 1- bis 2blütige Infloreszenz. Die fast 2 cm großen Blüten sind mit ihren Grün- und Brauntönen verschiedenfarbig (= *discolor*). Die etwa 1 cm langen, schmal länglichen und zugespitzten Sepalen haben die gleiche Färbung wie die 1 cm langen und etwas schmaleren Petalen: grünliche Grundfarbe mit bräunlicher Schattierung. Die Lippe, die weitgehend die seitlichen Sepalen verdeckt, ist im nicht mit dem Gynostemium verwachsenen Teil nierenähnlich geformt und trägt vorne ein kleines Spitzchen; der Seitenbereich ist bräunlich, der Rest grünlich gefärbt.
Blütezeit Sommer, Herbst (Juni bis Oktober).
Heimat Mexiko bis Peru und Brasilien.

 ## Nanodes medusae
Rchb. f. K/T

(Syn.: *Epidendrum medusae* (Rchb. f.) Siebert)

Diese Art besitzt dicht beblätterte, bis 25 cm lange Stämme mit hängendem Wuchs. Die etwa 8 cm langen, am Stamm teilweise anliegenden Blätter sind sehr dick und fleischig, lanzettförmig und zugespitzt; ihre Farbe ist bläulich grün und manchmal etwas violett angehaucht. Die 1- bis 3blütige Infloreszenz ist kurzgestielt und sehr kompakt. Die eigentümlich aussehenden, medusenähnlichen (= *medusae*) Blüten werden 7 bis 8 cm groß. Die länglichen, etwa 4 cm langen und etwas gerollten Sepalen sind gelbgrün und weitgehend rotbraun überlaufen. Die gleich gefärbten und gleich langen Petalen sind nur $1/3$ bis $1/4$ so breit wie die Sepalen. Die etwa 6 cm große, nierenförmige, mit dem Gynostemium verwachsene Lippe ist dunkelpurpurbraun und in der Mitte schwach grünlich. Der Lippenrand ist stark zerfranst.
Blütezeit Frühjahr, Sommer (April bis August).
Heimat Ekuador; in den Anden bis 2000 m Höhe.

 ## Nanodes porpax
(Rchb. f.) Brieg. K/T

(Syn.: *Epidendrum porpax* Rchb. f.)

Der reichverzweigte, bis 10 cm lange Stamm wird von den dicht stehenden, etwa 2 cm langen und 1 cm breiten Blättern durch ihre 2zeilige Anordnung weitgehend verdeckt. Die endständige, kurz gestielte Einzelblüte wird fast 2,5 cm groß. Die länglich ovalen Sepalen und die lanzettförmigen, an der Spitze abgerundeten Petalen haben eine grünliche Grundfärbung mit mehr

Neolauchea pulchella (2,5 × nat. Gr.)

oder weniger bräunlichem Schimmer. Die umgekehrt herzförmige, dickfleischige Lippe ist glänzend dunkelbraun und trägt zum Gynostemium hin 2 runde, weiße Schwielen am Rande einer Rinne. Sie ist am Rand gleichmäßig nach hinten gewölbt und verdeckt meist die seitlichen Sepalen.

Blütezeit Spätsommer, Herbst (August bis November).

Heimat Mexiko bis Panama sowie Peru und Venezuela.

Neolauchea Krzl.
Tr. Epidendreae
Subtr. Epidendrinae

Etymologie Griechisch *neos* = neu, und nach dem Direktor Lauche des Botanischen Gartens Liechtenstein benannt.

Beschreibung Diese Gattung ist nahe mit der Gattung *Isabelia* verwandt und besteht nur aus einer Art. Diese kommt epiphytisch in den nebligen, feuchten Bergwäldern Südbrasiliens vor. Es ist eine zwergig wachsende Art mit relativ großen, kräftig gefärbten Blüten.

Kultur Entsprechend ihrer Herkunft benötigt diese Art temperierte Bedingungen sowie einen halbschattigen, luftigen Standort. Sie besitzt ein kriechendes, weitverzweigtes Rhizom. Somit ist es am günstigsten, sie in der Kultur auf Korkrinde mit etwas Pflanzstoff oder Baumfarnbrettchen zu setzen. Bei entsprechend hoher Luftfeuchtigkeit (ca. 70 bis 80 % rel. Feuchte) schadet es auch nichts, wenn die Pflanzunterlage zeitweise trocken bleibt. Die meisten Wurzeln ragen sowieso in die Luft. Unter diesen Bedingungen wächst *Neolauchea* üppig und blüht regelmäßig, so daß der Liebhaber interessanter Kleinorchideen seine Freude an ihr hat.

 Neolauchea pulchella Krzl. T

Die etwa 1 cm langen, eiförmigen Pseudobulben dieser niedlichen (= *pulchella*) Orchidee stehen in mehreren Zentimetern Abstand auf dem Rhizom, das auf der Unterlage entlangkriecht. An der Spitze der Pseudobulben steht das 6 bis 8 cm lange und nadelförmige Blatt. Der fadenförmige Blütenstiel entspringt an der Spitze der ausgereiften Pseudobulben und erreicht Blattlänge; er trägt die etwa 2 cm große und kräftig rotviolett gefärbte Einzelblüte. Die breit ovalen, zugespitzten Sepalen sind etwa 7 mm lang, von denen die seitlichen an ihrer Basis zusammen mit der Lippenbasis einen stumpfen Sporn bilden. Die Petalen sind etwas kleiner und schmaler. Die breit ovale und am Rand leicht gewellte Lippe ist im Randbereich nach oben gebogen. Im Basalbereich ist sie fleischig und weißlich gefärbt.

Blütezeit Spätherbst, Winter (November bis Januar).

Heimat Brasilien.

Sophronitis Lindl.
Tr. Epidendreae
Subtr. Epidendrinae

Etymologie Griechisch *sophron* = keusch, züchtig, bescheiden; weil die Antheren verdeckt sind und die Pflanzen ziemlich klein bleiben.

Beschreibung Diese Gattung besteht aus etwa 7 kleinwüchsigen, epiphytischen und dekorativen Arten, die alle in Brasilien (meist im Orgelgebirge) endemisch sind. Sie besitzen im Verhältnis zur Pflanzengröße große, leuchtend rote oder violette Blüten, so daß sie gerne von Orchideenliebhabern gehalten werden. Auf dem kriechenden Rhizom befinden sich die kleinen, flachen bis runden Pseudobulben, die an der Spitze ein mehr oder weniger fleischiges Einzelblatt tragen. An der Spitze der Pseudobulben erscheinen auch die Infloreszenzen, die ein- bis mehrblütig sind. Die sternförmig angeordneten Sepalen und Petalen sehen sich ziemlich ähnlich. Die ungeteilte Lippe umschließt mit ihrer Basis mehr oder weniger stark das kurze Gynostemium.

Kultur Da alle *Sophronitis*-Arten in Höhen von etwa 1500 m vorkommen, gedeihen sie in Kultur am besten unter temperierten Bedingungen, obwohl sie entsprechend ihrer Herkunft kurzzeitig auch kühle Bedingungen gut vertragen. Man kann sie entweder in kleinen Töpfen mit guter Dränage halten oder aber an Rindenstücken mit etwas Pflanzstoff bzw. an Baumfarnbrettchen. Als Pflanzstoff kommt der für Epiphyten in Frage. Die meisten *Sophronitis*-Arten besitzen keine ausgeprägte Ruhezeit, so daß sie regelmäßig zu gießen sind. Allerdings ist es wichtig für die Erhaltung eines guten Wurzelzustandes, daß das Gießwasser abläuft und keine stauende Nässe auftritt. Weiterhin benötigen sie

77

als Bergorchideen relativ hohe Luftfeuchtigkeit bei guter Luftbewegung sowie einen halbschattigen Standort. Die Art *Soph. cernua* verträgt allerdings etwas Sonne; außerdem sollte bei ihr zur Ausbildung der Pseudobulben eine kurze Ruhezeit eingelegt werden.

Sophronitis cernua
Lindl. T

Die zylindrischen bis länglich eiförmigen und etwas abgeflachten Pseudobulben von etwa 2 cm Länge sitzen dicht am kriechenden Rhizom an und wachsen abwechselnd nach links und rechts. Die etwa 3 cm langen, ovalen und zugespitzten Blätter stehen einzeln und sind sehr dickfleischig. Sie liegen flach auf den benachbarten Pseudobulben *(cer-*

nua = übergebogen). Die an der Blattbasis erscheinende Infloreszenz ist sehr kurz gestielt und trägt 4 bis 8 sehr dicht beieinanderstehende Blüten von 2,5 bis 3 cm Durchmesser. Die einzelnen Blüten haben eine Haltbarkeit von etwa 10 Tagen und blühen in kurzen Abständen nacheinander auf. Die elliptischen und zugespitzten Sepalen und Petalen besitzen eine leuchtend zinnoberrote Farbe. Die Petalen sind geringfügig breiter als die Sepalen. Die breit ovale, schwach zugespitzte Lippe ist etwas kürzer als die übrigen Blütenblätter und umschließt am Fuß teilweise das gelbliche Gynostemium. Die zinnoberrote Farbe der Lippe geht zur Basis hin in gelborange über.
Blütezeit Meist Herbst, Winter (November bis Januar).
Heimat Brasilien.

Sophronitis coccinea
(Lindl.) Rchb. f. T

(Syn.: *S. grandiflora* Lindl., *S. rosea* Mort.)

Die spindelförmigen bis zylindrisch ovalen Pseudobulben stehen dicht beieinander, werden 2,5 bis 3,5 cm hoch und tragen ein kurzgestieltes, lederartiges, länglich elliptisches und dunkelgrünes Einzelblatt von 6 bis 8 cm Länge und etwa 2 cm Breite. Die meist einzeln wachsenden, 5 bis 7 cm großen Blüten sitzen auf einem kurzen Blütenstiel, der an der Pseudobulbenspitze beginnt. Die Blütenfarbe ist meist leuchtend scharlachrot (= *coccinea),* seltener rosaviolett. Die etwa 3 cm langen Sepalen sind länglich elliptisch geformt. Die doppelt so breiten, waagerecht stehenden, ovalen bis fast rhombischen Petalen erreichen eine Länge von etwa 4 cm. Die schwach 3lappige, etwa 2,5 cm lange Lippe umfaßt an der Basis das Gynostemium seitlich und bildet so eine kleine zugespitzte Tüte. An der Basis ist die Lippe rötlich gelb gefärbt und scharlachrot geadert.
Diese *Sophronitis*-Art ist nicht nur die bekannteste, sondern auch die am meisten kultivierte und schönste, so daß es nicht verwunderlich ist, daß sie auch zu vielen Züchtungen verwendet wird. Am bekanntesten sind die Hybriden mit *Cattleya-* und *Laelia*-Arten, die dann × *Sophrocattleya* bzw. × *Sophrolaelia* genannt werden (siehe auch Seite 66).
Blütezeit Herbst, Winter (November bis Februar).
Heimat Brasilien.

Sophronitis cernua (1,8 × nat. Gr.)

78

Dracula Luer
Tr. Epidendreae
Subtr. Pleurothallidinae

Etymologie Lateinisch *dracula* = kleiner Drachen; soll aber auf einen menschlichen Vampir (Graf Dracula) anspielen, weil viele Arten monsterartig aussehen.

Beschreibung Die Arten dieser Gattung wurden vor der Abspaltung im Jahre 1978 unter *Masdevallia* geführt. Inzwischen sind durch zahlreiche Neuentdeckungen in den letzten 20 Jahren insgesamt über 100 *Dracula*-Arten beschrieben worden. Im Gegensatz zu einigen neuen Gattungsnamen hat sich der Gattungsname *Dracula* heute in der Orchideenwelt bei Botanikern und Orchideen-Liebhabern erstaunlich gut etabliert. Die *Dracula*-Arten wachsen gewöhnlich epiphytisch in gut dränierten Humusansammlungen an schattigen Plätzen in hochgelegenen Wäldern mit hoher Luftfeuchtigkeit. Der Habitus sieht dem von *Masdevallia* sehr ähnlich, allerdings besitzt die Blattunterseite eine typisch scharf gekielte Mittelrippe. Bei den meisten Arten erscheinen die Blüten nacheinander an einer herabhängenden Infloreszenz. Auch die Blütenform entspricht weitgehend der von *Masdevallia* mit den großen, geschwänzten Sepalen. Die kleine Lippe ist jedoch sehr beweglich und hängt am Gynostemium-Fuß. Die Lippenoberfläche ist mit starker, lamellenartiger Aderung versehen. Die ebenfalls winzigen Petalen unterscheiden sich aber durch die verdickten, zweigeteilten und papillösen Spitzen. Die meisten Arten kommen zwischen 1500 und 2500 m Höhe in Ekuador und West-Kolumbien vor, manche Arten auch in Mittelamerika.

Kultur Die Pflegebedingungen entsprechen weitgehend denen von *Masdevallia* (siehe Seite 81f.). Da bei fast allen Arten die Blütentriebe nach unten wachsen, können als Pflanzgefäße nur Gittertöpfe oder Holzkörbchen verwendet werden, damit sich die Infloreszenz frei nach unten entfalten kann.

Dracula erythrochaete
(Rchb. f.) Luer K

(Syn.: *Masdevallia erythrochaete* Rchb. f.)

Längs des Rhizoms erscheinen die dicht beieinander stehenden Triebe, die aus einem mit Scheidenbättchen umgebenen Blattstengel und dem schmal elliptischen, zugespitzten Blatt von insgesamt 10 bis 20 cm Länge bestehen. An der Basis des Blattstengels wächst die 10 bis 20 cm lange, herabhängende Infloreszenz, an deren Spitze nacheinander bis zu 4 Blüten aufgehen. Die das Blütenbild beherrschenden Sepalen haben eine zugespitzte Halb-Ellipsenform von etwa 10 bis 14 mm Länge und Breite; an der Basis sind sie auf einer Länge von 6 mm verwachsen und bilden eine flache Schale. Ihre Grundfarbe ist weißlich bis fahlgelb und die flächendeckende, feine Punktierung ist rotviolett bis braun. Die ebenfalls rotvioletten bis braun gefärbten, schwanzartigen Verlängerungen an den Sepalenspitzen haben eine Länge von 4 bis 7 cm; auf diese bezieht sich der Artname (*erythrochaete* = rotborstig). Die winzigen, 3 mm langen und 1,5 mm breiten Petalen haben eine weißliche Grundfarbe mit violett bis bräunlicher Fleckung. Die spatelförmige und vorne kreisförmig gerundete, weiße Lippe ist meist rosa bis hellbraun angehaucht. Sie ist mit etwa 7 mm Länge und 4 mm Breite ebenfalls verhältnismäßig klein.

Dracula ripleyana (2,5 × nat. Gr.)

Blütezeit Spätwinter (Februar, März)
Heimat Costa Rica, Panama; in Höhen von 1100 bis 2000 m.

Dracula ripleyana
Luer K

Diese Art wurde erst 1979 beschrieben, und zwar nach einer Pflanze, die im gleichen Jahr bei H. Ripley in Kalifornien das erste Mal blühte; nach ihm ist sie benannt. Sie ist der zuvor beschriebenen Art in Habitus und Blütenaussehen sehr ähnlich. Jedoch ist bei ihr die rotviolette Fleckung gröber und nur im Basisbereich der Sepalen vorhanden. Außerdem ist die Spitze der Lippe elliptisch gerundet und die Außenseite mit kleinen Warzen bedeckt. Die Zahl der nacheinander erscheinenden Blüten kann bis zu 12 betragen.

Blütezeit Spätwinter bis Frühjahr (Februar bis Mai).
Heimat Costa Rica.

79

Dracula vampira
(Luer) Luer K

Dracula vampira (1,4 × nat. Gr.)

(Syn.: *Masdevallia vampira* Luer)

Die kurz gestielten Blätter von 20 bis 25 cm Länge und 5 cm Breite stehen aufrecht und eng beieinander. Sie sind von dünnen Hüllblättern umgeben, aus denen die Infloreszenzen mit bis zu 40 cm Länge nacheinander nach unten mit 5 bis 7 Blüten erscheinen. Die geschwänzten Sepalen bestimmen das Blütenbild und ergeben zusammen einen Blütendurchmesser von etwa 25 cm. Die mit etwas Phantasie einer Fledermaus (der Gattung *Vampirus*,

daher *vampira*) ähnlich sehende Blüte ist überwiegend auf hellem Untergrund mit eng stehenden, dunkelbraunen Streifen versehen, nur die Blütenmitte ist heller gefärbt. Die bewegliche und schalenförmige Lippe ist etwa 2,5 cm lang und bis 1,5 cm breit. Die sichtbare Innenseite ist weiß und trägt rosafarbene, am Rand radial nach außen laufende Lamellen. Die nur 6 mm langen Petalen sind rot und weiß gestreift.
Blütezeit Sommer (Juni bis August).
Heimat Ekuador (auf der Andenwestseite); in Höhen von etwa 2000 m.

Dryadella Luer
Tr. Epidendreae
Subtr. Pleurothallidinae

Etymologie Benannt nach den Dryaden, den Waldnymphen in der Mythologie.
Beschreibung Diese etwa 40 Arten umfassende Gattung wurde unter dem ungültigen Namen *Trigonanthe* 1975 von der großen Gattung *Masdevallia* abgetrennt und 1978 mit dem o. g. Namen versehen. Der Unterschied zu *Masdevallia* besteht darin, daß bei *Dryadella* die Blütenstiele sehr kurz sind und nur aus ineinandersteckenden Hüllblättern bestehen. Daraus entspringen zeitlich nacheinander die Einzelblüten, die wie dreieckige Becher – gebildet aus den Sepalen – aussehen und kurze Schwänze an den Enden tragen. Die beiden Petalen und die Lippe sind wie bei *Masdevallia* sehr klein. Das Verbreitungsgebiet der Gattung reicht von Guatemala bis Süd-Brasilien.
Kultur Die *Dryadella*-Arten werden wie die nachfolgend beschriebenen Masdevallien kultiviert (siehe Seite 81 f.).

 ## *Dryadella edwallii*
(Cogn.) Luer K

(Syn.: *Masdevallia edwallii* Cogn.)

Die nach dem Botaniker und Orchideensammler Edwall benannte, zierliche Art besitzt lederartige Blätter, die sich nach oben hin verbreitern und dann spitz zulaufen; zusammen mit dem kurzen Blattstiel werden sie etwa 6 bis 8 cm lang sowie etwa 1 cm breit. Der kurze Blütenstiel von etwa 2 cm Länge trägt eine relativ große, attraktive Einzelblüte. Die Sepalen sind an der Basis auf einer Länge von etwa 3 mm

Dryadella edwallii (3 × nat. Gr.)

 Dryadella liliputana
(Cogn.) Luer [K]

(Syn.: *Masdevallia liliputana* Cogn.)

Diese Art ist ein echter Liliputaner (= *liliputana*). Die 1,5 bis 2 cm langen, fleischigen Blätter stehen sehr dicht beieinander und haben einen fast kreisförmigen Querschnitt von etwa 3 mm Durchmesser mit einer Längsriefe. Der sehr kurze Blütenstiel, der an der Blattbasis entspringt, trägt eine zwischen den Blättern versteckte, über 1 cm große Einzelblüte. Die ei- bis dreieckförmigen Sepalen besitzen 0,5 cm lange Schwänze, die nach außen abstehen. Die lanzettlichen Petalen und die halbkreisförmige Lippe sind sehr winzig (1 bis 2 mm lang). Sepalen und Petalen tragen auf weißlichem bis cremefarbenem Untergrund kräftig rotviolette Tüpfel. Die Lippe ist gelb und rotviolett getüpfelt.
Blütezeit Spätfrühjahr (Mai, Juni).
Heimat Süd-Brasilien.

zusammengewachsen und sind überall gelb gefärbt mit rotbraunen Flecken. Die eiförmige bis dreieckige, kurzzipflige, mittlere Sepale steht nach oben und ist etwas nach vorne gebogen; sie wird etwa 1 cm lang. Die ovalen, stetig in die Schwänze übergehenden, seitlichen Sepalen sind an der Basis etwa 6 bis 7 mm breit und insgesamt etwa 1,5 bis 2 cm lang, wobei die Hälfte der Länge auf die Schwänze entfällt. Die kleinen, fast quadratischen bis trapezförmigen Petalen sind etwa 3 mm lang, am Ende 4 mm breit und am Rand schwach gezähnt. Die zungenförmige, rötlich braune Lippe ist nur wenige Millimeter lang.
Blütezeit Winter (Januar bis März).
Heimat Brasilien (Minas Gerais bis Paraná).

Masdevallia Ruiz et Pav.
Tr. Epidendreae
Subtr. Pleurothallidinae

Etymologie Benannt nach dem spanischen Arzt und Botaniker Dr. José Masdevall (18. Jh.).
Beschreibung Die etwa 350 Arten der Gattung *Masdevallia* kommen meist als Epiphyten vor. Das Verbreitungsgebiet reicht von Mexiko bis Brasilien und Bolivien, doch nahezu 75 % aller Arten findet man in den Nebelwäldern der kolumbianischen Anden. Die Masdevallien besitzen keine Pseudobulben. Die ledrigen, glänzend grünen Blätter sind zur Basis hin verschmälert und wachsen dicht zusammen aus dem kriechenden Rhizom. In der Blattachse am Blattgrund entwickelt sich der Blütenschaft, der meist nur eine, manchmal aber auch bis zu 8 Blüten trägt. Die Blüte wird von den dreieckig angeordneten, relativ großen Sepalen beherrscht, die am Grunde verwachsen sind und meistens in den charakteristischen Zipfeln oder langen Schwänzen enden. Die kleinen Petalen sind kaum zu sehen. Die Lippe ist ebenfalls sehr klein.
Kultur Entsprechend ihrer Herkunft sind die meisten *Masdevallia*-Arten kühl, schattig und bei hoher Luftfeuchtigkeit zu halten. Sie machen keine Ruhezeit durch, so daß immer für genügende, gleichmäßige Feuchtigkeit zu sorgen ist; im Winter kann jedoch etwas weniger gegossen werden. Außerdem lieben sie viel frische, sich bewegende Luft. Man pflanzt sie am besten in kleine Töpfe mit sehr guter Dränage, um stauende Nässe zu vermeiden. Als Pflanzstoff kann man das übliche Substrat für epiphytische Orchideen verwenden. Die kleinwüchsigen Arten können auch gut auf Baumfarnbrettchen kultiviert werden. Die Blüten-

81

Masdevallia coccinea (4/5 nat. Gr.)

schäfte sollten bei vielen Arten nach der ersten Blüte nicht gleich abgeschnitten werden, weil sich in den nächsten Blühperioden wieder Blüten entwickeln können.

 ## *Masdevallia abbreviata*
Rchb. f. K

Die büschelweise wachsenden, länglich spatelförmigen Blätter wachsen an den abgekürzten (= *abbreviata*), 2 cm langen Stengeln und werden etwa 6 bis 10 cm lang und 1 bis 2 cm breit. Der etwa 20 cm lange, aufrechtstehende oder etwas geneigte Blütenschaft trägt eine 3- bis 6blütige, lockere Infloreszenz. Die innen glatten Blüten haben ohne die 1,5 cm langen, gelben Schwänze eine Länge von etwa 2 cm. Die seitlichen Sepalen sind etwas umgebogen, die mittlere Sepale steht aufrecht. Die Blütenfarbe ist weiß mit roten Flecken. Die Petalen sind nur 3 bis 4 mm lang. Die 5 mm lange Lippe ist gelb.
Blütezeit Spätherbst, Winter (November bis Februar).
Heimat Nord-Peru bis Ekuador; in Höhen von etwa 2300 bis 2800 m.

 ## *Masdevallia caudata*
Lindl. K

Die lederartigen Blätter von länglich, spatelähnlicher Form sind 5 bis 7 cm lang und gehen über in den gleich langen, schlanken Blattstengel. Der 15 cm hohe, aufrechtstehende Blütenschaft trägt eine lang geschwänzte (= *caudata*) Einzelblüte von insgesamt etwa 16 cm Länge. Die mittlere, konkave Sepale ist gelblich bis ockerfarben, zum Rand hin rötlich angehaucht und besitzt innen 7 rote Längsadern. Die eiförmigen, seitlichen Sepalen sind violett und weiß gesprenkelt und stehen schräg nach außen. Alle Sepalen enden in gelblichen, etwa 6 cm langen, nadelförmigen Verlängerungen, die radial nach außen zeigen. Die sehr kleinen, länglichen Petalen sind weiß. Die kleine, zungenförmige, nach vorn gebogene Lippe ist dicht rosaviolett gepunktet.
Blütezeit Spätherbst, Winter (November bis März).
Heimat Kolumbien; in Höhen von etwa 2500 m.

 ## *Masdevallia coccinea*
Lindl. K

Die lanzettlich spatelförmigen Blätter werden 15 bis 20 cm lang und stehen dicht beieinander. Der Blütenschaft, der die Blätter etwas überragt, trägt eine einzelne, einfarbige, leuchtend scharlachrote (= *coccinea*) bis violettrote Blüte. Die wachsartigen Blüten besitzen nur kurze Zipfel und sind insgesamt etwa 6 bis 8 cm lang und 3 bis 4 cm breit. Die ziemlich kleine, schmale, mittlere Sepale ist nach hinten umgerollt. Die beiden seitlichen Sepalen sind von der Basis her bis zum ersten oder zweiten Drittel verwachsen und haben jede für sich eine halbovale Form. Die Zipfel an den Spitzen der seitlichen Sepalen sind mehr oder weniger stark ausgeprägt und überkreuzen sich manchmal. Die Petalen und die Lippe sind so stark zurückgebildet, daß sie kaum sichtbar sind.
Blütezeit Frühjahr (März bis Juni).
Heimat Kolumbien; in Höhen von etwa 2300 bis 3000 m auf Felsen.

 ## *Masdevallia coriacea*
Lindl. K

Die lederartigen, verkehrt lanzettförmigen Blätter haben eine Länge von 15 bis 20 cm. Der robuste Blütenstiel, der fahlgrün ist mit violetten Punkten, trägt nur eine Blüte und wird nicht länger als die Blätter. Die sich ziemlich weit öffnenden, etwa 7 cm großen Blüten von lederartiger (= *coriacea*) Beschaffenheit sind hellgelb mit grünlicher Aderung und tragen vereinzelt violette Punkte. Die dreieckförmigen, lang zugespitzten, seitlichen Sepalen werden etwa 3,5 cm lang. Die gleich lange, mittlere Sepale ist länglich zungenförmig und an der Spitze ein wenig nach vorn gebogen. Die sehr kleinen, weißen Petalen besitzen eine violette Mittellinie. Die kleine, dreieckige Lippe ist etwas behaart. Ihre Farbe ist hellgelb mit violetter Tönung zum Grunde hin und einem grünlich bis violetten Flecken in der Mitte.

Blütezeit Frühjahr (April bis Juni).
Heimat Kolumbien; in Höhen von etwa 2000 bis 2300 m.

 Masdevallia infracta
Lindl. K

Die verkehrt lanzettförmigen, lederartigen, glänzend grünen Blätter stehen dicht beieinander und werden etwa 10 bis 15 cm lang. Die geringfügig länger werdenden Blütenstiele mit dreieckigem Querschnitt tragen an der Spitze eine Einzelblüte. Die bis auf die Schwänze zusammengewachsenen Sepalen sehen aus wie ein geöffnetes Maul, das einen Durchmesser von etwa 2 cm hat und in dessen Rachen (*infracta* = eingebrochen) die weißen, sehr kleinen und schmalen Petalen und die zungenförmige, an der Spitze rotbraun gefleckte Lippe angeordnet sind. Die

nach außen abgespreizten, nadelförmigen, gelblich grünen Schwänze werden 3 bis 5 cm lang. Die mittlere Sepale ist sonst gelblich weiß gefärbt, während die Farbe der seitlichen Sepalen außen und innen gelblich weiß ist und die innere Hälfte zum Rand hin in bräunliches Violett übergeht.
Blütezeit Frühjahr, Sommer (März bis Juli).
Heimat Peru, Brasilien (Minas Gerais bis São Paulo).

 Masdevallia tovarensis
Rchb. f. K

Die lederartigen, elliptischen bis spatelförmigen und an der Spitze schwach gezähnten Blätter werden 12 bis 15 cm lang. Die dreikantigen Blütenschäfte von etwa 15 bis 18 cm Länge tragen je 2 bis 4 weit geöffnete, wachsartige und ziemlich lange haltende Blüten, die etwa 3 cm breit und zwischen den Sepalenzipfeln etwa 9 cm lang sind. Die Blüten sind weißlich durchscheinend und besitzen einige schneeweiße Längsnerven. Die seitlichen Sepalen sind zusammengewachsen und bilden eine breit ovale Fläche, die sich nach unten in die zwei nadelförmigen, etwa 3 cm langen und hell gelblichen Schwänze fortsetzt. Die mittlere Sepale besteht im wesentlichen aus dem nach oben stehenden, 3 bis 4 cm langen und nadelförmigen Schwanz. Die kleinen Petalen und die kleine Lippe sind ebenfalls weiß. Nur das 4 mm lange Gynostemium ist in der Mitte rötlich gefärbt.
Blütezeit Spätherbst, Winter (November bis Februar).
Heimat Venezuela, in der Gegend von Tovar (= *tovarensis*) in etwa 2000 m Höhe.

Masdevallia tovarensis (3/5 nat. Gr.)

Masdevallia infracta (3/4 nat. Gr.)

Masdevallia veitchiana
Rchb. f. K

Die von Veitch (= *veitchiana*) 1867 in England eingeführte Art besitzt längliche, verkehrt lanzettförmige Blätter von 15 bis 20 cm Länge. Der 30 bis 45 cm lange Blütenschaft trägt 1 bis 2 einfarbige, leuchtend zinnoberrote Blüten, die insgesamt 12 bis 15 cm lang und 4 bis 5 cm breit werden. Die Sepalen sind an der Basis zusammengewachsen und bilden einen kurzen Trichter, an den sich nach oben der dreieckige, freie Teil der mittleren Sepale, die sich allmählich in den schlanken Schwanz verjüngt, und nach unten die beiden auf einer Länge von $^2/_3$ zusammengewachsenen, kurz geschwänzten, seitlichen Sepalen anschließen. Die im Sepalentrichter sitzenden, kleinen Petalen sowie die kleine Lippe sind weiß.
Blütezeit Frühjahr (März bis Juni).
Heimat Peru; in Höhen von 3500 bis 4000 m auf Felsen.

Masdevallia Kimballiana (1/2 nat. Gr.)

Masdevallia Kimballiana ⓚ

Auch die Arten der Gattung *Masdevallia* werden in letzter Zeit mehr und mehr zur Züchtung verwendet. Doch die ersten Hybriden entstanden schon im letzten Jahrhundert, so auch die hier gezeigte, die aus dem Jahr 1893 stammt. Es ist eine sog. Primärhybride, die aus 2 Arten gekreuzt wurde: aus *Masdevallia caudata* und *Masdevallia veitchiana*.

Pleurothallis R. Br.
Tr. Epidendreae
Subtr. Pleurothallidinae

Etymologie Griechisch *pleura* = Seite, Rippe, *thallos* = Zweig, Sproß; wegen der beblätterten, rippenähnlichen Sprosse.

Beschreibung Diese Gattung hat ihr Verbreitungsgebiet im tropischen Amerika und ist dort diejenige Gattung, die die meisten Arten besitzt. Man schätzt ihre Zahl auf nahezu 1000, die sich von Süd-Florida über Mexiko und die Antillen bis nach Argentinien und Bolivien verteilen, wobei der Verbreitungsschwerpunkt zwischen Mexiko und Brasilien liegt. Die *Pleurothallis*-Arten sind meistens Epiphyten, und ihr Habitus ist sehr unterschiedlich. Es gibt kleine, moosartig aussehende Arten von Fingerhutgröße und stattliche Büsche von 0,5 m Höhe und mehr. Allen gemeinsam ist, daß sie keine Pseudobulben besitzen. Ein mehr oder weniger dicker Stengel trägt ein Einzelblatt, das bei den verschiedenen Arten sehr unterschiedlich aussieht. Die Infloreszenz erscheint meistens in den Blattachseln an der Blattbasis. Die teils kleinen, teils großen, sehr interessanten Blüten erscheinen einzeln oder in mehrblütigen Trauben. Auffällig sind die stark ausgeprägten Sepalen, von denen die seitlichen meistens zusammengewachsen sind. Die Petalen und besonders die Lippe sind bedeutend kleiner und unscheinbarer als die Sepalen. Obwohl es recht ansehnliche Arten mit hübschen Blüten gibt, sind die Pleurothallen in privaten Orchideensammlungen wenig verbreitet.

Kultur Als epiphytische Orchideen kann man die *Pleurothallis*-Arten sowohl in kleinen Töpfen mit guter Dränage als auch auf Korkrinde oder Baumfarnbrettchen pflegen. Als Pflanzstoff dient der übliche für Epiphyten, evtl. mit einem geringen Zusatz von zerkleinertem *Sphagnum*. Diese pseudobulbenlosen Orchideen benötigen keine Ruhezeit, so daß sie gleichmäßig feucht zu halten sind, d.h. die Wurzeln dürfen niemals austrocknen. Jedoch ist stauende Nässe zu vermeiden. Ausrei-

chende Luftfeuchtigkeit (etwa 70% rel. Feuchte) und gute Luftbewegung bekommt ihnen gut. Die meisten *Pleurothallis*-Arten wachsen unter temperierten Bedingungen, obwohl manche je nach Höhenlage in den Bergen auch in kühleren und wärmeren Gegenden vorkommen. Der Standort sollte halbschattig sein, damit die fleischigen Blätter nicht von den Sonnenstrahlen verbrannt werden. Ein Umpflanzen ist nur selten (etwa alle 4 Jahre) vorzunehmen, da die Pflanzen dagegen empfindlich sind. Wird durch das allseitige Wachsen von Neutrieben ein Topf zu klein, so kann eine starke Pflanze zur Vermehrung geteilt werden. Insgesamt lassen sich die Pleurothallen unter Berücksichtigung ihrer Bedürfnisse relativ einfach pflegen.

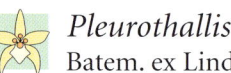 *Pleurothallis grobyi*
Batem. ex Lindl. ⓣ

Diese nach dem Orchideenpfleger Lord Grey of Groby benannte Art gehört wohl zu den bekanntesten und am häufigsten angebotenen *Pleurothallis*-Arten. Die gesamte Pflanze erreicht eine Höhe von 7 bis 10 cm, von der etwa die Hälfte auf die Blätter entfällt. Die Basis der Blütenstiele ist von einem weißlichen Häutchen umgeben. An dieser Stelle erscheint auch die Infloreszenz. Der Stiel geht allmählich in das eiförmige, lederartige dunkelgrüne Blatt über, das auf der Unterseite violett gefleckt ist. Der aufrechtstehende oder leicht geneigte, drahtähnliche und etwa 5 bis 15 cm lange Blütenstand besteht aus 6 bis 10 Blüten von etwa 1 cm Größe, die zur Spitze hin locker angeordnet sind. Die etwa 8 mm langen Sepalen sind nach vorne geneigt, so daß die Blüte eine schnabelförmige Gestalt annimmt. Ihre Farbe ist grünlich gelb mit einigen mehr oder

Pleurothallis grobyi (1,7 × nat. Gr.)

 Pleurothallis quadrifida
(Ll. et Lex.) Lindl. T

(Syn.: *Pleurothallis ghiesbreghtiana*
A. Rich. et Gal., *Pleurothallis longissima*
Lindl.)

Diese Art variiert in ihrer Größe sehr stark. Sie besitzt schlanke, dicht beieinanderstehende, 4 bis 15 cm hohe Blattstengel und ziemlich ledrige, länglich elliptische Blätter, die etwa 7 bis 15 cm lang und 2 bis 3 cm breit werden. Der aus einem Scheidenblatt aufrecht wachsende, schlanke Blütenstand trägt viele, etwa 1 cm große Blüten in lockerer Anordnung. Er überragt mit einer Länge von 20 bis 35 cm das Blatt, so daß die vielen Infloreszenzen einen natürlichen Blütenstrauß bilden. Die lange haltenden, etwas hängenden, duftenden und nicht sehr weit geöffneten Blüten sind grünlich gelb bis gelb und leicht transparent. Die länglich elliptischen Sepalen und Petalen sind bis zu 1,2 cm lang und etwa 3 mm breit. Die seitlichen Sepalen sind miteinander verwachsen. Die halb so lange, geigenförmige Lippe ist im Basisbereich fleischig und 4spaltig (= *quadrifida*) gerieft.
Blütezeit Meist Sommer.
Heimat Mexiko bis Panama, Antillen; in Höhen bis 1500 m.

 Pleurothallis schiedei
Rchb. f. T

Diese hübsche, kleine Art ist nach dem deutschen Botaniker Chr. J. W. Schiede benannt worden und trägt auf dem etwa 2 cm langen Stämmchen das einzeln stehende, fleischige, verkehrt lanzettliche und hellgrüne Blatt mit bräunlichen Flecken auf der Rückseite; es erreicht eine Länge von etwa 2 bis 4 cm und eine Breite von etwa 0,8 cm. Der

Pleurothallis quadrifida (1,5 × nat. Gr.)

weniger kräftigen violetten Längsstreifen. Die sehr kurzen, länglich ovalen Petalen sind ebenfalls grünlich gelb und tragen in der Mitte einen violetten Längsstreifen. Die sehr kleine, zungenförmige Lippe ist am Rand gelb und zur Mitte hin rötlich und liegt fast auf den seitlichen, zusammengewachsenen Sepalen auf.
Blütezeit Sommer (Juli bis September).
Heimat Mexiko und Antillen bis Brasilien; in Höhen bis 1500 m.

fadenförmige, violett überlaufene Blütenstiel entspringt an der Blattbasis und trägt über Wochen verteilt nacheinander aufgehende Blüten, insgesamt bis etwa 10 Stück. Die gleich aussehenden Sepalen von etwa 6 mm Länge und 3 mm Breite sind grünlich gelb mit zahlreichen purpurfarbenen Flecken. Am Rand befinden sich besonders auffallende, weißliche Anhängsel, die von den Rändern wie Eiszapfen herunterhängen und sich beim leisesten Luftzug bewegen. Die Petalen sind mit 2 mm und die Lippe mit 3 mm Länge verhältnismäßig winzig; ihre Farbgebung entspricht der der Sepalen.

Pleurothallis schiedei (5 × nat. Gr.)

Blütezeit Das ganze Jahr, meist Frühjahr (März bis Mai).
Heimat Mexiko bis El Salvador; in Höhen von 2000 bis 2500 m.

 ### *Pleurothallis setigera*
Lindl. T

Die dichtstehenden Blätter erreichen einschließlich ihrer sehr kurzen Stengel, in den sie allmählich übergehen, eine Länge von etwa 3 cm und eine Breite von etwa 0,5 cm. An der Basis sind sie von einem weißlichen Hüllblatt umgeben, aus dem auch der aufrechte, etwa 5 cm lange Blütenstand wächst, der etwa 3 bis 5 sich nicht weit öffnende Blüten trägt. Die schmalen, lanzettförmigen und allmählich spitz zulaufenden Sepalen sind etwa 8 mm lang und 1 bis 2 mm breit. Die etwas kürzeren, sehr schmalen Petalen sind an der Basis

verbreitert und dort am Rand stark gezähnt. Die Sepalen und Petalen stehen fingerförmig nach vorne und haben eine durchscheinende, weißliche Farbe und eine rosafarbene Mittelrippe. Die nur 3 mm lange und 1 mm breite, zungenförmige, am Rand nach oben umgeschlagene Lippe ist fleischig und borstentragend (= *setigera*). Ihre Farbe ist bräunlich rosa.
Blütezeit Winter, Frühjahr (Januar bis Mai).
Heimat Kolumbien, Ekuador, Venezuela; in Höhen bis zu 2700 m.

 ### *Pleurothallis sonderana*
Rchb. f. T

Die dünnen, runden, sehr dicht stehenden Stengel von 3 bis 5 cm Länge haben einen Durchmesser von etwa 1 mm und sind an der Basis von einem papierartigen Scheidenblättchen umgeben. Sie tragen ein einzelnes, dickfleischiges Blatt, das einen Querschnitt von etwa einem Dreiviertelkreis (3 bis 4 mm Durchmesser) besitzt und etwa 2 bis 2,5 cm lang wird. An der Blattbasis entspringt auf der stark gekerbten Blattoberseite die 3- bis 6blütige Infloreszenz, deren Blüten an der Spitze des 0,5 mm dicken Blütenstengels gerade über die Blattlänge hinausreichen. Die knapp 1 cm großen, einheitlich gelben bis orangegelben Blüten halten etwa 4 bis 5 Wochen. Schon eine kleine Pflanze kann weit über 100 Blüten hervorbringen und sich so ganz in Gelb einhüllen. Die schmal elliptischen, einen Schnabel bildenden Sepalen beherrschen das Blütenbild, wobei die seitlichen Sepalen bis fast an die Spitzen zusammengewachsen sind. Die gleich aussehenden Petalen sind halb so lang wie die Sepalen, die kleine Lippe ist noch etwas kürzer. Das kurze Gynoste-

mium trägt an der Spitze die leuchtend gelben Pollinien.
Blütezeit Sommer, Herbst (Juli bis November).
Heimat Brasilien (Minas Gerais bis Paraná).

 ### *Pleurothallis truxillensis*
Rchb. f. T

Der 3 bis 6 cm lange, runde Blattstiel ist von bräunlichen Hüllblättern umgeben und trägt das dickfleischige, schmal elliptische Blatt, das manchmal violett gesprenkelt ist; es wird 5 bis 8 cm lang und 2 bis 2,5 cm breit. An der Basis des Blattes entspringt aus einem kleinen

Pleurothallis truxillensis (3 × nat. Gr.)

86

Scheidenblatt die 5- bis 10blütige Infloreszenz, die die Blattlänge nicht überschreitet. Die etwa 1 cm langen und 2,5 mm breiten Sepalen sind bräunlich oder grünlich bis hellviolett gefärbt und tragen schmale, violette Längslinien sowie kräftig violette Flecken. Die mittlere Sepale und die seitlichen zusammengewachsenen Sepalen bilden eine schnabelförmige Öffnung, in der sich die 2,5 mm lange und ebenso gefärbte Lippe und die 2 mm langen, keulenförmigen Petalen befinden. Die Petalen sind am Rand fein gezackt und haben eine durchsichtige, weißliche Färbung mit einer violetten Mittellinie und kleinen violetten Flecken.

Blütezeit Sommer, Herbst (August bis November).

Heimat Venezuela (im Staat Truxillo = *truxillensis*).

Restrepia H. B. et Kth.
Tr. Epidendreae
Subtr. Pleurothallidinae

Etymologie Benannt nach dem kolumbianischen Naturforscher José E. Restrepo.

Beschreibung Diese etwa 35 Arten umfassende Gattung ist nahe verwandt mit der Gattung *Pleurothallis*, mit der sie im Habitus übereinstimmt, von der sie sich aber durch das Vorhandensein von vier Pollinien unterscheidet. Viele Arten besitzen ganz schmale, antennenförmig gestaltete Petalen. Doch kommt dieses charakteristische Kennzeichen nicht bei allen Arten vor. Die Restrepien haben keine Pseudobulben. Aus dem Rhizom wachsen meist büschelweise die mit kleinen Hüllblättern umgebenen Blattstiele, die am Ende die Einzelblätter tragen. Der Blütenschaft ent

springt am Blattstiel kurz unterhalb der Blattbasis, von einem Hüllblatt umgeben, und wird von einer bizarren Einzelblüte gekrönt. Da die Blätter meist etwas verdreht sind, erscheinen die Blüten an der Blattrückseite. Die seitlichen Sepalen sind meistens verwachsen und deutlich größer als die zungenförmige Lippe, die fast auf diesen Sepalen aufliegt. Das Verbreitungsgebiet der *Restrepia*-Arten erstreckt sich von Mexiko über Venezuela bis nach Nord-Argentinien, wo sie nur in höheren Bergregionen vorkommen. Die Bestimmung einzelner Arten ist manchmal recht schwierig, da sich viele sehr ähnlich sehen.

Kultur Entsprechend ihrer Herkunft müssen die Restrepien kühl bis temperiert kultiviert werden. Auf jeden Fall brauchen sie immer eine genügende Pflanzstoff- und Luftfeuchtigkeit, damit die pseudobulbenlosen Pflanzen nicht vertrocknen. Außerdem lieben sie eine gute Lüftung und einen Standort im Halbschatten. Während der Wachstumszeit ab Frühjahr ist reichlich zu gießen, während im Winter nur so viel gegossen werden sollte, daß der Pflanzstoff nicht austrocknet. Am besten lassen sich die *Restrepia*-Arten in kleinen Töpfen mit guter Dränage halten. Als Pflanzstoff kann man die übliche Mischung für Epipyhten verwenden. Ein Umtopfen alle 3 bis 4 Jahre ist ausreichend. Bei guter Kultur ist eine Vermehrung durch Teilung starker Pflanzenbüsche möglich. Manchmal bilden sich auch Ableger anstelle von Blüten. Auch auf Baumfarnbretter aufgebunden fühlen sie sich sehr wohl.

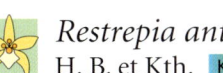

Restrepia antennifera
H. B. et Kth. K/T

Die schlanken, bis zu 10 cm langen Blattstiele sind an der Basis von kleinen

gefleckten Hüllblättern umgeben und tragen ein elliptisches, lederartiges und am Rand leicht nach unten gebogenes Einzelblatt von etwa 6 bis 8 cm Länge. Die Einzelblüten sitzen auf einem etwa 5 cm langen, dünnen Stengel, so daß sie das Blatt nicht überragen. Die Blüten sind etwa 4 bis 5 cm lang und werden von den bis zur Spitze zusammengewachsenen, seitlichen Sepalen, die zusammen länglich oval sind und eine ockergelbe bis hellbraune Grundfärbung besitzen mit dicht in Längslinien angeordneten, dunkelbraunen bis dunkelvioletten Punkten, beherrscht. Weiterhin besteht die Blüte aus der antennenförmig nach oben ragenden, mittleren Sepale, die durchsichtig gelblich gefärbt und mit mehreren dunkelvioletten Längsstreifen versehen ist, aus den beiden antennenförmigen Petalen (*antennifera* = antennentragend). Diese sind mit 2 cm Länge etwas kürzer als die mittlere Sepale, jedoch ebenso gefärbt. Die 1 bis 1,5 cm lange, zungenförmige Lippe, besitzt die gleiche Farbe wie die seitlichen Sepalen.

Blütezeit Winter, Frühjahr (Januar bis April).

Heimat Kolumbien; in Höhen von 1800 bis 3100 m.

Restrepia guttulata
Lindl. K/T

Die bis zu 11 cm langen Blattstiele tragen am oberen Ende die derben, elliptischen Einzelblätter von etwa 6 bis 8 cm Länge und 3 cm Breite und sind mit papierartigen, gefleckten Hüllblättchen umgeben. In der Größe entspricht diese Art also der *Rstp. antennifera*, doch die Blütenstiele sind mit etwa 7 cm Länge etwas länger. Die Sepalen sind etwa 2,5 cm lang, die antennenförmigen Petalen erreichen nur die halbe Länge. Die

Restrepia guttulata (3 × nat. Gr.)

mittlere, nach oben ragende Sepale ist etwa 3 mm breit, die zusammengewachsenen seitlichen Sepalen sind insgesamt etwa 1 cm breit. Die seitlichen Sepalen und die Lippe sind gelborange und klein dunkelrot getüpfelt (= *guttulata*), wobei die Punkte in Längsreihen angeordnet sind. Die Lippenoberseite ist mit kleinen Wärzchen besetzt.

Blütezeit Winter (Januar, Februar).
Heimat Venezuela, Kolumbien, Ekuador; in Höhen von 1300 bis 2300 m.

 Restrepia muscifera
(Lindl.) Rchb. f. K/T

(Syn.: *Restrepia xanthophthalma* Rchb. f.)

Die büschelartig beieinanderstehenden Blattstiele sind 4 bis 6 cm lang und über die ganze Länge von etwa 5 papierartigen, weißlichen und zur Basis hin bräunlich gefleckten Scheidenblättchen umgeben. Die derben, einzeln stehenden, ovalen und zugespitzten Blätter erreichen eine Länge von 5 bis 6,5 cm und eine Breite von etwa 2,5 cm; sie sind grün und bei stärkerer Lichteinwirkung purpurn gescheckt. Aus dem obersten Scheidenblatt wachsen auf der Rückseite nacheinander mehrere Einzelblüten. Der Blütenstiel ist kurz, so daß die Blüte sich im unteren Blattdrittel befindet. Aufgrund des Blütenaussehens ergibt sich so der Eindruck, als ob das Blatt eine Fliege trägt (= *muscifera*). Die beiden seitlichen, länglich ovalen Sepalen liegen der Blattunterseite an und sind fast auf der ganzen Länge zusammengewachsen; sie sind jeweils 1 cm lang und 4 mm breit. Die mittlere, nach vorne stehende Sepale von 1,2 cm Länge ist schmal (an der Basis 2 mm breit) und endet in einer gelben, plattenähnlichen Verdickung. Die 3lappige, 5,5 mm lange Lippe ist oval; die kleinen hochgeschlagenen Seitenlappen enden in etwa 1 mm langen, fadenförmigen Auswüchsen. Die 8 mm langen, antennenförmigen Petalen stehen parallel zu den seitlichen Sepalen. Alle Blütenblätter besitzen eine grünlich gelbe Grundfarbe mit kleinen, leuchtenden, rotvioletten Flecken, die auf der Lippe sehr winzig sind. Das grünlich gelbe Gynostemium ist 3,5 mm lang.

Blütezeit Das ganze Jahr über, meist im Winterhalbjahr.
Heimat Mexiko bis Costa Rica; in Höhen bis über 1100 m.

Aerangis Rchb. f.
Tr. Vandeae Subtr. Aerangidinae

Etymologie Griechisch *aer* = Luft, *angos* = Gefäß; wächst «in der Luft».
Beschreibung Diese Gattung besteht aus etwas über 70 meist kleinwüchsigen und kurzstämmigen Arten und wächst vorwiegend epiphytisch im tropischen Afrika, auf Madagaskar und auf benachbarten Inseln. Sie wurde von den Botanikern teilweise von der Gattung *Angraecum* abgetrennt, denn beide Gattungen unterscheiden sich sowohl im Aufbau als auch durch die Form der Blüten. Außerdem sind die Pollinien völlig verschieden; bei *Aerangis* sitzen sie auf Stielen. Die Blüten sind sternförmig, wachsartig und meistens weiß; sie bilden abstehende oder hängende, meist vielblütige Trauben und duften besonders abends.

Restrepia muscifera (4 × nat. Gr.)

88

Kultur Die Pflege entspricht im wesentlichen der von *Angraecum* (siehe Seite 109). In der Zeit der Vegetationsruhe nach dem Abblühen wird weniger gegossen und die Temperatur etwas abgesenkt. Im Winter genügt ein temperierter Standort, während im Sommer ein warmer Platz vorteilhaft ist. Man kann die *Aerangis*-Arten auf Korkrinde binden oder aber in kleinen Gitterkörbchen bzw. Blumentöpfen halten. Sie sollen nur selten umgepflanzt werden.

Aerangis articulata
Schltr. T/W

Der Stamm ist relativ dick, wird etwa 15 cm hoch und hat wenig Blätter. Die lederartigen, dunkelgrünen, an der Spitze ungleich 2lappigen, länglich ovalen Blätter sind maximal 12 cm lang und 2,5 bis 4 cm breit. Die etwa 30 cm lange, überhängende Blütentraube hat einen ziemlich kräftigen, blaßgrünen Stiel und ist dicht vielblütig. Die Größe der Blüten längs der Traube wechselt stark, so daß die Traube gegliedert (= *articulata*) aussieht. Die weißen, langlebigen Blüten sitzen auf einem kurzen, meist fahlroten Blütenstiel und sind etwa 3 cm groß. Die Sepalen und Petalen sind abstehend, länglich elliptisch und spitz. Die Lippe ist etwas größer als die anderen Blütenteile, oval und spitz. Außerdem besitzen die Blüten einen 8 bis 10 cm langen, fadenförmigen Sporn.
Blütezeit Sommer (Juli, August).
Heimat Madagaskar.

Aerangis biloba
Schltr. T/W

Der schlanke Stamm wird meist etwa 7 bis 12 cm hoch und trägt bis zu 10 lederartige, verkehrt eiförmige Blät-

ter von 10 bis 15 cm Länge und etwa 3 cm Breite. An der Spitze sind die Blätter ungleich 2lappig (= *biloba*). Die hängende, etwa 25 cm lange und lockerblütige Infloreszenz trägt an rotbraunen Stielen 7 bis 15 duftende, 4 cm große Blüten, die sehr haltbar sind. Ihre Farbe ist meist weiß, seltener hellrosa angehaucht. Die Sepalen und Petalen sind abstehend, schmal elliptisch und spitz zulaufend. Die Lippe ist ähnlich, nur etwas breiter. Der etwa 5 cm lange, dünne Sporn ist bräunlich oder hell orangerot.
Blütezeit Sommer (Juni bis August).
Heimat Tropisches Westafrika.

Aerangis brachycarpa
(A. Rich.) Dur. et Schinz T/W

(Syn.: *Aerangis flabellifolia* Rchb. f.)

Der kurze Stamm wird weitgehend von den 10 bis 20 cm langen und 3 bis 5 cm breiten, lederigen und zur Spitze breiter werdenden Blättern verdeckt. Sie sind an der Spitze 2lappig, tragen eine braune Punktierung und sind auffällig geadert. Die bis zu 35 cm langen, herabhängenden Blütenstände wachsen aus den Blattachseln und tragen in lockerer Anordnung 8 bis 12 Blüten von etwa 4 cm Durchmesser. Die schmalen, zugespitzten und etwas zurückgebogenen Blütenblätter sehen sich in Form und Farbe ähnlich; sie sind weiß mit rosa Spitzen. In der Lippenverlängerung nach hinten befindet sich der bis über 15 cm lange, schlanke, zylindrische und nach unten gekrümmte Sporn, der rosa gefärbt ist. Die Samenkapsel ist kurzfrüchtig (= *brachycarpa*).
Blütezeit Winter (November, Dezember).
Heimat Äthiopien bis Kenia und Angola.

Aerangis brachycarpa (nat. Gr.)

Aerangis citrata
Schltr. T/W

Der kurze, dicke Stamm ist fast 10 cm lang. Die 6 bis 10 lederigen, glänzend dunkelgrünen, verkehrt eiförmigen Blätter werden bis 15 cm lang und etwa 3 cm breit. Das Blattende ist entweder leicht ungleich 2lappig oder spitz. Die dichte, vielblütige Blütentraube kann über 20 cm lang werden. Die wachsartigen, zitronenartig (= *citrata*) duftenden Blüten mit etwa 2 cm Durchmesser haben eine gelblich weiße und nur sehr selten eine gelbe Farbe. Die Sepalen sind länglich eiförmig und stumpf; die seitlichen Sepalen sind meist länger als die mittlere Sepale. Die etwa 1 cm große Lippe ist rundlich bis verkehrt herzförmig und zur Basis hin stielartig verjüngt. Das Gynostemium ist sehr kurz und dick. Der gelbliche, dünne, gebogene Sporn wird etwa 2,5 cm lang.

Blütezeit Spätwinter, Frühjahr (Februar bis April).

Heimat Madagaskar.

Aerangis fastuosa
Schltr. T/W

Der Stamm dieser prachtvollen (= *fastuosa*) Art ist meist nur 5 cm hoch und wird von der Basis der Blätter verdeckt. Die 3 bis 5 länglich ovalen, fleischigen Blätter sind an der Spitze ungleich 2lappig, 5 bis 8 cm lang und bis 2,5 cm breit. Die Blütentraube ist kaum länger als die Blätter, gebogen und locker 2- bis 4blumig. Die Blüten sind reinweiß und etwa 3 cm groß. Die Sepalen und Petalen sind schmal länglich und abstehend; sie sind bis zu 2,5 cm lang. Die Lippe ist etwas breiter als die Petalen, elliptisch und stumpf und hat eine erhöhte Mittelader. Der fadenförmige, bis zu 7 cm lange Sporn ist zur Spitze hin rötlich angelaufen.

Blütezeit Frühjahr (März, April).

Heimat Madagaskar.

Aerangis rhodosticta
Schltr. T/W

Der kurze Stamm hängt meist herab. Die hellgrünen, riemenförmigen und schwach sichelförmig gebogenen Blätter werden bis 15 cm lang und sind an der Spitze ungleich 2lappig. Der bis zu 35 cm lange und 6 bis 25 Blüten tragen-

Aerangis rhodosticta (1,8 × nat. Gr.)

de Blütenstand hängt nach unten. Die flachen, ziemlich lange haltbaren Blüten bilden 2 parallele Reihen und haben einen Durchmesser von etwa 3 cm. Die nahezu runden, leicht nach hinten gebogenen Sepalen und Petalen haben eine weiße, grünlich weiße oder gelblich weiße Farbe. Die Petalen sind etwas breiter als die Sepalen. Das Gynostemium ist leuchtend rot und bildet den zentralen Punkt der Blüte *(rhodosticta = rosenroter Punkt)*.

Blütezeit Spätherbst, Winter (November bis Februar).

Heimat Mittelafrika (Kamerun bis Äthiopien und Tansania).

Aerides Lour.
Tr. Vandeae Subtr. Aeridinae

Etymologie Griechisch *aer* = Luft; wächst »in der Luft«.

Beschreibung Diese Gattung umfaßt etwa 50 Arten, die als monopodial wachsende Epiphyten auf Bäumen leben. Viele Arten erreichen eine Höhe von 1 m und mehr. Die Blätter sind dick, lederartig und bogenförmig gekrümmt. Die Wurzeln dringen nicht gerne in den Pflanzstoff ein, denn es sind reine Luftwurzeln. Die wachsartigen, wohlriechenden Blüten stehen in mehr oder weniger dichten, zylindrisch geformten, hängenden Trauben, die sich in den Achseln der mittleren Stengelblätter entwickeln. Die meisten Blüten öffnen sich gemeinsam auf einmal und sind sehr haltbar. Die Sepalen und Petalen stehen sternförmig nach außen. Die Lippe ist an der Basis gespornt.

Kultur Die *Aerides*-Arten lassen sich am besten in Gitterkörbchen, in durchlöcherten Töpfen, auf Korkrinde, an Weinrebholz oder auf Baumfarnbrettern kultivieren, um ihren kräftigen,

stark wuchernden Luftwurzeln freien Raum zu geben, denn stauende Nässe vertragen die Wurzeln nicht. Bei Verwendung von Pflanzstoff kommt der übliche für Epiphyten in Frage. Ein Umpflanzen sollte so selten wie möglich vorgenommen werden, um die leicht brechenden Wurzeln zu schonen. Zu jeder Zeit benötigen die *Aerides*-Arten warme (während der Sommerhitze schaden 30 bis 33 °C nicht), feuchte und luftige Kulturbedingungen. Eine Ausnahme bildet die Art *A. fieldingii*, die im Himalajagebiet temperierte Bedingungen vorfindet. Zur Blüteninduktion ist ein heller Standort notwendig. Die lederartigen Blätter vertragen auch kurzzeitig direkte Sonneneinstrahlung. Die *Aerides*-Arten machen keine scharfe Ruhezeit durch. Während des nachlassenden Wachstums im Winter genügt jedoch ein temperierter, aber nicht zu trockener Standort. Viele ausgewachsene Pflanzen bilden Schößlinge, die nach Erreichen einer genügenden Größe und wenn 2 bis 3 eigene Wurzeln vorhanden sind, abgenommen und eingepflanzt werden können.

Aerides crassifolium Rchb. f. Ⓦ

Der kräftige, dicht beblätterte Stamm wird meist nicht sehr hoch. Die dickfleischigen Blätter (= *crassifolium*) werden bis 20 cm lang und etwa 5 cm breit; an der Spitze sind sie ungleich 2lappig. Der herabhängende Blütenstand ist locker vielblütig und erreicht eine Länge bis zu 60 cm. Die etwa 3,5 cm großen Blüten sind von derber Beschaffenheit, halten relativ lange und duften sehr. Die länglich ovalen Sepalen und Petalen sind rosenrot bis purpurrot und zur Basis hin meist heller. Die 3lappige Lippe besitzt sichelförmige, aufrecht stehende Seitenlappen und einen breiten, ovalen

Mittellappen, der meist dunkler gefärbt ist als die anderen Blütenteile. Der Mittellappen trägt 2 grundständige Kiele, die nach vorne auseinanderlaufen. Der kompakte, an der Spitze grünliche Sporn ist nach vorn gebogen.

Blütezeit Spätfrühjahr (Mai, Juni).
Heimat Birma, Thailand.

Aerides falcatum Lindl. Ⓦ

Die Stämme besitzen meist Höhen zwischen 30 und 50 cm; bei alten Pflanzen werden sie auch 1 m oder mehr hoch. Die riemenförmigen, ziemlich waagerecht abstehenden und an der Spitze 2lappigen Blätter werden 20 bis 30 cm lang und etwa 4 cm breit. In den Blattachseln entspringen die bis 50 cm langen, herabhängenden Infloreszenzen,

Aerides falcatum var. *houlletianum* (4/5 nat. Gr.)

die meist zwischen 15 und 30 wachsartige und angenehm duftende Blüten von etwa 2,5 bis 3 cm Durchmesser tragen. Die länglich ovalen, am Rand leicht umgeschlagenen Sepalen und Petalen stehen etwas nach vorne und sind weiß mit je einem zartvioletten Fleck an der Spitze. Die 3lappige Lippe besitzt 2 sichel- (= *falcatum*) bis halbmondförmige, nach oben gebogene Seitenlappen und den breit eiförmigen, etwas sattelartig gestalteten Mittellappen, der am Rand gezähnt ist und in der Mitte 2 seichte Kiele trägt. Die Seitenlappen sind weiß mit schwacher violetter Zeichnung. Der Mittellappen ist ebenfalls weiß und zur Spitze hin mehr oder weniger stark violett gefärbt. Der kurze, zusammengedrückte Sporn ist grünlich.

Die nach dem Pariser Gewächshausleiter Houllet benannte Varietät *A. falcatum* var. *houlletianum* (Rchb. f.) Veitch besitzt kürzere, breitere und dickere Blätter sowie kürzere Infloreszenzen, die dafür dichtblütiger sind. Die Blüten sind etwas größer. Die Grundfarbe der Blüten ist kräftig gelb. Nur die Lippe ist wie bei der Normalform weiß, jedoch ist die Mittellappenspitze intensiv violett gefärbt.

Blütezeit Sommer (Juni bis September).

Heimat Von Thailand und Birma bis Laos und Vietnam.

Aerides fieldingii Lodd. T

Die nach dem Oberst Fielding benannte Art besitzt einen 10 bis 20 cm langen, kräftigen und dicht beblätterten Stamm. Während die unteren Blätter nach unten gebogen sind, stehen die oberen Blätter nach oben oder sind leicht gebogen; ihre Länge beträgt 20 bis 25 cm und ihre Breite etwa 4 cm. Die bis

Aerides maculosum (nat. Gr.)

50 cm lange Blütentraube hängt herunter und besteht aus 25 bis 30 und mehr sehr dicht stehenden Blüten von 2,5 bis 3,5 cm Durchmesser. Die wachsartigen und duftenden Blüten sind weiß und besonders zum Rand hin mehr oder weniger stark blaßviolett angehaucht oder gepunktet. Die mittlere Sepale und die Petalen sind verkehrt eiförmig, und die beiden seitlichen Sepalen haben eine breit ovale Form. Die dreieck- bis trapezförmige Lippe ist am Rand weiß und wird zur Basis hin kräftig violett. Sie besitzt an der Basis 2 kleine, eingerollte Seitenlappen, die den Eingang des kurzen, trichterförmigen Sporns verdecken.

Blütezeit Spätfrühjahr (Mai, Juni).

Heimat Himalajagebiet (Sikkim, Assam).

Aerides maculosum Lindl. W

Der Stamm wird etwa 5 bis 6 cm lang. Die lederartigen Blätter werden 15 bis 22 cm lang und bis zu 5 cm breit. Die Blütentrauben sind etwas länger als die Blätter, leicht überhängend, meist verzweigt und dicht vielblütig. Die Blüten sind etwa 3,5 cm groß. Die ovalen, stumpfen und etwa 1,5 cm langen Sepalen und Petalen sind am Grunde weiß und sonst hellrot mit kleinen, purpurnen Flecken (*maculosum* = dicht gefleckt). Die fast 2 cm lange Lippe hat am Grunde 2 kleine, weißliche Seitenlappen und einen großen, leicht gewellten, eiförmigen, purpurroten Vorderlappen. Der hornartige Sporn ist kurz (etwa 0,7 cm lang), etwas nach innen gekrümmt und hat eine grünlich angelaufene Spitze. Das Gynostemium ist weiß und besitzt eine gelblich gefärbte Antherenkappe.

Blütezeit Frühsommer (Juni).

Heimat Indien (besonders Kerala).

Aerides mitratum Rchb. f. Ⓦ

Diese Art ist fast stammlos. Die wenigen peitschenförmigen, etwas abwärts hängenden und oberseits gefurchten Blätter werden 15 bis 40 cm lang. Die dicht vielblütige, zylindrische Infloreszenz steht aufrecht, erreicht eine Höhe von etwa 15 cm und entspringt unterhalb der Blätter. Die etwa 2 cm großen Blüten sitzen an kurzen Blütenstielen und duften süßlich. Die länglich ovalen Sepalen und Petalen sind fast gleich groß und haben eine weiße Färbung mit einem hellvioletten Anflug zur Spitze hin. Die rosaviolette Lippe besitzt auf jeder Seite der Basis hornähnliche Seitenlappen. Der Vorderlappen ist breit elliptisch und stumpf. Der kurze, zusammengedrückte Sporn ist oben nach vorn gebogen.

Blütezeit   Frühjahr (April bis Juni).
Heimat   Birma, Laos, Thailand.

Aerides multiflorum Roxb. Ⓦ

Der Stamm erreicht gewöhnlich eine Länge von 15 bis 25 cm. Die 2zeilig angeordneten, lederartigen und gebogenen Blätter werden 15 bis 30 cm lang und bis 2 cm breit. Die Blütentrauben sind etwas länger als die Blätter, hängend und dicht vielblütig (= *multiflorum*). Die Blüten sind etwa 2,5 cm groß. Die mittlere Sepale und die Petalen sind oval, am Grunde weiß mit 2 oder mehr purpurroten Flecken und haben eine violettrosa Spitze. Die seitlichen, runden Sepalen sind weiß mit einem blaßvioletten Fleck. Die etwa 1,7 cm lange Lippe hat kaum feststellbare Seitenlappen und einen herzförmigen, stumpfen, leicht nach oben gewölbten und an der Basis mit einer Schwiele versehenen Mittellappen; die Farbe ist violettrosa und wird zur Mitte

hin dunkler. Der kurze Sporn ist nach vorn gebogen und seitlich zusammengedrückt. Das schnabelförmige Gynostemium hat am Fuß 2 abgerundete, ohrähnliche Anhängsel.

Blütezeit   Sommer (ab Juli).
Heimat   Himalajagebiet, Birma, Mergui-Archipel, Thailand, Laos, Kambodscha und Vietnam; in Höhen bis 1200 m.

Aerides odoratum Lour. Ⓦ

Der dicht beblätterte Stamm wird meistens 20 bis 30 cm hoch, doch alte Pflanzen können eine Stammhöhe von 1 m und mehr erreichen. Die lederartigen, riemenförmigen und gelbgrünen Blätter werden 15 bis 25 cm lang und etwa 5 cm breit. An der Spitze sind sie ungleich 2lappig. Die dichtblütige, 15 bis 25 Blüten tragende Infloreszenz hängt leicht herab und überragt oft die ebenfalls herabhängenden Blätter. Die wohlriechenden (= *odoratum*), wachsartigen Blüten haben eine Größe von 3 bis 5 cm. Die abstehenden Sepalen und Petalen sind länglich oval und haben eine weiße Farbe sowie an der Spitze einen rosaroten bis hellpurpurnen Fleck. Die Sepalen sind etwas breiter als die Petalen. Die Lippe wird aus den beiden rundlichen, aufrechten, weißen bzw. manchmal hellpurpur angehauchten und rotgepunkteten Seitenlappen und aus dem kleineren, aufrechten, weißen, in der Mitte purpurnen Vorderlappen gebildet. Der hornartige, etwa 1,5 cm lange Sporn ist nach vorne gebogen und dadurch ziemlich auffällig; an der Spitze hat er eine grünliche Farbe.

Blütezeit   Sommer, Herbst (Juli bis November).
Heimat   Von Indien über Thailand bis China und bis Indonesien und Philippinen.

Ascocentrum Schltr.
Tr. Vandeae Subtr. Aeridinae

Etymologie   Griechisch *askos* = Schlauch, *kentron* = Sporn; Blüte mit schlauchartigem Sporn.

Beschreibung   Von den etwa 6 bisher bekannten Arten sind fast alle in Kultur, und zwar meist unter dem falschen Gattungsnamen *Saccolabium*. Alle Arten sind kurzstämmige, kleine, dicht beblätterte, monopodial wachsende Epiphyten. Die linealischen Blätter sind an der Spitze ähnlich wie bei *Vanda* mehrzähnig und schief gestutzt. Die kurzgestielten, zylindrischen und dicht vielblütigen Blütenstände stehen aufrecht. Die Blüten halten einige Wochen und wirken durch ihre sehr kräftige Färbung. Daher werden sie gerne zur Züchtung verwendet (siehe Seite 108).

Kultur   Die *Ascocentrum*-Arten benötigen soviel Licht wie möglich, wobei jedoch ein Verbrennen der Blätter durch übermäßige Sonneneinstrahlung zu vermeiden ist. Bei guten Kulturbedingungen wachsen die Blätter eng zusammen und sind derb, dauerhaft und gelblich grün. Sind die Lichtverhältnisse ungenügend, so sind die Blätter nicht besonders dicht zusammen und überlappen sich nicht am Stamm; sie sind viel zu lang und dunkelgrün. Die Blätter sehen so zwar besser aus, doch die Pflanzen blühen nicht. Die *Ascocentrum*-Arten sind vorwiegend Tieflandorchideen und bevorzugen – besonders im Sommer während des Hauptwachstums – das feuchte Warmhaus mit frischer, sich frei bewegender Luft. An heißen Tagen kann man den Pflanzstoff, die Wurzeln und die Blätter maßvoll bespritzen. Die Pflanzen benötigen viel Wasser, doch ist achtzugeben, daß die Wurzeln nicht in stauender Nässe stehen. Es ist außerdem wichtig, daß an der empfindlichen, wachsenden Stammspitze kein Wasser stehenbleibt, damit sie nicht verfault. An den Pflanzstoff werden keine hohen Anforderungen gestellt. In der Praxis verwendet man die verschiedensten Mischungen. Wichtig ist nur eine gute Dränage. Die Pflanzen können in Gitterkörbchen oder in Töpfen untergebracht werden. Ein jährliches Umtopfen ist nicht notwendig, es genügt die Erneuerung des Pflanzstoffes an der Oberfläche. Eine Vermehrung kann während des Umtopfens durch Abtrennen der jungen, mit einigen Wurzeln versehenen Schößlinge erfolgen oder durch Zerteilen des Stammes an den Ansatzstellen der Wurzeln.

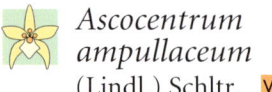

Ascocentrum ampullaceum (Lindl.) Schltr. Ⓦ

(Syn.: *Saccolabium ampullaceum* Lindl.)

Der dicht beblätterte Stamm wird maximal 25 cm hoch, ist jedoch meistens kürzer. Die ziemlich dicken und lederartigen Blätter sind linealisch, ungleich 2lappig mit Zähnchen an der Spitze und werden 10 bis 15 cm lang und etwa 2 cm breit. Die unteren Blätter fallen im Alter ab. Die Blütentraube steht aufrecht und wird bis zu 12 cm hoch. Sie ist kurzgestielt und dicht vielblumig. Meistens wächst mehr als eine Blütentraube gleichzeitig. Die Blüten sind etwa

2 cm groß, sehr langlebig und rotviolett; die Lippe ist manchmal etwas heller. Die Sepalen und Petalen sind weitgehend gleich, länglich und etwa 1,2 cm lang. Die Lippe ist kleiner, zurückgebogen und hat einen zungenförmigen Vorderlappen sowie am Grunde einen flaschenförmigen (= *ampullaceum*), hängenden, etwa 1,2 cm langen Sporn, der am Eingang 2 rundliche Höcker besitzt. Das Gynostemium ist weiß, die Antheren sind gelb.

Blütezeit   Frühjahr (April bis Juni).
Heimat   Himalaja und Birma; in Höhen von 300 bis 900 m.

Ascocentrum curvifolium (Lindl.) Schltr. Ⓦ

(Syn.: *Saccolabium curvifolium* Lindl.)

Der kräftige, hölzerne Stamm wird selten höher als 12 cm. Die sehr harten, fleischigen Blätter werden bis zu 25 cm lang und etwa 2,5 cm breit. Sie sind linealisch, typisch nach unten gebogen (*curvifolium* = krummblättrig) und haben 2 spitze Zähnchen an der Spitze. Die dicht vielblumige Blütentraube steht aufrecht und wird bis zu 15 cm hoch. Die Blüten sind etwa 2 bis 3 cm groß und sehr variabel in der Farbe; sie reicht von purpurscharlachrot bis zinnoberrot. Die Lippe hat einen blaßorangen Kiel und 2 warzenähnliche Knötchen am Grund. Die dreieckförmigen Seitenlappen stehen aufrecht. Der kurze Sporn (etwa 6 mm lang) wird zur Spitze hin dicker. Das Gynostemium ist sehr kurz und zinnoberrot. Die Anthere ist violett.

Blütezeit   Frühjahr (April bis Juni).
Heimat   Himalaja.

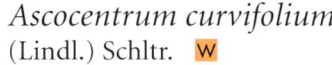

Ascocentrum ampullaceum (2,5 × nat. Gr.)

Ascocentrum miniatum
(Lindl.) Schltr. W

(Syn.: *Saccolabium miniatum* Lindl.)

Der relativ dicke und hölzerne Stamm ist meist weniger als 10 cm hoch und wird durch die Blattansätze verdeckt. Die sehr fleischigen und ziemlich geraden Blätter sind 8 bis 15 cm lang und etwa 2 cm breit. Sie sind am Ansatz stark zusammengefaltet und an der Spitze schräg gestutzt oder ungleich 2lappig. Die zylindrische Blütentraube steht aufrecht, ist sehr dichtblütig und erreicht eine Höhe bis zu 13 cm. Die Blüten haben eine Größe von etwa 2 cm und sind in ihrer Färbung sehr unterschiedlich; die Farbskala reicht von orange über gelborange bis zinnoberrot (= *miniatum*). Die Sepalen und Petalen sind elliptisch, stumpf und abstehend. Die nur etwa 0,7 cm lange Lippe besitzt kleine, aufrechte, dreieckförmige Seitenlappen und einen zungenförmigen Vorderlappen. Der zylindrische, stumpfe Sporn ist im oberen Teil etwas verjüngt und fast so lang wie die Sepalen. Das Gynostemium ist sehr kurz und hat eine violette Anthere.

Blütezeit Frühjahr (Mai, Juni).
Heimat Himalaja bis Malaiische Halbinsel, Java und Borneo.

 Ascocentrum pumilum
(Hay.) Schltr. W

(Syn.: *Saccolabium pumilum* Hay.)

Der Stamm dieser zwergenhaften (= *pumilum*) Art wird höchstens 8 cm hoch. Die nadelähnlichen, spitzen Blätter sind dick und lederartig. Sie werden bis zu 5 cm lang und etwa 0,4 cm breit. Die dichtblütigen Blütentrauben sind kaum länger als die Blätter und erscheinen meist zu mehreren. Die Blüten sind

Ascocentrum miniatum (1/2 nat. Gr.)

bis zu 2 cm groß und haben eine rosarote Farbe. Ihr Aussehen entspricht dem der übrigen *Ascocentrum*-Arten.
Blütezeit Winter (Dezember, Januar).
Heimat Taiwan (Formosa).

Chiloschista Lindl.
Tr. Vandeae Subtr. Aeridinae

Etymologie Griechisch *cheilos* = Lippe, *schistos* = Spalt; wegen des großen Spaltes zwischen den Seitenlappen der Lippe.
Beschreibung Zu dieser Gattung gehören etwa 15 zwergige, meist blattlose Arten, die in Südostasien epiphytisch vorkommen und früher zur Gattung *Sarcochilus* gezählt wurden. Vom Pflanzenzentrum aus bildet sich eine große Zahl von flachen, grünlichen Wurzeln, die aufgrund ihres Chlorophyllgehaltes anstelle der fehlenden Blätter die notwendige Assimilation übernehmen.

Manchmal bilden sich kleine Blättchen; sie sind jedoch nicht über Jahre ausdauernd. An der Spitze des kurzen Stammes bilden sich die Infloreszenzen, die meist herabhängen. Die Infloreszenzachse ist leicht behaart. Die Blüten sind im Vergleich zur Pflanzengröße relativ groß. Die am Fuß des Gynostemiums beweglich sitzende Lippe ist 3lappig und in der Mitte sackartig ausgebildet.
Kultur Als Epiphyten mit reichlichem Wurzelwachstum setzt man die *Chiloschista*-Arten am besten auf Rinde, Aststückchen oder Weinrebholz. Damit sich die Wurzeln gut an ihre Unterlage anschmiegen können, ist das Unterfüttern mit Pflanzstoff nicht notwendig. Dafür ist für schwache, aber regelmäßige Düngergaben zu sorgen. Eine Kultur unter temperierten Bedingungen mit genügender Luftzirkulation gefällt den Chiloschisten am besten. Während der Wachstumszeit im Sommer kann jeden Tag getaucht und gesprüht werden; im Winter dagegen reichen Wassergaben ein- oder zweimal in der Woche. Eine ausreichende Luftfeuchtigkeit (mindestens 70% rel.

95

Feuchte) ist bei diesen blattlosen Orchideen empfehlenswert. Alle Arten sind für einen hellen, aber nicht zu sonnigen Standort dankbar.

Chiloschista parishii
Seid. T

Diese zierliche Art ist nach dem Orchideensammler Parish benannt und befindet sich meist unter dem falschen Namen *Chsch. lunifera* in Kultur. Sie besitzt zahlreiche, graugrüne, teilweise auf der Pflanzunterlage sich entlang windende Luftwurzeln von 2 bis 3 mm Breite und 10 cm Länge und mehr. Die bis zu 20 cm lange, herabhängende Blütentraube besteht aus dem schwach behaarten und manchmal bräunlich gefleckten Stiel sowie aus etwa 8 bis 20 locker angeordneten Blüten, die einen Durchmesser von etwa 1,5 cm haben. Sie sehen von der Seite wie kleine Monde *(lunifera* = mondtragend) aus und halten mehrere Wochen. Die ovalen, etwas nach vorne gebogenen Sepalen und Petalen sind gelb und tragen mit Ausnahme der Randregion mehr oder weniger dicht rote bis bräunliche Flecken. Die 3lappige, innen gelbe und außen weiße Lippe ist sackähnlich gestaltet. Die länglichen, abgestumpften Seitenlappen stehen aufrecht. Der kleine Mittellappen besitzt unterseits einen halbkugelförmigen, in der Mitte leicht genuteten Höcker.

Blütezeit Veränderlich, meist Winter.
Heimat Von Indien (Sikkim) über Thailand und Birma bis zur Malaiischen Halbinsel und nach Java.

Chiloschista parishii (2,5 × nat. Gr.)

96

Chiloschista segawai
(Masam.) Masam. et Fuk. [T]

(Syn.: *Sarcochilus segawai* Masam.)

Diese Art unterscheidet sich im Habitus nur unwesentlich von der vorigen Art. Auch die Blütenformen beider Arten ähneln sich sehr. Bei der vorliegenden Art sind die Blüten mit etwa 1 cm Durchmesser etwas kleiner. Die Blütenfarbe ist einheitlich gelblich grün, nur im Bereich der Seitenlappen der Lippe etwas braun; manchmal befinden sich auch rötlich braune Flecken auf dem Mittelteil der Lippe sowie im Basisbereich der Petalen.

Blütezeit Spätwinter, Frühjahr (Februar bis Juni).

Heimat Taiwan; in Höhen von 700 bis 1000 m.

Gastrochilus Don
Tr. Vandeae Subtr. Aeridinae

Etymologie Griechisch *gaster* = Bauch, *cheilos* = Lippe; wegen der bauchartigen Form der Blütenlippe.

Beschreibung Diese Gattung enthält etwa 30 epiphytische Arten, die früher zur Gattung *Saccolabium* zählten. Auch heute noch werden viele unter dem alten Namen in Orchideenkatalogen geführt. Das Verbreitungsgebiet der *Gastrochilus*-Arten erstreckt sich von Indien über Hinterindien bis Taiwan und Indonesien. Alle Arten haben einen monopodialen Wuchs und die meisten von ihnen besitzen mit ihren wenigen lederartigen Blättern eine handliche Größe. Der wenigblütige und ziemlich kurze Blütenstand trägt relativ große, ansehnliche und interessante Blüten. Die länglichen, abgerundeten und ab-

stehenden Petalen und Sepalen sehen sich sehr ähnlich und bilden nahezu einen Halbkreis. Die Lippe besteht aus einem bauch- oder schuhartigen Hinterteil, an dessen Öffnung sich je nach Art mehr oder weniger ausgeprägt ein scheibenförmiges Vorderteil anschließt, das am Rande gefranst ist. Der bauchartige Lippenteil geht in das sehr kurze, fußlose Gynostemium über. Die kapuzenförmige Anthere trägt die beiden Pollinien an kurzen Stielchen.

Kultur Entsprechend ihrer Herkunft benötigen die *Gastrochilus*-Arten meist temperierte Bedingungen. Während der Wachstumszeit im Sommer benötigen sie viel Wasser und feuchte Luft. Auf genügende Luftbewegung ist zu achten. In der nicht sehr ausgeprägten Ruheperiode im Winter braucht weniger gegossen zu werden. Sie dürfen aber nicht vernachlässigt werden, da sie keine Pseudobulben besitzen. Ein leichtes Sprühen von Zeit zu Zeit verhindert ein Austrocknen. Zur Blütenbildung ist ein heller, aber nicht zu sonniger Standort empfehlenswert. Als Pflanzstoff genügt die übliche Mischung für Epiphyten. Man kann sie auch auf Korkrinde oder Baumfarnbrettchen pflanzen, damit die Blütenstände besser zur Geltung kommen. Eine Vermehrung ist möglich durch Abteilen von Schößlingen bei ausgewachsenen Pflanzen.

Gastrochilus acutifolius
(Lindl.) Ktze. [T/W]

(Syn.: *Saccolabium acutifolium* Lindl.)

Der dicht beblätterte Stamm erreicht eine Höhe von 10 bis (selten) 20 cm Höhe, der je nach Höhe mehr oder weniger leicht geneigt ist. Die spitzen Blätter (= *acutifolius*) sind riemenförmig

und werden etwa 12 bis 15 cm lang und etwa 2 cm breit. Der etwa 5 cm lange Blütenstiel trägt 6 bis 10 doldenartig angeordnete, dicht zusammenstehende Blüten von etwa 2 cm Durchmesser. Eine mittelgroße Pflanze kann 2 bis 3 Blütentrauben in einer Periode bilden. Die Blüten erscheinen gleichzeitig und halten ziemlich lange. Die länglichen, abgerundeten Sepalen und Petalen haben meist eine grünlich gelbe Grundfarbe mit dunkelbraunen Flecken oder seltener eine gleichmäßige, schmutzig rote Färbung. Der sackförmige Hinterteil der Lippe ist weiß und manchmal rot gepunktet, während die nierenförmige, fleischige und papillös behaarte Vorderteil gelblich ist mit roten Flecken und am Rand schön gefranst.

Blütezeit Herbst (Oktober bis Dezember).

Heimat Östliches Himalajagebiet; in 1000 bis 1200 m Höhe.

Gastrochilus bellinus
(Rchb. f.) Ktze. [T]

(Syn.: *Saccolabium bellinum* Rchb. f.)

Der sehr kurze, höchstens 5 cm lange Stamm trägt bis zu 8 riemenförmige, derbe und an der Spitze ungleich 2lappige Blätter von 15 bis 20 cm Länge und etwa 2,5 cm Breite. Die doldenartig ausgebildete Blütentraube sitzt an einem bis 10 cm langen und leicht geneigten Blütenstiel und besteht aus 4 bis 7 Blüten, die wachsartig sind, lange halten, etwas duften und einen Durchmesser von 4 cm erreichen. Die länglichen, abgerundeten, gänseblümchenähnlichen (= *bellinus*) Sepalen und Petalen sind grünlich gelb mit je nach Pflanze unterschiedlich großen, dunkelpurpurnen bis dunkelbraunen Flecken. Der tassenförmige Hinterteil der Lippe ist weiß bis

97

Gastrochilus bellinus (2,5 × nat. Gr.)

 Gastrochilus formosanus
(Hay.) Hay. [T]

(Syn.: *Saccolabium formosanum* Hay.)

Diese kleine Art besitzt einen kriechenden Stamm mit 2zeilig angeordneten, lederartigen und lanzettförmigen Blättern; ihre Länge beträgt etwa 1,5 cm und ihre Breite etwa 8 mm. Die wachsartigen, 1 bis 1,5 cm großen Blüten erscheinen einzeln oder meist zu mehreren an einem kurzen Blütenstiel. Die Sepalen und Petalen sind gelb mit rötlich violetten Flecken. Der sackförmige Lippenteil hat die gleiche Färbung, während der eiförmige, quer stehende Vorderlappen weiß ist mit einem dunkelbraunen Fleck in der Mitte.

Blütezeit Sommer (Juli, August).
Heimat Taiwan (Formosa = *formosanus);* in Höhen von 1600 bis 2000 m.

Gastrochilus formosanus (4 × nat. Gr.)

gelblich und rot gefleckt. Der nierenförmige, am Rand fein gefranste und papillös behaarte Vorderteil ist weißlich und trägt in der Mitte einen großen leuchtend gelben bis orangen Fleck mit roten bis violetten Punkten.

Blütezeit Spätwinter bis Frühjahr (Februar bis April).
Heimat Birma, Thailand; in Höhen von etwa 1500 m.

 Gastrochilus calceolaris
Don [T]

(Syn.: *Saccolabium calceolare* (Don) Lindl.)

Der sehr kurze, nur einige Zentimeter lange Stamm trägt 4 bis 6 zungenförmige, lederartige und an der Spitze un-

gleich 2lappige Blätter, die etwa 15 cm lang und etwa 2 cm breit werden. Der doldenartige Blütenstand befindet sich an einem 2 bis 5 cm langen, kräftigen Blütenstiel. Die 6 bis 12 Blüten von etwa 2 cm Durchmesser stehen dicht gedrängt, halten lange und duften ein wenig. Die grünlichen bis gelblichen oder hellbraunen Sepalen und Petalen tragen mehr oder weniger viele braune bis purpurne Flecken und sind manchmal etwas nach vorn gebogen. Der schuhförmige (= *calceolaris)* Lippensack ist kleiner als bei den anderen *Gastrochilus*-Arten und hat eine gelbe Farbe mit rötlichen bis bräunlichen Flecken. Der halbkreisförmige, überall behaarte Vorderlappen der Lippe ist weiß, in der Mitte orange mit rotbraunen Flecken und am Rand gefranst. Das Gynostemium ist purpurn.

Blütezeit Verschieden, meist Frühjahr.
Heimat Himalajagebiet, Malaysia bis Java und Philippinen; in Höhen von 1300 bis 2000 m.

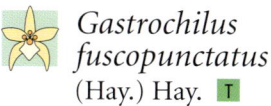 *Gastrochilus fuscopunctatus* (Hay.) Hay. T

(Syn.: *Saccolabium fuscopunctatum* Hay.)

Die kriechenden und herabhängenden Stämmchen tragen längliche, zugespitzte und an der Basis abgerundete, lederartige Blätter, die 2zeilig angeordnet sind und nur 1,5 cm lang und etwa 6 bis 7 mm breit werden. Die dunkelgrünen Blätter besitzen ungleichmäßige, rotbraune Flecken (= *fuscopunctatus*). Die meist einzeln an kurzen Stielen erscheinenden Blüten erreichen eine Größe von 1 bis 1,5 cm. Die Sepalen und Petalen haben eine grünlich gelbe Farbe. Die verhältnismäßig große Lippe besteht zum größten Teil aus dem sackförmigen Hinterteil, der weiß ist mit wenigen, grünlich gelben Flecken, und aus dem kleinen, zungenförmigen Vorderlappen, der ebenfalls weiß ist und einen grünlich gelben Flecken in der Mitte besitzt.

Blütezeit Frühjahr (Mai).
Heimat Taiwan (Formosa); in 2000 bis 2300 m Höhe.

Haraella Kudo
Tr. Vandeae Subtr. Aeridinae

Etymologie Benannt nach Yoshie Hara von der Taishoku Imperial Universität von Formosa, der diese Gattung entdeckte.
Beschreibung Diese Gattung ist monotypisch, d.h. es gibt nur 1 Art. Sie wächst epiphytisch in Laubwäldern und besitzt monopodialen Wuchs.
Kultur Als tropische Pflanze der unteren Bergregionen braucht *Haraella* warme Bedingungen und relativ hohe

Luftfeuchtigkeit. Sie verlangt einen schattigen Platz ohne direkte Sonne. Somit läßt sie sich gut zusammen mit den geflecktblättrigen *Paphiopedilum*-Arten halten. Man kann sie in kleine Töpfe mit dem üblichen Epiphytenpflanzstoff setzen oder aber besser auf Baumfarnbretter pflanzen, damit sich die zarten Wurzeln gut ausbreiten können. Sie macht keine Ruhezeit durch, so daß ein gleichmäßiges Gießen angebracht ist.

 Haraella retrocalla (Hay.) Kudo W

(Syn.: *Haraella odorata* Kudo)

Diese herrliche Kleinorchidee besitzt einen sehr kurzen, gewöhnlich etwa 1 cm langen Stamm und eng zusammenstehende, lederartige, längliche, zugespitzte und leicht sichelförmig gebogene Blätter von 3 bis 4 cm Länge und bis 1 cm Breite. Die verhältnismäßig großen Blüten erscheinen einzeln oder selten zu zweit an 3 bis 4 cm langen Blütenstielen, die am unteren Teil des

Haraella retrocalla (2,5 × nat. Gr.)

Stammes hervorkommen. Die fleischigen, ellipsenförmigen, etwa 8 mm langen Sepalen und Petalen sind in einem Halbkreis angeordnet und haben eine fahlgelbe Farbe. Die Petalen sind mit 3 mm Breite etwas schmaler als die etwa 4 mm breiten Sepalen. Die ovale, 3lappige Lippe ist knapp 1,5 cm lang und 1 cm breit. Die beiden, schwach ausgebildeten, rundlichen Seitenlappen stehen etwas schräg nach oben. Der große Mittellappen ist am Rand sehr fein gefranst und leicht konkav nach hinten gebogen. Der Lippenrand ist fahlgelb. Die übrige Lippe ist dunkelpurpurrot, leicht behaart und trägt nach innen zu eine kleine, dreieckige, fleischige Schwiele (=*retrocalla*). Das 2,5 mm große kugelförmige Gynostemium ist gelb und trägt die zahnartig gerandete Anthere mit ihren 2 Pollinien.

Blütezeit Meist Sommer bis Herbst (Juli bis November), auch mehr als einmal im Jahr.
Heimat Taiwan (Formosa); in Höhen von 300 bis 1000 m.

Phalaenopsis Bl.
Tr. Vandeae Subtr. Aeridinae

Etymologie Griechisch *phalaina* = Nachtfalter, *opsis* = Aussehen; die Blüten sehen wie tropische Nachtfalter aus.

Beschreibung Diese Gattung zeichnet sich durch einen monopodialen, kurzstämmigen Wuchs und durch das Fehlen von Pseudobulben aus. Sie umfaßt etwa 45 Arten, die meistens epiphytisch auf Bäumen an Waldrändern wachsen, durch das Laub der Bäume vor direkter Sonne geschützt. Ihr Verbreitungsgebiet erstreckt sich von Indien über die Malaiische Halbinsel und Indonesien bis nach Nord-Australien und bis zu den Philippinen. Die *Phalaenopsis*-Arten besitzen fleischige, ziemlich breite, 2zeilig angeordnete Blätter, dicke und kräftige Wurzeln sowie teils kurze Blütenstände, teils lange und überhängende Blütentrauben, die unterhalb der Blätter entspringen. Charakteristisch an den prächtigen, meist großen Blüten ist die mehr oder weniger 3lappige Lippe, die weder ein Kinn noch einen Sporn besitzt und die direkt mit dem Fuß des Gynostemiums verbunden ist. Bei vielen Arten endet der Vorderlappen der Lippe in 2 fühlerartige Schwänzchen. Aufgrund der schönen Blüten und der relativ leichten Pflege gehören die Phalaenopsen zu den oft kultivierten Orchideen. Auch die Züchter haben sich dieser Gattung intensiv gewidmet und viele wunderbare Hybriden hervorgebracht (siehe Bilder Seite 4/5 und 104). Da sich die abgeschnittenen Blütenrispen gut halten, werden sie in vielen Blumengeschäften gerne als Schnittblumen verkauft.

Kultur Da die *Phalaenopsis*-Arten in den asiatischen Tropen nur in Höhen von 200 bis 400 m vorkommen, benötigen sie jederzeit ausgesprochen warme Bedingungen und stets feuchte Luft. Genügende Luftbewegung bekommt ihnen ebenfalls gut. Da sie nur die Blätter als Nährstoffspeicher besitzen, dürfen sie nicht austrocknen, obwohl der Pflanzstoff ausreichend porös sein muß, um stauende Nässe zu vermeiden. Beim Gießen ist darauf zu achten, daß kein Wasser in der Triebspitze stehen bleibt, was zum Abfaulen des neuen Blatttriebs und Eingehen der ganzen Pflanze führen könnte. Im Sommer während der Vegetationsperiode ist regelmäßig zu gießen und zur Erhöhung der Luftfeuchtigkeit häufig zu sprühen. In der Ruhezeit im Winter ist das Gießen etwas einzuschränken. Bei Sonnenschein muß schattiert werden, damit die Blätter nicht verbrennen. Man kann die Phalaenopsen in Töpfen oder Körben mit guter Dränage kultivieren oder sogar auf Korkrinde setzen. Als Pflanzstoff läßt sich am besten der übliche für Epiphyten verwenden. Auch Borkenzusatz oder reine Borkenkultur

Phalaenopsis Rosa B. Kirsch (nat. Gr.)

wird von manchen Orchideenliebhabern angewendet. Beim Umpflanzen, das nur alle paar Jahre notwendig ist, muß darauf geachtet werden, daß die Pflanzenbasis frei liegt, damit die Blätter nicht faulen und neue Wurzeln besser wachsen können. An den Verdickungen der Blütenschäfte bilden sich bei einigen Arten Jungpflanzen, die man zur Vermehrung verwenden kann.

Phalaenopsis amabilis
(L.) Bl. Ⓦ

Die wenigen, länglich eiförmigen und lederartigen Blätter werden bis zu 30 cm lang und etwa 10 cm breit. Die schlanke, 40 bis 80 cm lange Infloreszenz ist schön gebogen und trägt zur Spitze hin in lockerer Anordnung 6 bis 20 liebliche (= *amabilis*) Blüten von etwa 8 bis 10 cm Durchmesser. Die ellipsenförmigen Sepalen sind wie die kellenförmigen, zur Basis hin stark verschmälerten Petalen rein weiß. Von den breiten Petalen werden die seitlichen Sepalen halb verdeckt. Die 3lappige Lippe ist stark zergliedert und kürzer als die Petalen. Die Seitenlappen sind nach oben zum Gynostemium gebogen; ihre Farbe ist im oberen Teil weiß und im unteren Teil zur Basis hin gelb mit roten Streifen. Der dreieckige Vorderlappen geht an der Spitze in 2 fadenförmige Anhängsel über; er ist am vorderen Teil weiß und zum Grunde hin gelb gefärbt. Zwischen den Seitenlappen in der Mitte der Lippe sitzt eine ausgeprägte, 2zipflige und gelbe Schwiele, die rot gepunktet ist. – Die sehr ähnliche *Phal. aphrodite* Rchb. f. besitzt einen bedeutend breiteren Lippenmittellappen.
Blütezeit Herbst, Winter (Oktober bis März).
Heimat Indonesien, Neuguinea, Philippinen.

Phalaenopsis cornu-cervi
(Breda) Bl. et Rchb. f. Ⓦ

Die wenigen, länglichen und lederartigen Blätter erreichen eine Länge von 15 bis 25 cm und etwa 4 cm Breite. Der bis zu 20 cm lange Blütenstiel ist flach und wird zur Spitze hin breiter. Er steht schräg nach oben und trägt die 6 bis 12 wachsartigen Blüten in 2 Reihen, ähnlich wie bei einem Hirschgeweih (*cornu-cervi* = Hirschhorn) angeordnet, wobei immer nur eine bis wenige Blüten gleichzeitig erblühen. Die etwa 5 cm großen Blüten halten lange und duften etwas. Die Sepalen und Petalen haben eine längliche, stark zugespitzte Form, sehen sich sehr ähnlich und sind zusammen sternförmig angeordnet. Die Petalen sind nur geringfügig kleiner als die Sepalen. Die Sepalen und Petalen besitzen eine gelbe bis grünlich gelbe Grundfarbe mit braunroten Flecken. Die kleine Lippe besteht aus den aufrecht stehenden, weißen bis gelben Seitenlappen und aus dem weiß bis gelb gefärbten, nierenähnlichen Vorderlappen. Das nach vorne ragende Gynostemium ist gelb und am Fuß braunrot gefleckt.
Blütezeit Frühjahr, Sommer (Mai bis September).
Heimat Thailand bis Indonesien.

 ## Phalaenopsis equestris
(Schauer) Rchb. f. Ⓦ

Die als ritterlich (= *equestris*) bezeichnete Art kann mit ihren Abmessungen gerade noch als Kleinorchidee bezeichnet werden. Sie wird sowohl als Naturart als auch als Hybride mit ihr häufig in Gärtnereien angeboten und ist relativ leicht auf der Fensterbank zu kultivieren. Die 3 bis 5 länglich eiförmigen, reingrünen Blätter sind 2zeilig ange-

Phalaenopsis equestris (2 × nat. Gr.)

ordnet und werden etwa 15 cm lang. Die verzweigte, vielblütige, etwa 30 cm hoch werdende Infloreszenz ist wegen des Blütengewichts leicht gebogen. Die 3 cm großen Blüten sind in der Farbe sehr variabel. Die länglich elliptischen Sepalen und spatelförmigen Petalen sind meist weiß, aber auch hell- bis dunkelrosa. Der Mittellappen der dreilappigen Lippe hat eine dunkelrosa bis rosaviolette Färbung; er ist etwa 0,7 cm breit und knapp 1 cm lang, seine Form ist länglich oval, wobei die Spitze dreieckig zuläuft. Die kleinen weißlich bis rosafarbenen Seitenlappen sind hornartig nach oben gebogen. Dazwischen befindet sich eine ausgeprägte, in der Mitte eingedellte, gelbe Schwiele.

Im Gesamthabitus und Blütenaussehen ähnlich ist die Art *Phalaenopsis lindenii.* Sie läßt sich aber gut unterscheiden durch die marmorierten Blätter sowie durch die kreisrunde Form des Lippenmittellappens, der einen kleinen Zipfel an der Spitze trägt. Außerdem sind alle Blütenblätter weißlich und besitzen eine mehr oder weniger starke rosa Streifung.

Blütezeit Fast ganzjährig mit Schwerpunkt im Spätsommer und Herbst.

Heimat Philippinen, Süd-Taiwan; in Höhen bis 300 m.

Phalaenopsis esmeralda
Rchb. f. W

(Syn.: *Phalaenopsis buyssoniana* Rchb. f., *Doritis pulcherrima* Lindl.)

Diese Art trägt den spanischen weiblichen Vornamen Esmeralda. Die 10 bis 20 cm langen und etwa 4 cm breiten Blätter sind länglich elliptisch, zugespitzt und lederartig. Sie haben eine

Phalaenopsis parishii var. *lobbii* (2,5 × nat. Gr.)

dunkelgrüne, manchmal braunviolett gescheckte Farbe. Der aufrecht stehende Blütenschaft von 30 bis 45 cm Länge trägt 15 bis 20 Blüten in lockerer Anordnung. Die Blüten sind sehr variabel. Ihr Durchmesser liegt zwischen 2 und 4 cm. Die obere Sepale und die Petalen sehen gleich aus, sie sind länglich oval und abstehend. Die seitlichen Sepalen sind breiter und meist nach hinten gebogen. Die Farbe der Sepalen und Petalen reicht von fast weiß über rosa und hellviolett bis zu kräftig violett. Die 3teilige, kräftig violette Lippe besitzt ohrförmige, nach oben ragende Seitenlappen und einen ovalen bis zungenförmigen Vorderlappen, der blaßrosa geadert und am Rand nach hinten gebogen ist. An der Lippenbasis befindet sich eine kleine, 2spitzige Schwiele.

Blütezeit Herbst (September bis November).

Heimat Birma, Thailand, Laos bis Sumatra.

 ## *Phalaenopsis parishii*
Rchb. f. W

Diese nach dem Theologen und Orchideensammler Parish benannte Art ist in der reinen, wiederentdeckten Art oder in der Form *Phal. parishii* var. *lobbii* erhältlich. Der kurze, von vertrockneten Blattresten überdeckte Stamm trägt die 3 bis 5 elliptischen, fleischigen, dunkelgrünen Blätter, die selten länger als 8 cm lang und 4 cm breit werden. Die Infloreszenzen wachsen an der Blattbasis und bestehen aus 4 bis 6 (selten 10) Blüten von etwa 2,5 cm Durchmesser, die breit ovalen, weißen Sepalen bilden ein gleichseitiges Dreieck. Dazwischen stehen die beiden länglich elliptischen, weißen Petalen sowie die nierenförmige, rötliche oder bräunliche Lippe. Der rechte und linke Seitenrand der Lippe ist hochgeschlagen und weißlich gefärbt. In der Lippenmitte befindet sich eine 2teilige Schwiele, die fadenförmige Fortsätze trägt. Die Innenseite der breit ausladenden Gynostemiumbasis ist gelblich gefärbt und mit einigen dunkelbraunen Tupfen versehen.

Blütezeit Frühjahr (März bis Juni).

Heimat Von Indien (Assam, Sikkim) über Birma bis Vietnam.

Phalaenopsis schilleriana
Rchb. f. W

Die nach dem Hamburger Orchideenliebhaber Schiller (19. Jh.) benannte Art hat 3 bis 5 länglich elliptische Blätter von 25 bis 30 cm Länge und etwa 10 cm Breite, die schön dunkelgrün und silbergrau gefleckt sind. Die verzweigte Infloreszenz von bis zu 1 m Länge trägt zahlreiche Blüten von 7 bis 10 cm Durchmesser. Die Blütenform entspricht fast der von *Phal. amabilis,* nur die Lippe ist mehr nach vorne gestreckt.

Die Blütenfarbe ist ziemlich einheitlich rosa und manchmal schwach rotviolett punktiert. Der Lippengrund ist rotviolett gefleckt und der Vorderlappen ist fein rotviolett gepunktet. Die Schwiele ist gelb mit rotvioletter Punktierung. Der ellipsenförmige Vorderlappen geht vorne in 2 kleine sichelförmige Fortsätze über.

Blütezeit Winter, Frühjahr (Januar bis Mai).

Heimat Philippinen.

Phalaenopsis violacea
Witte Ⓦ

Die breit ovalen bis länglich elliptischen, fleischigen Blätter werden etwa bis 25 cm lang und 10 cm breit. Der kräftige, 10 bis 12 cm lange, lockerblütige und geneigte Blütenstand besteht aus 2 bis 5 Blüten, die nacheinander über eine lange Zeit hin erblühen. Die 5 bis 7 cm großen Blüten besitzen sternförmig angeordnete, gleich aussehende

Phalaenopsis violacea Borneo-Typ (nat. Gr.)

Phalaenopsis schilleriana (1/2 nat. Gr.)

Sepalen und Petalen, die länglich eiförmig und spitz zulaufend sind. Die 3lappige Lippe ist etwas kürzer als die anderen Blütenblätter und besteht aus den fast zu einer Röhre zusammengerollten, goldgelb gefärbten Seitenlappen und aus dem kleinen, rhombenförmigen und kahlen Vorderlappen. Bezüglich der Blütenfarbe unterscheidet man entsprechend der Herkunft 2 Typen. Der Borneo-Typ hat weiße bis hellgrüne Sepalen und Petalen, die an der Basis in ein sehr kräftiges Violett (= *violacea*) übergehen. Bei den seitlichen Sepalen erstreckt sich die violette Farbe sogar fast auf die gesamte, zur Lippe zeigende Längshälfte. Auch der Lippenvorderlappen und das Gynostemium sind

103

kräftig violett. Beim Malaia-Typ ist die Blütenfarbe nicht kräftig violett sondern rosaviolett bis schwach karminrot; die Farbe dehnt sich bis fast zu den Spitzen aus, so daß nur die Spitzen hellgrün angehaucht sind. Auch der Vorderlappen der Lippe hat diese rosaviolette Färbung.

Blütezeit Sommer, Herbst (Juli bis November).

Heimat Malaiische Halbinsel, Borneo, Sumatra.

Phalaenopsis Orchid World W

Diese von der Firma Orchid World Intl. im Jahre 1984 angemeldete Hybride ist aus nur 4 Arten entstanden. Ihre kontrastreich gefärbte Blüte mit roten Flecken auf gelbem Untergrund ist sehr attraktiv. Während die Fleckung von *Phal. ambionensis* und *Phal. lueddemanniana* stammt, geben *Phal. amabilis* und *Phal. violacea* Blütenform und -größe. Die Blütenfarbe dürfte auch z.T. von *Phal. violacea* herrühren.

Phalaenopsis Orchid World
(5/7 nat. Gr.)

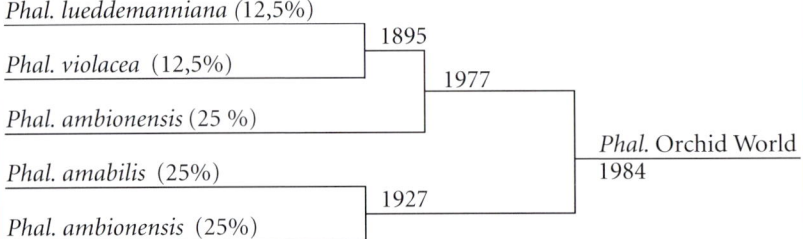

Phalaenopsis Rosa B. Kirsch W

Diese Hybride wurde schon vor 50 Jahren angemeldet. Sie besteht wiederum aus einer im Jahre 1899 erzeugten Hybride mit unbekannten Eltern sowie aus *Phal. sanderiana* (50 %-Anteil) und *Phal. schilleriana* (25 %-Anteil). Die intensive Purpurfarbe stammt sicherlich von einem der unbekann-

ten Kreuzungspartner, von denen auch die schmalen Sepalen und Petalen und der schmale Lippenmittellappen herrühren (evtl. *Phalaenopsis lueddemanniana* oder *pulchra?*). *Phal. sanderiana* und *Phal. schilleriana* haben meist nur eine schwach rosapurpurne Blütenfärbung und ihre Sepalen und Petalen sind wesentlich rundlicher geformt als bei dieser Hybride (siehe Bild Seite 100).

Rhynchostylis Bl.
Tr. Vandeae Subtr. Aeridinae

Etymologie Griechisch *rhygchos* (gesprochen: rhynchos) = Schnabel, *stylis* = Säule, Griffel; wegen des geschnäbelten Gynostemiums.

Beschreibung Diese Gattung besteht aus nur 3 Arten, die alle in Kultur sind und einen monopodial wachsenden, gedrungenen Stamm besitzen, aus dem am Grunde die kräftigen Wurzeln entspringen und seitlich die walzenförmige, vielblütige Inflorescenz herauswächst. Die verhältnismäßig langen Blätter sind ziemlich derb, an der Spitze ungleich 2lappig und in der Mitte gefaltet. Der ganze Habitus ähnelt sehr dem der Gattung *Aerides*. Auch die Blüten sind sich sehr ähnlich, doch unterscheiden sich die *Rhynchostylis*-Blüten von den *Aerides*-Blüten dadurch, daß der Blütensporn waagerecht nach hinten steht und etwas oberhalb der nach vorne gebogenen, ungeteilten Lippe angeordnet ist. Die *Rhynchostylis*-Arten haben ihr Verbreitungsgebiet von Indien bis Thailand und bis zu den Philippinen.

Kultur Die *Rhynchostylis*-Arten werden während der Wachstumszeit im Sommer am besten unter warmen und feuchten Bedingungen gehalten. Ein halbschattiger Platz ist in dieser Zeit vorteilhaft, während im Winter während der Ruhezeit ein heller Standort nicht schadet. Dann kann auch die Temperatur auf temperierte Bedingungen herabgesetzt werden, ebenso ist das Gießen etwas einzuschränken. Man pflanzt sie am besten in ein großes Lattenkörbchen, das hängend anzubringen ist, denn die Blütentrauben hängen meist herab. Als Pflanzstoff bietet sich die für Epiphyten übliche Mischung an. Da besonders die Wurzeln empfindlich sind gegen ein Umpflanzen, ist es günstig, den verbrauchten Pflanzstoff vorsichtig zu entnehmen und zu ersetzen, ohne die ganze Pflanze aus dem Holzkörbchen herauszuheben.

Rhynchostylis coelestis
Rchb. f. T/W

Der bis zu 20 cm hohe, kräftige Stamm ist dicht und zahlreich beblättert. Die riemenförmigen Blätter erreichen eine Länge von 10 bis 18 cm und eine Breite von etwa 1 cm. Sie sind fleischig und in der Mitte so gefaltet, daß auf der Unterseite ein scharfer Kiel entsteht; an der Basis überlappen sie sich. Die sehr dicht und vielblütige, zylindrische Infloreszenz steht aufrecht und wird bis zu 20 cm hoch. Die wachsartigen, duftenden, etwa 2 cm großen Blüten besitzen weitgehend eine bläuliche (*coelestis* = himmelblau) Färbung, die bei Orchideen nur außerordentlich selten anzutreffen ist. Die radial abstehenden, länglich ovalen Sepalen und Petalen sind am Grunde weiß und zur Spitze hin violettblau gefärbt. Die verkehrt eiförmige Lippe ist in der Basishälfte weiß und sonst violettblau. Der sackähnliche Sporn ist seitlich stark zusammengedrückt und an der Spitze ganz schwach gebogen. Das kurze, schnabelförmige Gynostemium hat ebenfalls eine blaue Farbe, von der sich die gelben Pollinien gut abheben.
Blütezeit Sommer (Juli, August).
Heimat Thailand.

Rhynchostylis gigantea
(Lindl.) Ridl. T/W

Diese großwüchsige Art (= *gigantea*) besitzt zwar einen nur etwa 10 cm hoch werdenden, dicht beblätterten Stamm, doch die sehr ledrigen, riemenförmigen

Blätter erreichen eine Länge von 25 bis 35 cm und eine Breite von 5 bis 6 cm. Die etwa 40 cm lange, vielblütige Blütentraube hängt herab. Die wachsartigen, lange haltbaren und etwa 2,5 cm großen Blüten sind sehr wohlriechend. Die länglich elliptischen, leicht gewellten Sepalen und Petalen sind weiß und mehr oder weniger rosa bis rotviolett gefleckt, wobei zur Spitze hin die Flecken größer sind. Die kinnartig nach vorn gebogene Lippe ist meist an der Basis weiß und zur Spitze hin rosa bis rotviolett gefärbt. Die kleinen, rundlichen Seitenlappen sind etwas nach oben gewölbt. Der kurze Blütensporn ist zusammengedrückt und abgestumpft. Das kurze Gynostemium besitzt die gleiche Färbung wie die Blütenblätter und trägt vorne die beiden gelben Pollenpakete.
Blütezeit Winter (Januar bis März).
Heimat Birma, Thailand bis Laos und Kambodscha.

Rhynchostylis coelestis (nat. Gr.)

Vanda Jones
Tr. Vandeae Subtr. Aeridinae

Etymologie Indischer Name für verschiedene *Vanda*-ähnliche Orchideen.
Beschreibung Die etwa 50 Arten dieser Gattung zeichnen sich durch einen monopodialen Wuchs aus, so daß sie mehr oder weniger hohe Stämme besitzen, die mit ledrigen Blättern dicht bedeckt sind. Die Blätter sind bei den meisten Arten riemenförmig, nur bei wenigen sind sie zylindrisch. Aus den Blattachseln am oberen Pflanzenende wachsen nahezu aufrecht die Blütenstände, die die relativ großen, meist duftenden und farbenprächtigen Blüten tragen. Die Form der Blüten ist bei allen Arten ziemlich gleich. Die Sepalen und Petalen sehen sich meist sehr ähnlich, stehen radial ab und sind zur Basis hin nagelförmig verschmälert. Die 3lappige Lippe besteht aus den beiden kleinen, nach oben gebogenen Seitenlappen mit einem meist kurzen Sporn oder Sack an der Basis sowie aus dem nieren- bis geigenförmigen Mittellappen, auf dem sich vielfach in Längsrichtung kammartige Erhöhungen befinden. Die *Vanda*-Arten haben ihr Verbreitungsgebiet im tropischen Asien von Indien und China über Indonesien bis nach Neuguinea und zu den Philippinen. Sie leben überwiegend auf Bäumen und bilden starke, lange Luftwurzeln, um genügend Nährstoffe und Feuchtigkeit zu finden.
In den letzten Jahrzehnten wurden unzählige infragenerische und auch intergenerische Hybriden mit verwandten Gattungen gezüchtet, wie z.B. mit *Ascocentrum* (= × *Ascocenda*, siehe Bild Seite 108), sowie mit *Aerides* und *Renanthera*.
Kultur Viele kultivierte *Vanda*-Arten, so auch einige der nachfolgend beschriebenen Arten, benötigen einen

temperierten Standort, der in der Ruhezeit auch etwas kühler sein kann. Die beiden beschriebenen Arten *V. denisoniana* und *V. pumila* können temperiert bis warm untergebracht werden. Manche Arten und vor allem die meisten Hybriden sollten unter warmen Bedingungen gepflegt werden. Aber alle Arten brauchen viel Licht, um zur Blüte zu gelangen, wobei im Sommer jedoch leicht schattiert werden muß. Bei zu wenig Licht und ggf. zu häufigem Gießen entwickeln sich zwar die Blätter prächtig und werden viel zu lang, doch auf Blüten wird man vergeblich warten. Während der Wachstumsperiode im Sommer benötigen die *Vanda*-Arten viel frische Luft mit genügender Luftfeuchtigkeit durch häufiges Sprühen und regelmäßige Wassergaben. Durch die kräftigen Luftwurzeln nehmen sie gerne die Feuchtigkeit aus der Luft auf. In der Ruhezeit werden sie etwas trockener gehalten, ohne die Blätter schrumpfen zu lassen. Beim Gießen ist immer darauf zu achten, daß an der wachsenden Stammspitze kein Wasser stehenbleibt, damit die neuen Blatttriebe nicht abfaulen. Als Pflanzgefäß benutzt man am besten ein hängendes Holzkörbchen oder auch einen hängenden Topf, damit die Luftwurzeln ungestört herabhängen können. Außerdem ist auf eine gute Dränage zu achten. Als Pflanzstoff dient der übliche für Epiphyten, allerdings kann der Anteil an Rinde höher sein. Beim Umpflanzen im Frühjahr (etwa alle 3 bis 4 Jahre) ist darauf zu achten, daß der Stamm nicht zu tief eingepflanzt und mit Pflanzstoff bedeckt wird. Allgemein läßt sich feststellen, daß die meisten *Vanda*-Arten zu den relativ einfach zu pflegenden Orchideen gehören.

Vanda coerulea (4/5 nat. Gr.)

106

Vanda cristata (1,1 × nat. Gr.)

Vanda coerulea
Griff. ex Lindl. T

Diese stattliche und aufgrund ihrer blauen (= *coerulea*) Blütenfarbe bei Orchideenliebhabern sehr beliebte *Vanda*-Art besitzt einen kräftigen, dicht beblätterten und mit vielen Luftwurzeln besetzten Stamm von je nach Pflanzenalter 30 bis 100 cm Höhe. Die meist waagerecht stehenden, ledrigen und riemenförmigen Blätter sind oberseits gerillt und an der Spitze ungleich gezähnt. Ihre Länge beträgt etwa 20 bis 25 cm und ihre Breite etwa 2 bis 3 cm. Die vielfach aufrecht stehende, etwa 50 cm lange Infloreszenz trägt 5 bis 15 Blüten von bis zu 10 cm Durchmesser. Die Blüten variieren jedoch stark in Größe und Farbe. Je nach Pflanze reicht die Blütenfarbe vom schwachen Hellblau über ein helles Blauviolett bis (sehr selten) zum kräftigen Blauviolett. Die abstehenden, breit ovalen und sich zur Basis hin stark verjüngenden Sepalen und Petalen sind am Rande etwas gewellt. Die Petalen sind an der stegartigen Basis so gedreht, daß die Rückfront nach vorne zeigt. Die relativ kleine, fleischige und 3teilige Lippe besitzt die beiden kurzen, aufrechten Seitenlappen, die zugespitzt und nahezu dreieckig sind, und den länglichen, längsgerippten, vorne schwach gezipfelten Mittellappen, der meist bedeutend dunkler gefärbt ist als alle anderen Blütenteile. Der kurze, waagerechte Sporn ist abgestumpft. Das kurze, dicke Gynostemium ist weißlich.
Blütezeit Herbst, Winter (September bis Dezember).
Heimat Himalajagebiet, Birma und Thailand; in Höhen von 700 bis 1300 m.

 ## Vanda cristata
Lindl. T

Diese Art wird auch eigenständig als *Trudelia cristata* bezeichnet.
Der kräftige, dicht beblätterte Stamm erreicht eine Höhe von etwa 20 cm und ist mit zahlreichen Wurzeln besetzt. Die lederartigen, ziemlich waagerecht stehenden, riemenförmigen, in der Mitte zu einer Rinne gefalteten Blätter werden etwa 12 bis 15 cm lang. Der kurze, aus den Blattachseln entspringende Blütenstand steht nach oben und trägt 3 bis 6 Blüten von 5 bis 6 cm Durchmesser. Die wachsartigen Blüten halten mehrere Wochen und duften angenehm. Die zungenförmigen, leicht nach vorn gebogenen Sepalen und Petalen sind gelb bis gelblich grün. Die Petalen sind etwas kürzer und schmaler als die 2,5 bis 3 cm langen Sepalen. Die 3 bis 3,5 cm lange, fleischige und 3lappige Lippe ist auf der Oberseite hellgelb gefärbt und braunrot gestreift und gefleckt und auf der

Unterseite gelblich grün gefärbt. Die beiden kleinen Seitenlappen stehen aufrecht, während der zungenförmige, an der Spitze meist in 2 lanzettförmige Fortsätze mündende Mittellappen teilweise herunterhängt. An der Lippenbasis befindet sich eine sackförmige Verlängerung. Das kurze, dicke Gynostemium ist hellgelb gefärbt.
Blütezeit Meist Winter, Frühjahr (Januar bis April).
Heimat Himalajagebiet (Nepal, Bhutan, Sikkim); in Höhen von etwa 1500 m.

Vanda denisoniana
Bens. et Rchb. f. T/W

Diese nach Lady Denison benannte Art besitzt einen kräftigen, gedrungenen Stamm, der dicht beblättert und mit langen Luftwurzeln versehen ist. Die ledrigen, bandförmigen und an der Spitze 2zähnigen Blätter erreichen eine

107

Länge von 20 bis 30 cm und eine Breite von etwa 2 cm. Der bis zu 15 cm lange Blütenstand steht horizontal oder ist leicht gebogen und trägt 4 bis 8 Blüten in lockerer Anordnung. Die wachsartigen, angenehm duftenden, lange haltbaren und etwa 5 cm großen Blüten besitzen bis auf einen orangegelben Fleck an der Lippenbasis eine reinweiße bis grünlich weiße Farbe. Bei der Varietät *V. denisoniana* var. *hebraica* Rchb. f. sind die Blüten schwefelgelb mit bräunlicher Zeichnung, die hebräischen Buchstaben (= *hebraica*) ähnelt. Die manchmal zurückgebogenen Sepalen und Petalen sind elliptisch geformt und gehen zur Basis hin in einen kurzen, breiten Steg über. Die seitlichen Sepalen sind etwas größer als die Petalen und die mittlere Sepale. Die im Vergleich zu den anderen Blütenteilen etwas längere Lippe besteht aus den kleinen, schief ovalen und nach oben zeigenden Seitenlappen und aus dem geigenförmigen, an der Spitze 2zipfeligen Mittellappen, der 4 bis 5 Längskiele trägt. Der seitlich zusammengepreßte Sporn wird nur etwa 0,5 cm lang.

Blütezeit Meist Frühjahr (April, Mai).
Heimat Birma (Arakan-Gebirge) bis Süd-China; in Höhen von 700 bis 800 m.

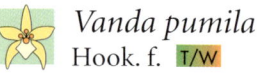

Vanda pumila
Hook. f. T/W

Diese ziemlich kleine Art (= *pumila*) entspricht im Habitus der Art *V. cristata*, nur ist der Stamm etwas kürzer und die Blätter sind geringfügig länger und breiter. Auch sie trägt einen neuen, noch selten benutzten Namen: *Trudelia pumila*. Der etwa 15 cm lange Blütenstand besteht aus 2 bis 4 locker angeordneten, derben und duftenden Blüten von etwa 5 bis 6 cm Durchmesser. Die schmalen, zungenförmigen Sepalen

und Petalen sind weißlich grün und besonders zur Basis hin bräunlich gefleckt und gepunktet. Die 3lappige Lippe besitzt kurze, fast dreieckförmige, aufrecht stehende Seitenlappen und einen verhältnismäßig großen, ovalen, nach vorne sich verjüngenden Mittellappen. Die Seitenlappen sind weiß gefärbt und der Mittellappen ist gelblich und rot gestreift. Der kurze, kegelförmige und abgestumpfte Sporn zeigt mehr oder weniger nach unten.

Blütezeit Meist Sommer (Juni, Juli).
Heimat Himalajagebiet; in Höhen von etwa 700 m.

Vanda tricolor
Lindl. T

Diese kräftig wachsende Art besitzt aufrecht stehende Stämme von meist 50 (selten bis 100) cm Länge und 1,5 cm Durchmesser. Die riemenförmigen, leicht gebogenen Blätter werden bis zu 45 cm lang und 4 cm breit. Die meist hochstehenden Blütenstände tragen 7 bis 10 duftende, auffallende, dreifarbige (= *tricolor*) Blüten mit einem Durchmesser von etwa 6 bis 7 cm. Die Sepalen und Petalen sind cremefarben bis gelb und leuchtend rotbraun getüpfelt. Da die Petalen an der Basis leicht nach hinten verdreht sind, sieht man ihre weiße Rückseite. Die Form von Sepalen und Petalen ist ähnlich; sie sind länglich elliptisch und zur Basis hin verengt sowie in sich etwas gewellt. Die 3lappige Lippe besitzt fast quadratische, nach oben gebogene Seitenlappen und einen geigenförmigen, ausgebreiteten Mittellappen mit 3 Leisten in der Mitte. Ihre Farbe ist mehr oder weniger gleichmäßig zartviolett bis violett. Die Spornlänge beträgt nur knapp 1 cm. Die verbreitete Varietät *suavis* unterscheidet sich durch die weiße Grundfarbe der Sepalen und

Petalen sowie durch den stärker umgeschlagenen Lippenmittellappen und seine kräftig violette Farbe im Mittelbereich.

Blütezeit Ganzjährig, aber meist Mai bis Juli.
Heimat Java, Bali; in Höhen von 700 bis 1600 m.

× *Ascocenda* W

Der Züchtungsname dieser Hybride ist unbekannt. Daher weiß man nur anhand des Namens, daß diese Pflanze aus einer oder mehreren Arten von *Ascocentrum* und *Vanda* gekreuzt wurde. Es läßt sich vermuten, daß die Blütenfarbe von einer roten *Ascocentrum*-Art und die Blütenform und -größe von *Vanda* stammt.

× *Ascocenda* (1/2 nat. Gr.)

Angraecum Bory
Tr. Vandeae Subtr. Angraecinae

Etymologie Der malaiische Name *angrec* bedeutet epiphytische Orchidee.

Beschreibung Die Gattung *Angraecum* kommt hauptsächlich in Afrika vor und enthält mehr als 200 Arten, jedoch sind nur wenige Arten in Kultur. Es ist schwierig, die vielen Arten botanisch abzugrenzen; so gehörten früher z.B. folgende Gattungen dazu: *Aerangis, Diaphananthe* und *Mystacidium*. Die *Angraecum*-Arten sind in ihrem Habitus und z.T. im Blütenaufbau verschieden. Man kann aber allgemein feststellen, daß sie alle monopodiale Stämme mit meist glatten, fleischigen Blättern besitzen. Die weißen oder grünlichen Blüten besitzen einen ausgeprägten, mehr oder weniger langen Sporn.

Kultur Die *Angraecum*-Arten kultiviert man am besten in Gitterkörbchen oder durchlöcherten Töpfen mit dem üblichen Epiphytenpflanzstoff oder auf Korkrinde bzw. Baumfarnstücken, die in Fensternähe aufgehängt werden sollten; die meisten Arten bevorzugen einen warmen Kulturraum mit vollem Licht oder mindestens Halbschatten. Es genügt, wenn man alle 3 bis 4 Jahre im Frühjahr verpflanzt. Alle Arten benötigen viel frische und sich bewegende Luft, die im Sommer sehr warm und immer feucht sein soll. Die Nachttemperaturen können relativ stark abgesenkt werden, besonders im Herbst; dies ist gut zum Abhärten der Pflanzen. Während der Wachstumsperiode, die das ganze Jahr andauern kann, ist reichlich zu gießen. Das Spritzen und Überbrausen ist im Winter einzuschränken, doch ist auch in dieser Zeit für genügende Luftfeuchtigkeit zu sorgen.

Angraecum eburneum
Bory W

Der sehr kräftige, dicht beblätterte Stamm kann eine Höhe bis zu 1 m erreichen. Die ledrigen, dunkelgrünen Blätter werden 30 bis 50 cm lang und etwa 5 cm breit; an der Spitze sind sie ungleich 2lappig und stehen horizontal oder hängen etwas herab. Es erscheinen meist mehrere, dichtblütige Blütenstände gleichzeitig die aufrecht oder schräg stehen und etwa so lang wie die Blätter werden. Die wachsartigen, langlebigen, wohlriechenden und etwa 6 cm großen Blüten sind in 2 Reihen gegeneinander angeordnet. Die abstehenden, zungenförmigen Sepalen und Petalen sind grünlich weiß. Die nach oben ragende, fast runde oder breit eiförmige Lippe ist elfenbeinfarben (= *eburneum*) und zum Schlund hin grün angelaufen. Am oberen Rand hat die Lippe eine kurze, scharfe Spitze und von dort bis zum Schlund eine schmale Erhöhung. Der dünne, bis 10 cm lange Sporn besitzt eine grünliche Spitze.

Blütezeit Spätherbst, Winter (November bis Januar).

Heimat Madagaskar; in Küstennähe bis 400 m Höhe.

Angraecum erectum
Summerh. W

Der aufrechte (= *erectum*), manchmal leicht gebogene Stamm wird bis zu 0,5 m hoch und trägt zahlreiche 8 bis 10 cm lange, fleischige Blätter, die an der Spitze ungleich 2lappig sind. Zwischen den Blättern wachsen viele Luftwurzeln. In den Blattachseln direkt am Stamm erscheinen gleichzeitig mehrere, jedoch meist einzeln stehende, stark

Angraecum eburneum (1,3 × nat. Gr.)

Angraecum leonis (6/7 nat. Gr.)

duftende Blüten. Sie sind etwa 1,5 cm groß, fleischig und ihre Lippen zeigen nach oben. Die Blütenfarbe variiert von weiß bis fahlgelb oder ocker. Der schlanke Sporn ist schwach gebogen.
Blütezeit Das ganze Jahr.
Heimat Kenia, Uganda, Tansania, Sambia.

Angraecum leonis
(Rchb. f.) Veitch W

Die fast stammlose Pflanze trägt nur sehr wenige, ziemlich fleischige Blätter. Die 12 bis 25 cm langen, sichelförmig gebogenen Blätter entspringen dicht nacheinander senkrecht am Stamm. Die kräftige, schräg nach oben ragende Infloreszenz trägt 3 bis 6 kurz gestielte, langlebige und duftende Blüten von etwa 7 cm Durchmesser. Die lanzettförmigen, spitz zulaufenden und zurückgebogenen Petalen und Sepalen haben weiße bis gelbliche Farbe und sind etwa 4 cm lang. Die Petalen sind etwas breiter als die Sepalen. Die muschelförmige, etwa 4 cm lange und weiße Lippe endet vorne in einem kleinen, spitzen Lappen und geht hinten über in einen bis zu 15 cm langen und grünlichen Sporn von fragezeichenähnlicher Form.
Blütezeit Winter, Frühjahr (Januar bis April).
Heimat Madagaskar, Komoren.

Angraecum sesquipedale
Thou. W

Der kräftige, unten holzige und oben dicht beblätterte Stamm erreicht eine Höhe von etwa 1 m und ist mit starken Wurzeln besetzt. Die bläulich grünen, derben und riemenförmigen Blätter sind 2zeilig angeordnet und bis zu 30 cm lang und etwa 4 bis 5 cm breit. Die horizontal stehende und etwas herabhängende Infloreszenz von etwa Blattlänge trägt längs des Stengels bräunliche Brakteen und an der Spitze 2 bis 4 wachsartige, duftende Blüten von schöner elfenbeinweißer Farbe. Die etwa 3 bis 4 Wochen haltenden Blüten haben ohne Sporn einen Durchmesser von etwa 12 bis 15 cm. Alle Blütenblätter bilden zusammen einen 6strahligen Stern, so daß diese Art in ihrer Heimat der »Stern von Madagaskar« genannt wird. Die Sepalen und Petalen besitzen eine breite Basis und laufen zur Spitze schmal zu. Die etwas breitere Lippe hat ebenfalls eine länglich dreieckige Form, wobei das Gynostemium etwas umfaßt wird und die Seitenränder an der Spitze hochgeschlagen sind. Am Fuße der Lippe unterhalb des kurzen, dicken Gynostemiums befindet sich eine kleine Längsschwiele. Der gelblich grüne, fadenförmige Lippensporn hängt mit seiner erstaunlichen Länge von fast 40 cm *(sesquipedale* = 1$\frac{1}{2}$ Fuß lang) herab und ist an der Spitze leicht umgebogen. Am Sporngrund befindet sich der Nektar, der nur von einem Nachtschmetterling mit entsprechend langem Saugrüssel erreicht werden kann.

Angraecum sesquipedale (1/2 nat. Gr.)

Der bekannte britische Naturforscher Charles R. Darwin (1809 bis 1882) sagte 1862 einen solchen Blütenbestäuber voraus. Er wurde aber erst 1903 wirklich entdeckt und erhielt dann den Namen *Xanthopan morgani »praedicta«* (= vorausgesagt).
Blütezeit Meist Winter (Dezember bis Februar).
Heimat Madagaskar; in Höhen bis zu 100 m.

Catasetum Kunth ex L. C. Rich.
Tr. Cymbidieae Subtr. Catasetinae

Etymologie Griechisch *kata* = abwärts, lateinisch *seta* = Borste; wegen der zwei abwärts gerichteten »Borsten« am Gynostemium.
Beschreibung Zu dieser Gattung gehören etwa 100 Arten, die alle im mittel- oder südamerikanischen Raum zu Hause sind. Durch zwei charakeristische Eigenarten hebt sich diese Gattung von den meisten anderen Orchideengattungen ab: 1. Alle Arten bilden eingeschlechtliche Blüten (mit getrennten und völlig verschieden aussehenden männlichen und weiblichen Blüten), und 2. besitzen die männlichen Blüten einen speziellen Schleudermechanismus zur Sicherstellung der Pollinien-Übertragung. Interessant ist, daß jede Pflanze beide Blütenarten hervorbringen kann; ob männliche oder weibliche Blüten gebildet werden, hängt wahrscheinlich von unterschiedlichen äußeren Einflüssen (wie Temperatur und Licht) ab. Allerdings überwiegt die Zahl der männlichen Blüten, die auch meist attraktiver aussehen als die weiblichen. Die Cataseten besitzen große, fleischige Pseudobulben, die rundlich, konisch oder spindelähnlich geformt sind; sie sind beim Austrieb von den Blattschei-

den verdeckt. Die großen, stark längsgenervten Blätter stehen zu mehreren im Bereich der Pseudobulbenspitze. Mit Beginn der Ruhezeit werden sie abgeworfen. Die meist hängende Infloreszenz erscheint seitlich an der Pseudobulbenbasis und ist wenig- bis vielblütig. Die männlichen Blüten sind schalen- bis schwach sackförmig gestaltet und an den Rändern meistens gefranst oder gezähnt. Das Gynostemium mit steriler Narbe trägt am Fuß 2 borstenartige Fortsätze, die bei Berührung durch eine die Blüte besuchende Biene das Ausschleudern der Pollinien mit anschließendem Festkleben auf dem Insektenkörper veranlassen. Man hat beobachtet, daß nur männliche Bienen die Blüten besuchen und durch Untersuchungen weiterhin festgestellt, daß die männliche *Catasetum*-Blüte einen Sexuallockstoff abgibt. Wenn die Biene mit den angeklebten Pollinien eine weibliche Blüte besucht, so werden diese an der fruchtbaren Narbe abgestreift. Zu diesem Zweck ist die weibliche Blüte nicht resupiniert, d. h. ihre schuh- bis helmförmige Lippe ragt nach oben. Ganz selten treten zwittrige Blüten auf.
Kultur Die *Catasetum*-Arten pflegt man am besten in einem temperierten bis warmen Kulturraum. Vor allem während der Wachstumszeit im Sommer benötigen sie Wärme und viel Feuchtigkeit. Sie sind jedoch äußerst empfindlich gegen Staunässe, so daß der Pflanzstoff sehr gut luftdurchlässig sein muß. Es bietet sich der übliche Epiphytenpflanzstoff mit ganz wenig Harttorf an. Neben Topfkultur ist bei Arten mit herabhängenden Blütentrauben auch Korbkultur oder das Aufbinden auf entsprechend große Korkstücke mit Pflanzstoff oder auf Baumfarnbretter empfehlenswert. Obwohl kurzzeitig Sonne vertragen wird, ist ein leicht schattierter Platz vorzuziehen. Nach

111

Catasetum fimbriatum (1,5 × nat. Gr.)

dem Blattfall, wenn die Pseudobulben ausgereift sind und die Ruhezeit beginnt, kann man die Pflanzen temperiert halten, mit möglichst wenig Wassergaben. Die Cataseten blühen meist dann, wenn der Neutrieb ausgewachsen ist, und seltener aus der bereits blattlosen Pseudobulbe. Soll beim Umpflanzen im zeitigen Frühjahr eine Pflanze geteilt werden, so ist darauf zu achten, daß mindestens 2 (besser 3) Pseudobulben beisammenbleiben, damit die Neutriebe nicht zu schwach werden.

Catasetum barbatum
(Lindl.) Lindl. T/W

Die spindelförmigen Pseudobulben erreichen eine Länge von 10 bis 15 cm. Die 2zeilig angeordneten, lanzettförmigen Blätter werden 25 bis 40 cm lang, wobei sie nach unten hin kürzer sind als im Gipfelbereich. Der bis 45 cm lange Blütenschaft hängt bogig herab und trägt 10 bis 15 Blüten in lockerer Anordnung. Die fleischigen, duftenden, männlichen Blüten von etwa 5 cm Durchmesser besitzen schmal längliche, zugespitzte Sepalen und Petalen, die grün und braun gebändert sind. Die nach unten gerichtete, weißliche bis rosa angehauchte, etwa 1,5 cm große Lippe hat in der Mitte eine sackförmige Vertiefung und ist am gesamten Rand sehr stark bärtig (= *barbatum*) zerfranst. Das 2 cm lange, kräftige Gynostemium trägt die 2 antennenartigen und sehr berührungsempfindlichen Anhängsel. Die weiblichen Blüten sind etwas kleiner und von einheitlich grünlicher Farbe. Die lanzettförmigen Sepalen und Petalen sind nach hinten umgeschlagen. Die Lippe ist stark sackähnlich ausgehöhlt und am Rand leicht zurückgerollt.
Blütezeit Frühjahr (April bis Juni).
Heimat Kolumbien bis Brasilien.

Catasetum fimbriatum
(Morr.) Lindl. T/W

Diese Art besitzt etwa 15 cm lange Pseudobulben mit 4 bis 8 lanzettlichen Blättern, die bis 50 cm lang und etwa 8 cm breit werden. Die lockerblütige Blütentraube ist bogig überhängend und trägt 6 bis 15 Blüten mittlerer Größe. Die etwa 6 cm großen und duftenden, männlichen Blüten haben eine gelblich grüne Grundfarbe und mit Ausnahme des Lippenrandes eine feine purpurne Fleckung. Die Lippe kann auch rein gelb sein. Von den lanzettförmigen und zugespitzten Sepalen sind die seitlichen waagerecht ausgestreckt, während die mittlere und die elliptischen und ebenfalls zugespitzten Petalen hinter dem 2,5 cm langen Gynostemium nebeneinander nach oben stehen. Die breit herzförmige und am Rand stark gefranste (= *fimbriatum*) Lippe hat einen Durchmesser von etwa 4 cm. Das Gynostemium besitzt in der Basisgegend die 2 berührungsempfindlichen Antennen. Die weniger attraktiven, weiblichen Blüten sind einheitlich gelblich grün gefärbt. Die länglich ovalen Sepalen und Petalen sind halbkreisförmig nach unten gerichtet. Die helmförmige Lippe steht nach oben und ist am Rand leicht zurückgeschlagen.
Blütezeit Frühjahr, Sommer (April bis September).
Heimat Venezuela bis Argentinien und Brasilien.

Catasetum saccatum
Lindl. T/W

Die schlank kegelförmigen, 10 bis 20 cm langen Pseudobulben tragen im Gipfelbereich etwa 5 bis 6 lanzettförmige Blätter von 20 bis 30 cm Länge und etwa 5 cm Breite. Der bis 50 cm lange und purpurn gefärbte Blütenschaft erscheint meist an der Pseudobulbenbasis und steht schräg nach oben oder ist etwas überhängend. Die bis zu 10 Blüten stehen locker, wobei manchmal pro Blütentraube männliche und weibliche Blüten gemischt sind. Die männlichen, etwa 8 cm großen Blüten variieren in ihrer Farbe und Lippenform sehr stark, so daß einige Varietäten beschrieben wurden. Die schmal lanzettlichen Sepalen und Petalen sind bräunlich und grün marmoriert oder gelblich und stark braun gefleckt. Die mittlere Sepale und die Petalen stehen nach oben, die seitlichen Sepalen stehen seitlich ab und sind etwas nach vorne gebogen. Die grünliche oder bräunliche, 3lappige und gefranste Lippe ist stark zurückgeschlagen und besitzt in der Mitte eine stark ausgeprägte, nach unten weisende, sackartige (= *saccata*) Vertiefung. Das gelblich grüne, etwa 6 cm lange Gynostemium trägt über der Lippenbasis 2 gekreuzte, antennenartige Anhängsel, die bei Berührung die Pollinien explosionsartig wegschleudern. Die etwas kleineren, weiblichen Blüten sind nicht resupiniert, so daß die dominierende, helmartige, etwa 3 cm große Lippe oberhalb des 1 cm langen Gynostemiums sich befindet. Die Blütenfarbe ist hellgrün. Die schmal lanzettlichen Sepalen und Petalen von etwa 3 cm Länge sind halbkreisförmig nach unten angeordnet.

Blütezeit Meist Herbst (September bis Dezember).

Heimat Venezuela bis Peru und Brasilien; im Bereich von 0 - 1700 m Höhe.

Cymbidium Sw.
Tr. Cymbidieae
Subtr. Cymbidiinae

Etymologie Griechisch *kymbos* = Boot, Kahn; wegen der kahnartig gewölbten Lippe.

Beschreibung Diese in Kultur sehr bekannte Gattung enthält etwa 50 Ar-

ten, die sowohl terrestrisch oder lithophytisch als auch epiphytisch vorkommen. Charakteristisch sind die meist ovalen Pseudobulben, die ziemlich lange, derbe und riemenförmige Blätter an der Spitze tragen. Die Blütentrauben mit ihren mittelgroßen bis sehr großen Blüten erscheinen am Fuße der Pseudobulben und sind leicht gebogen oder manchmal hängend. Die wachsartigen

Cymbidium-Hybride (3/4 nat. Gr.)

und sehr dauerhaften Blüten bestehen aus den gleich aussehenden, abstehenden Sepalen und Petalen sowie aus der meist andersfarbigen, nach vorn ragenden, 3lappigen Lippe. Das Verbreitungsgebiet erstreckt sich vom Himalajagebiet über Hinterindien, Südchina, Japan und Indonesien bis nach Australien. Während reine Naturarten nicht sehr oft in Kultur sind, gibt es über tausend künstliche Hybriden, unter denen der Orchideenliebhaber wählen kann. *Cymbidium*-Hybriden in den mannigfaltigsten Blütenfarben kann man heute schon als Schnittblumen in fast jedem Blumengeschäft sehen und kaufen. Die schönen großen Blütenrispen halten auch abgeschnitten relativ lange.

Kultur Die meisten *Cymbidium*-Arten werden wie halb-terrestrische Pflanzen kultiviert, auch wenn sie z. T. in der Natur epiphytisch wachsen. Die stark wurzelnden Cymbidien benötigen einen verhältnismäßig großen Topf, damit die Wurzeln genügend Platz haben und eine gute Dränage, damit nicht die Wurzeln in dauernder Nässe stehen. Für die Arten mit hängender Infloreszenz sind auch Holzkörbe geeignet. Als

Pflanzstoff hat sich der übliche Epiphytenpflanzstoff mit Zusatz von kieseligem, weißem Sand bewährt. Auch reiner, aufgekalkter Brockentorf kann verwendet werden. Während der Wachstumsperiode im Sommer brauchen die Cymbidien viel Wasser und Luftfeuchtigkeit. Wenn die neuen Pseudobulben ausgewachsen sind, werden sie trockener und kühler gehalten. Diese Ruheperiode beträgt mehrere Wochen und dient zur Blüteninduktion. Auch während dieser Zeit ist gelegentlich zu gießen, damit die Pseudobulben und Blätter nicht schrumpfen bzw. welken. Sobald die Blütentriebe gut sichtbar sind, wird wieder regelmäßig und normal viel gegossen. Direkte, starke Sonneneinstrahlung vertragen die Blätter nicht besonders gut, so daß ein schattiger, aber möglichst heller Standort gewählt werden sollte. Die meisten *Cymbidium*-Arten und so auch die nachfolgend aufgeführten, benötigen während des Wachstums temperierte Bedingungen und in der übrigen Zeit kühle Bedingungen. Es empfiehlt sich, die Pflanzen den Sommer über bis zum Herbst auf dem Balkon oder auch ent-

sprechend schattiert (durch einen Baum) im Garten unterzubringen. Einige kühle Nächte im Herbst, in denen jedoch kein Frost auftreten darf, sind sogar günstig zur Blütenbildung. Bis zur Blüte im Frühjahr sind sie in einen kühlen Raum zu stellen. Nur die *Cymbidium*-Arten aus Indonesien und Australien benötigen immer warme Kulturbedingungen. Das Umpflanzen erfolgt bei Bedarf nach dem Abblühen im Frühjahr. Aus den abgetrennten Rückbulben lassen sich dann neue Pflanzen ziehen.

Cymbidium devonianum
Paxt. K/T

Diese Art, die nach dem Herzog von Devonshire benannt ist, besitzt kleine Pseudobulben, die durch sie umgebende Blätter meist verdeckt sind. Die 3 bis 5 Blätter pro Neutrieb sind etwa 20 bis 35 cm lang, ziemlich breit und an der Spitze abgerundet. Der Blütenstand erreicht mit seinem kräftigen Stiel eine Länge von etwa 30 cm. Er ist dicht vielblütig (bis 10 Blüten) und hängt der Länge nach herab. Die derben Blüten von etwa 3 cm Durchmesser bestehen aus den länglich, eiförmigen, olivgrünen bis hellbraunen und violett gepunkteten oder gestreiften Sepalen und Petalen sowie aus der fleischigen, breit eiförmigen Lippe, die eine hell- bis dunkelviolette Farbe hat und auf den beiden Seitenlappen je einen ganz dunkelvioletten Flecken besitzt. Das nach vorne gebogene Gynostemium ist gelblich.

Blütezeit Frühjahr, Sommer (April bis Juli).

Heimat Himalajagebiet; in etwa 1500 - 2300 m Höhe.

Cymbidium devonianum (1,5 × nat. Gr.)

114

Cymbidium eburneum
Lindl. K/T

Die kaum sichtbaren Pseudobulben werden von den umgebenden Blättern verdeckt. Je Neutrieb wachsen 9 bis 15 hellgrüne, zugespitzte Blätter von 40 bis 60 cm Länge und etwa 1,5 cm Breite. Der aufrechtstehende Blütenschaft ist etwa 30 cm lang und trägt nur 1 bis 3 angenehm duftende und wachsartige Blüten von etwa 8 cm Durchmesser; sie sind elfenbeinfarben (= *eburneum*). Die Sepalen sind länglich bis eiförmig und zugespitzt. Die Petalen sind etwas schmaler als die Sepalen und oft sichelförmig gebogen. Die breit eiförmige Lippe ist 3lappig, wobei die Seitenlappen nach oben und leicht nach innen bis zum Gynostemium gebogen sind. Der Mittellappen ist gekräuselt und am Rand gewellt und besitzt eine gelbe Schattierung in der Mitte mit oftmals violetten Punkten. Das keulenförmige Gynostemium ist weißlich mit violetter Färbung. Diese Art wurde zu vielen Kreuzungen verwendet.

Blütezeit Winter, Frühjahr (Januar bis Mai).

Heimat Himalajagebiet, Birma, China (Yunnan); bis in etwa 1700 m Höhe.

 ## Cymbidium floribundum
Lindl. K/T

(Syn.: *Cymbidium pumilum* Rolfe)

Die eiförmigen, dicht zusammenstehenden Pseudobulben werden etwa 2,5 cm hoch. Die 3 bis 5 stark gebogenen, riemenförmigen und zugespitzten Blätter erreichen eine Länge von 15 bis 30 cm. Der ziemlich aufrecht wachsende, reichblühende (= *floribundum*) Blütenstand ist am Grunde von ein paar kurzen, länglichen Scheidenblättern umgeben und ist kürzer als die Blätter. Die lange haltenden, etwa 3 cm großen Blüten bestehen aus den rötlich braunen und gelb umrandeten Sepalen und Petalen sowie aus der weißen Lippe, die mehr oder weniger große rötlich braune Flecken trägt. Zum Schlund hin ist die Lippe leuchtend gelb und besitzt dort 2 schwach ausgebildete Erhöhungen in Längsrichtung. – Dieses im Vergleich zu anderen Arten zwergenhafte (= *pumilum*) Cymbidium verwendet man zur Züchtung der sog. Miniatur-Cymbidien, wobei selbst diese Hybriden noch ziemlich groß sind.

Blütezeit Spätsommer (August, September).

Heimat China, Taiwan; in Höhen von 1500 - 2500 m.

Cymbidium lowianum
Rchb. f. K/T

Diese Art hat ihren Namen nach der englischen Firma Low, in deren Treibhäusern sie das erste Mal in Europa im Jahre 1879 erblühte. Die eiförmigen, etwas zusammengepreßten, 10 bis 15 cm langen Pseudobulben werden von den zahlreichen Blättern umgeben. Die riemenförmigen, lederigen und zugespitzten Blätter erreichen eine Länge von 75 cm und mehr. Der kräftige, leicht gebogene und überhängende Blütenschaft trägt am Ende 10 bis 25 Blüten und wird insgesamt etwa so lang wie die Blätter. Die 2 bis 3 Monate haltbaren Blüten haben einen Durchmesser von etwa 8 bis 10 cm. Die abstehenden Sepalen und etwas schmaleren Petalen sind gelblich grün mit mehr oder weniger vielen bräunlichen Streifen und haben eine länglich ovale Form mit zugespitzten Enden. Die 3lappige, nach vorn ragende Lippe besitzt ovale, nach oben stehende Seitenlappen mit rötlich gelbem Saum. Der Mittellappen ist drei-

Cymbidium lowianum (4/5 nat. Gr.)

eckförmig mit abgerundeter, vorderer Spitze, nach unten gebogen und am Rand leicht gewellt. Sein Vorderteil ist leuchtend scharlachrot, zum Grunde hin ist der Mittellappen gelblich weiß.

Blütezeit Winter, Frühjahr (Februar bis Juni).

Heimat Birma, China (Yunnan), Thailand; bis 2400 m Höhe.

 ## Cymbidium tigrinum
Par. K/T

Die eiförmigen, dicht zusammenstehenden Pseudobulben erreichen eine Länge von 2,5 bis 3 cm. Die 3 bis 5 leicht gebogenen, riemenförmigen und zugespitzten Blätter sind 8 bis 15 cm lang und etwa 2 cm breit. Der schlanke, bis 20 cm lange Blütenstand wächst aufrecht oder schwach gebogen und trägt locker 3 bis 6 Blüten, die 6 bis 9 cm Durchmesser erreichen. Die zungenförmigen und zugespitzten Sepalen und Petalen sind olivgrün mit roten Punkten zur Basis hin. Die Lippe ist 3lappig und besteht aus den rundlichen, aufrechten Seitenlappen, die gelb sind mit breiten, rotbraunen Streifen, sowie aus

115

dem ovalen, spitz zulaufenden, nach unten gebogenen und weiß gefärbten Mittellappen mit kurzen purpurbraunen Querstreifen, was wie getigert (= *tigrinum*) aussieht. Das Gynostemium ist

nach vorne gebogen und hat eine olivgrüne Färbung mit roten Punkten.
Blütezeit Frühjahr (Mai, Juni).
Heimat Birma; auf Felsen in 1700 bis 2700 m Höhe.

Cymbidium Mary Pinchess K/T

Diese Miniatur-Hybride wurde 1960 angemeldet und ist über 8 Generationen aus 8 Arten herangezogen worden. In der letzten Generation wurde *Cym. floribundum* eingekreuzt – so daß diese Art zu 50 % enthalten ist –,

um die Pflanzengröße zu reduzieren. Es ist zu vermuten, daß die schöne gelbe Grundfarbe aus der Mischung von *Cym. lowianum* (grün) und *Cym. eburneum* (gelblich weiß) herrührt. Weitere Kreuzungspartner sind *Cym. insigne, Cym. grandiflorum* und andere *Cymbidium*-Arten, jedoch mit sehr geringem Anteil. (nat. Gr.)

Bifrenaria Lindl. Tr. Maxillarieae Subtr. Lycastinae

Etymologie Lateinisch *bi..* = zwei.., lateinisch *frenum* = Zaum, Zügel; die 4 Pollinien sitzen getrennt auf 2 Stielchen.

Beschreibung Diese Gattung besteht insgesamt aus etwa 10 Arten, die alle in Südamerika, vor allem in Brasilien, ihre Verbreitung haben. Die eiförmigen Pseudobulben stehen dicht gedrängt und tragen ein Laubblatt. Die meist wenigen, relativ großen Blüten erscheinen an der Basis der Pseudobulben.

Kultur Als Epiphyten lassen sich alle Arten gut in der üblichen Epiphytenpflanzstoff-Mischung in Töpfen oder Gitterkörben halten. In der Wachstumsperiode benötigen sie einen temperierten bis warmen und hellen Standort. Während dieser Zeit ist auch ausreichend zu gießen und eine möglichst hohe Luftfeuchtigkeit von Vorteil. Wegen der dünnen, empfindlichen Blätter ist das Spritzen zu vermeiden. Nach dem Ausreifen der neuen Pseudobulbe sollte zur Blüteninduktion eine mehrere Wochen anhaltende Ruhezeit ohne viel Wasser und unter temperierten und schattigen Bedingungen eingehalten werden. Das Umpflanzen ist möglichst selten vorzunehmen, da die Pflanzen diese Störung nicht sehr gut vertragen.

Bifrenaria atropurpurea Lindl. T/W

Die eiförmigen, 4kantigen Pseudobulben von etwa 6 cm Länge tragen ein lanzettliches, bis 25 cm langes und 10 cm breites Einzelblatt. Die bis 8 cm lange, 3- bis 5blütige Infloreszenz ist meist leicht gebogen. Die wohlriechenden, etwa 5 cm großen, dunkelvioletten

(= *atropurpurea*) Blüten sind nach oben gerichtet. Die ovalen Sepalen sind knapp 3 cm lang und 1,5 cm breit; mit den Petalen zusammen ergibt sich eine leichte Glockenform. Die seitlichen Sepalen bilden an der Basis ein spornartiges Kinn. Sepalen und Petalen sind in der Mitte zur Basis hin schwach ockergelb gefärbt. Die rosafarbene, etwa 2,5 cm lange Lippe ist vorne an den Seiten nach unten gewellt; ihre beiden Seitenlappen stehen nach oben zum Gynostemium.

Blütezeit Sommer (Juni, Juli).
Heimat Brasilien.

Bifrenaria harrisoniae
(Hook.) Rchb. f. T/W

Die dicht gedrängt wachsenden Pseudobulben dieser (nach den Orchideen sammelnden Brüdern Harrison benannten) Art sind breit eiförmig, 4kantig, werden 5 bis 8 cm hoch und etwa 3 cm im Durchmesser; ihre Farbe ist grün mit rotbrauner Tönung zur Spitze hin. Die glänzenden, länglich elliptischen und spitz zulaufenden Blätter erreichen eine Länge bis zu 30 cm und eine Breite bis zu 12 cm. Am Fuße der zuletzt gewachsenen Pseudobulbe erscheinen die 1 bis 2 Blüten an einem etwa 5 cm hohen Blütenstiel. Die wachsartigen, stark duftenden, lange haltbaren und attraktiven Blüten haben eine Größe von etwa 8 cm. Das spornartige Kinn wird von den seitlichen Sepalen gebildet und ist etwa 3 cm lang. Die ovalen Petalen und Sepalen sind elfenbeinfarben und zu den Spitzen hin gelbgrün oder rötlich angehaucht. Die 3lappige Lippe hat weinrote Farbe mit dunkelroter Aderung und ist ein wenig behaart. In der Mitte befindet sich eine behaarte, orangegelbe Schwiele. Der halbrunde Mittellappen hat vorne eine

Bifrenaria harrisoniae (1,5 × nat. Gr.)

Kerbe und ist am Rande leicht gewellt. Die beiden Seitenlappen umschließen seitlich das weiße, nach vorn verdickte Gynostemium.

Blütezeit Frühjahr (März bis Mai).
Heimat Brasilien.

Lycaste Lindl.
Tr. Maxillarieae Subtr. Lycastiinae

Etymologie Benannt nach der schönen Tochter Lykaste des griechischen Königs Priamos.

Beschreibung Die etwa 35 Arten dieser Gattung sind meist epiphytische Orchideen mit fast eiförmigen, manchmal abgeplatteten Pseudobulben. Die großen, verhältnismäßig dünnen und gefalteten Blätter werden jährlich abgeworfen. Die ansehnlichen Blüten erscheinen meist einzeln an Blütenstielen, die an der Basis der älteren Pseudobulben hervorsprießen. Im Verhältnis zu den großen Sepalen, die das Blütenbild beherrschen, ist die Lippe ziemlich klein. Die Petalen stehen meist parallel zum Gynostemium nach vorn und haben eine andere Farbe als die Sepalen. Die *Lycaste*-Arten sind in den Gebirgsgegenden der amerikanischen Tropen von Mexiko bis Brasilien verbreitet.

Kultur Während die *Lycaste*-Arten in der Natur sowohl in Meereshöhe als auch in höheren Bergregionen vorkommen und somit der Temperaturbereich groß ist, vertragen sie in Kultur temperierte Bedingungen am besten. Während der Ruhezeit, in der nur so viel gegossen wird, daß die Pseudobulben nicht schrumpfen, schadet auch ein etwas kühlerer Standort nicht. Alle Lycasten wollen zwar hell, aber nicht direkt im Sonnenlicht stehen. Außerdem be-

117

nötigen sie reichliche Luftbewegung für ihr Gedeihen. In der Vegetationszeit bis zum Blattabwurf ist regelmäßig und ausreichend zu gießen; das Gießwasser muß jedoch abfließen können. Als Pflanzstoff für die Topfkultur wird meistens ein Gemisch aus Laub- und Gartenerde (mit gehacktem Buchenlaub) und Epiphytenpflanzstoff benutzt, wie es auch für terrestrische Orchideen Verwendung findet. Die beste Umtopfzeit ist nach dem Verblühen.

Lycaste aromatica Lindl. T

Die 6 bis 8 cm hohen, eiförmigen und flachen Pseudobulben sind am Grunde von Hüllblättern umgeben und bilden Furchen im Alter. Die 1 bis 2 Blätter pro Pseudobulbe werden 25 bis 40 cm lang und bis 10 cm breit; sie sind lanzettför-

Lycaste aromatica (nat. Gr.)

mig, gefaltet und zugespitzt. Die 1blütigen Blütenstiele erscheinen meist zu mehreren, stehen aufrecht und werden 10 bis 15 cm lang. Sie tragen eine wachsartige, würzig (= *aromatica*) nach Zitrone duftende Blüte von etwa 6 bis 8 cm Durchmesser. Die ei- bis ellipsenförmigen, etwa 3 cm langen Sepalen haben eine grünlich gelbe Farbe und stehen radial ab. Die etwas kürzeren, elliptischen Petalen sind leuchtend orangegelb, stehen waagerecht nach vorne und sind an der Spitze nach oben gebogen. Die 3lappige Lippe besitzt aufrechte, längliche Seitenlappen und einen rundlichen, nach unten umgebogenen und am Rand gewellten Mittellappen, der manchmal mit einer zungenförmigen Spitze versehen ist. Die Lippe ist orangegelb und leicht rot punktiert und trägt in der Mitte eine gefurchte Schwiele.

Blütezeit Meist Frühjahr (März bis Mai).
Heimat Mexiko bis Honduras; in Höhen bis 1200 m.

Lycaste cruenta Lindl. T

Die länglich eiförmigen, zusammengedrückten Pseudobulben von etwa 10 cm Länge sind mit Hüllblättern umgeben und im Alter gefurcht, sie tragen 1 bis 2 Blätter, die eine ellipsenähnliche und zugespitzte Form haben. Die Blätter erreichen eine Länge von 10 bis 35 cm und eine Breite von etwa 12 cm. Die etwa 15 cm langen Blütenschäfte wachsen zu mehreren an der Basis einer Pseudobulbe und tragen je eine 8 bis 9 cm große, duftende und langlebige Blüte. Die länglich elliptischen, etwas umgebogenen Sepalen sind gelblich grün. Die breit elliptischen, parallel zum Gynostemium stehenden Petalen sind gelb bis orangegelb und am Grunde rot gefleckt. Die Lippe hat eine gelbe Grundfarbe mit dunkelbraunen Tupfen und mit einem blutroten (= *cruenta*) Fleck an der Basis. Die kleinen, rundlichen Seitenlappen der 3lappigen Lippe stehen aufrecht. Der breit eiförmige, an der Spitze manchmal eingekerbte Mittellappen ist gebogen und am Rand gekräuselt und besitzt eine kleine, keilförmige Schwiele. Das Gynostemium ist gelb.

Blütezeit Meist Frühjahr (März bis Mai).
Heimat Mexiko, Guatemala, El Salvador; in Höhen bis 2200 m.

Lycaste deppei Lindl. T

Diese Art wurde nach dem Orchideensammler Deppe benannt.
Die zusammengedrückten, eiförmigen Pseudobulben sind 8 bis 10 cm lang, etwa 5 cm dick sowie von dünnen, getrockneten Hüllblättern umgeben. Die bis zu 40 cm langen und 10 cm breiten Blätter sind lanzettförmig, zugespitzt und sitzen zu zweit oder dritt an der

Spitze einer Pseudobulbe. Die meist gleichzeitig zu mehreren erscheinenden, aufrecht stehenden Blütenschäfte werden etwa 15 cm lang und tragen eine duftende, langlebige Blüte von 8 bis 10 cm Durchmesser. Die ausgebreiteten, elliptischen und zugespitzten Sepalen sind blaßgrün und dicht rot bis rotbraun gefleckt. Die waagerecht stehenden, konkav gebogenen und an der Spitze umgeschlagenen Petalen haben eine rein weiße Farbe. Die Lippe ist leuchtend gelb und rot gepunktet. Die 3lappige Lippe besitzt längliche und abgestumpfte Seitenlappen, die das Gynostemium röhrenförmig umschließen. Der länglich eiförmige bis länglich dreieckige Mittellappen ist nach unten gebogen, am Rand leicht gewellt und besitzt in der Mitte zur Basis hin eine kleine, gefurchte Schwiele.

Blütezeit Meist zweimal im Jahr (Frühjahr und Herbst).
Heimat Mexiko, Guatemala, El Salvador; in Höhen bis 1700 m.

Lycaste longipetala
(Ruiz et Pav.) Garay `T`

(Syn.: *Lycaste gigantea* Lindl.)

Diese Art besitzt eiförmige, zusammengedrückte Pseudobulben von 10 bis 12 cm Länge und gestielte, lanzettförmige Blätter von 40 bis 60 cm Länge und etwa 8 cm Breite, die zu zweit oder dritt an einer Pseudobulbe sitzen, und ziemlich derb sind. Der etwa 30 cm lange, aufrechte Blütenschaft trägt eine wachsartige, duftende Blüte von etwa 15 bis 17 cm Breite. Die lanzettförmigen, zugespitzten Sepalen sind etwa 10 cm lang, von denen die seitlichen meist sichelförmig gebogen sind. Die ähnlich aussehenden Petalen sind mit 8 cm Länge relativ lang (= *longipetala*). Petalen und Sepalen haben eine oliv-

braune Farbe. Die 3lappige, etwas nach unten hängende Lippe besteht aus den kurzen, eiförmigen Seitenlappen und aus dem ovalen, am Rand fein gezähnten Mittellappen. Die Lippe ist ockerbraun und in der Mitte violett. Das Gynostemium ist weißlich.

Blütezeit Meist Sommer (Juni, Juli).
Heimat Ekuador, Peru, Kolumbien und Venezuela; in Höhen bis 2000 m.

Lycaste skinneri
(Batem. ex Lindl.) Lindl. `T`

(Syn.: *Lycaste virginalis* (Scheidw.) Lindl.)

Diese bekannteste Art wurde nach dem Pflanzensammler G. Ure-Skinner benannt. Die eiförmigen, bis 8 cm hohen und 4 cm breiten Pseudobulben sind 2- bis 3blättrig und stehen dicht aneinander. Die gefalteten, lanzettförmigen Blätter werden 30 bis 50 cm lang und 10 bis 15 cm breit. Die etwa 15 cm großen Blüten stehen einzeln auf 15 bis 30 cm langen Blütenstielen, die am Fuße der Pseudobulben erscheinen. Die Blüten sind wachsartig, stark duftend und halten etwa 8 Wochen. Die länglich elliptischen Sepalen stehen abgespreizt und variieren in der Farbe von weißlich bis violettrosa. Die breit elliptischen, waagerecht nach vorne stehenden Petalen sind außen hellrosa und innen rötlich violett und umschließen das weiße, rot gefleckte Gynostemium. Die 3lappige Lippe ist weißlich bis gelblich, rötlich violett gefleckt oder geadert und zur Basis hin dunkelpurpur. Der Mittellappen hängt vorne nach unten und trägt in der Mitte eine gelbe Schwiele. Das 3 cm lange Gynostemium ist an der Basis dunkelviolett und zur Spitze hin weißlich gefärbt.
Äußerst selten tritt in der Natur die Albino-Form auf, die rein weiße Blüten

Lycaste deppei (nat. Gr.)

mit gelblichem Schlund besitzt; dies ist die Nationalblume von Guatemala und wird dort als *Monja Blanca* (Weiße Nonne) bezeichnet.
Blütezeit Herbst, Winter (Oktober bis März).
Heimat Mexiko (Chiapas), Guatemala bis Honduras; in Höhen bis 2000 m.

Maxillaria Ruiz et Pav.
Tr. Maxillarieae
Subtr. Maxillariinae

Etymologie Lateinisch *maxilla* = Kinnbacken; nach der Form der Lippenbasis.
Beschreibung Von den etwa 300 *Maxillaria*-Arten kommen die meisten epiphytisch und nur ganz wenige lithophytisch vor. Das Verbreitungsgebiet erstreckt sich von Süd-Florida, Mexiko und den Antillen bis nach Argentinien und Brasilien. Aufgrund dieser weiten Verbreitung sind auch die beträchtlichen Unterschiede bezüglich Habitus und Größe verständlich. Grob lassen

Maxillaria cucullata (1,8 × nat. Gr.)

sich zwei Gruppen unterscheiden. Die eine Gruppe besitzt deutlich sichtbare Pseudobulben, die mehr oder weniger dicht dem kriechenden Rhizom entspringen. Bei manchen Arten wächst das Rhizom aufrecht, so daß die Pseudobulben übereinanderstehen. Bei der anderen Gruppe sind die Pseudobulben kaum sichtbar oder nicht vorhanden. Diese Arten haben entweder aufrechte Stämme mit 2zeiliger Beblätterung oder, in wenigen Fällen, stengellose Blattbüschel in Fächerform, ähnlich wie bei Schwertlilien (*Iris*). Bei den Maxillarien entspringt der Blütenstiel mit jeweils nur einer Blüte am Grunde der Pseudobulben bzw. in den Blattachseln. Typisch bei dieser Gattung ist die Ausbildung von Kinnbacken (daher der Gattungsname!) bei den Blüten, die vom Fuß des Gynostemiums und von der Basis der verwachsenen, seitlichen Sepalen gebildet werden. Die Sepalen und die kleineren Petalen sind länglich. Die Lippe ist meist 3lappig und leicht nach unten gebogen.

Kultur Die meisten der kultivierten *Maxillaria*-Arten und so auch die nachfolgend aufgeführten kommen aus höheren Bergregionen und benötigen daher temperierte Bedingungen. Während der Vegetationszeit im Sommer ist reichlich zu gießen. Dazu lieben sie eine ziemlich hohe Luftfeuchtigkeit, viel frische Luft und einen schattigen Platz, damit die Blätter nicht verbrennen. Zur Blüteninduktion ist eine kurze Ruhezeit förderlich. Ansonsten besitzen die Maxillarien im Winter keine ausgedehnte Vegetationsruhe; dies gilt besonders für Arten, die keine oder nur kleine Pseudobulben haben. Es ist dann etwas weniger zu gießen, ohne jedoch den Pflanzstoff stark austrocknen zu lassen. Je kleiner die Pseudobulben sind, desto mehr schadet ein übermäßiges Austrocknen. Als Pflanzstoff für die Topfkultur genügt die übliche Mischung für Epiphyten. Dabei ist auf eine ausreichende Topfdränage zu achten. Manche Arten lassen sich auch gut an Baumfarnbrettchen oder auf Rinde mit etwas Pflanzstoff kultivieren. Die meisten Maxillarien gehören zu den verhältnismäßig problemlos zu haltenden Arten.

Maxillaria cucullata
Lindl. T

Die elliptischen, etwas zusammengedrückten, 4 bis 6 cm langen Pseudobulben stehen sehr dicht beieinander und tragen ein riemenförmiges, an der Spitze abgerundetes Einzelblatt von 20 bis 40 cm Länge und 2 bis 4 cm Breite. Die Blütentriebe erscheinen zu mehreren zwischen den Scheidenblättern an der Pseudobulbenbasis. Am aufrechten, schlanken, bis 15 cm langen Stiel sitzt die etwa 5 cm große Einzelblüte. Die elliptischen bis lanzettförmigen Sepalen sind 2,5 bis 3,5 cm lang und etwa 1 cm breit; die seitlichen Sepalen stehen fast waagerecht ab. Die Petalen sind geringfügig kürzer und schmaler und bilden mit der mittleren Sepale eine kapuzenförmige (= *cucullata*) Einheit. Sepalen und Petalen haben eine gelblich bis grünliche Grundfarbe und sind dicht rotviolett bis dunkelbraun getüpfelt oder gestreift. Die 3lappige Lippe ist 1,5 bis 2 cm lang und etwa 1 cm breit; sie hat eine tief dunkelviolette oder schwarzbraune Farbe. Zwischen den kurzen, aufrecht stehenden Seitenlappen befindet sich von der Lippenbasis bis zur Lippenmitte eine Schwiele. Der länglich ovale Mittellappen ist in der Mitte leicht gefurcht. Das kräftige, 1,5 cm lange Gynostemium trägt eine leuchtend gelbe Antherenkappe.

Im Habitus fast gleich und im Blütenaussehen sehr ähnlich ist die Art *Max. meleagris* Lindl., die auch fast die gleichen Gebiete besiedelt, allerdings seltener ist und nur bis in Höhen von 1800 m vorkommt. Die seitlichen Sepalen sind schwach S-förmig gebogen und stehen schräg nach unten. Die rotviolette bis dunkelbraune Farbe auf den Sepalen und Petalen tritt nur als Tüpfelung bzw. Marmorierung auf.

Blütezeit Herbst (September, Oktober).
Heimat Mexiko bis Costa Rica; in Höhen von 2000 bis 3000 m.

Maxillaria lepidota Lindl. T

Die schmal eiförmigen Pseudobulben stehen dicht beieinander und werden 3 bis 4 cm lang; sie sind völlig von Hüllblättern umgeben. Die lederartigen, einzeln wachsenden, 25 bis 30 cm langen Blätter haben eine lanzettliche Form mit schmaler werdender Basis. Der schlanke, aufrechte Blütenstiel ist schuppenähnlich (= *lepidota*) mit Scheidenblättchen umgeben und trägt eine lange haltende, meist etwas nach unten geneigte Einzelblüte. Die schmalen, lanzettförmigen, 6 bis 10 cm langen Sepalen und die gleich geformten, aber kürzeren Petalen hängen schwanzähnlich herab. An der breiteren Basis sind die Sepalen gelb, die dünnen Schwänze sind braun. Die Petalen sind gänzlich gelb. Die längliche, zugespitzte Lippe ist am Seitenrand nach innen gebogen und hängt ebenfalls herab. Sie ist gelb und dunkelviolett gefleckt. Der vordere, dickfleischige Lippenteil ist mit feinen Härchen besetzt. Das leicht gebogene Gynostemium ist gelb.
Blütezeit Meist Spätfrühsommer, Sommer (Mai bis Juli).
Heimat Ekuador, Kolumbien, Venezuela; in Höhen von 1500 bis 2500 m.

Maxillaria picta Hook. T

Diese ansprechende Art befindet sich am häufigsten in Kultur. Sie besitzt eiförmige, zusammengedrückte, etwa

Maxillaria picta (3 × nat. Gr.)

121

6 cm hohe Pseudobulben die mehr oder weniger dicht dem Rhizom entspringen und im Alter gefurcht sind. Die einzeln oder selten zu zweit stehenden Blätter sind zungenförmig und etwa 25 bis 30 cm lang. Der schlanke, aufrecht stehende Blütenschaft von 12 bis 20 cm Länge trägt die derbe, gut haltbare und etwa 6 cm große Einzelblüte. Pro Pseudobulbe erscheinen gleichzeitig mehrere Blütenschäfte. Die riemenförmigen, zugespitzten Sepalen sind nach vorn gebogen. Ihre Farbe ist innen leuchtend goldgelb und außen gelblich weiß mit einigen braunvioletten Flecken (*picta* = bunt gefleckt). Die kürzeren und schmaleren, fast parallel zum Gynostemium stehenden Petalen haben die gleiche Farbe wie die Sepalen. Die Lippe ist 3lappig, gelblich und am Grund

Maxillaria tenuifolia (2,5 × nat. Gr.)

rot punktiert. Die Seitenlappen stehen nach oben, der zungenförmige Mittellappen ist etwas nach unten gebogen. Das Gynostemium ist rotviolett gefärbt. Der beschriebenen Art sehr ähnlich im Habitus und Blütenaussehen, nur etwas kleiner, ist *Max. punctata* Lodd., die aus dem gleichen Heimatgebiet stammt.

Blütezeit Winter, Frühjahr (Januar bis April).

Heimat Ost-Brasilien (Minas Gerais bis Rio Grande do Sul).

Maxillaria tenuifolia
Lindl. T

Das kletternde Rhizom trägt in Abständen von etwa 2 bis 3 cm die eiförmigen, etwas zusammengedrückten Pseudobulben von etwa 2,5 cm Länge. Die zarten, schmalen, dunkelgrünen Blätter (*tenuifolia* = zartblättrig) werden 25 bis

35 cm lang und etwa 1 cm breit und besitzen oberseits in der Mitte eine Rille. Jede Pseudobulbe entwickelt meist mehrere, dünne und etwa 5 cm lange Blütenstiele, die gut duftende und derbe Einzelblüten von 4 bis 5 cm Durchmesser tragen. Die eiförmigen bis lanzettlichen, abstehenden und am Rand nach hinten umgeschlagenen Sepalen sowie die etwas kürzeren, zungenförmigen, nach vorne parallel zum Gynostemium stehenden Petalen sind dunkelrot und zur Basis hin gelb gefleckt. Die längliche, abgestumpfte Lippe ist zur Spitze hin knieförmig nach unten abgewinkelt; sie ist gelb und dunkelrot bis rotbraun gefleckt. Das keulenförmige Gynostemium ist fahlgelb und vorne ebenfalls dunkelrot gefleckt.

Blütezeit Meist Sommer (Juli bis September).

Heimat Mexiko bis Honduras und Nicaragua; in Höhen bis 1500 m.

Maxillaria variabilis
Batem. T

Auf dem aufsteigenden Rhizom stehen dicht beieinander die länglich elliptischen Pseudobulben von 2 bis 5 cm Länge. Die einzeln stehenden, etwa 5 bis 15 cm langen und bis 2 cm breiten Blätter sind riemenförmig, lederartig und an der Spitze meist abgestumpft. Der schlanke Blütenschaft erreicht mit dem Fruchtknoten eine Länge von 2 cm und trägt eine derbe, lange haltende Einzelblüte. Die etwa 2 cm großen Blüten sind in ihrer Färbung sehr unterschiedlich (= *variabilis*). Die Blütenfarbe ist weißlich oder gelb oder auch vollständig dunkelrot oder rotbraun. Gelbliche Blüten können eine dunkelrote Zeichnung besitzen oder auch nur eine rötliche Lippe. Die ausgebreiteten Sepalen sind lanzettförmig und abgestumpft

Maxillaria variabilis (2,5 × nat. Gr., 2 verschiedene Farbvarianten)

oder zugespitzt. Die etwas kleineren Petalen stehen parallel zum Gynostemium und sind zugespitzt sowie an den Enden etwas nach oben umgeschlagen. Die zungenförmige Lippe ist mehr oder weniger deutlich 3lappig und an der Spitze etwas nach unten gebogen. Die verschiedenen Farbvariationen werden auch als unterschiedliche Varietäten geführt.

Blütezeit Das ganze Jahr über, meist aber im Winterhalbjahr.
Heimat Mexiko bis Venezuela; in Höhen bis 1900 m.

Promenaea Lindl.
Tr. Maxillarieae
Subtr. Zygopetalinae

Etymologie Benannt nach der griechischen Priesterin Promeneia.
Beschreibung Diese Gattung besteht aus 15 kleinwüchsigen Arten, die überwiegend epiphytisch wachsen und in den tieferen Berglagen Brasiliens vorkommen. Die *Promenaea*-Arten besitzen kleine, breit ovale, flache Pseudobulben, die meist 2 länglich elliptische Blätter tragen. Die 1 bis 2 verhältnismäßig großen und farbenprächtigen Blüten sitzen an einem kurzen, überhängenden Stiel. Die Sepalen und Petalen sehen ziemlich gleich aus. Die Lippe ist 3lappig, wobei die beiden kleinen Seitenlappen fast aufrecht stehen.
Kultur Entsprechend ihres Vorkommens benötigen die *Promenaea*-Arten temperierte bis warme Bedingungen bei ziemlich hoher Luftfeuchtigkeit. Am besten pflegt man sie in hängenden, kleinen Töpfen mit guter Dränage oder in Holzkörbchen, da die Blüten gerne überhängen. Als Pflanzstoff kommt die übliche Mischung für Epiphyten in Frage. Während der Vegetationszeit ist reichlich zu gießen. Nach der Blüte beginnt die Ruhezeit mit reduzierten Wassergaben, doch muß ein länger andauerndes Austrocknen vermieden werden, da sonst die Pflanzen Schaden nehmen. Ein heller Standort ohne direkte Sonne ist empfehlenswert, damit die Blätter nicht verbrennen. Die Wurzeln vertragen keinen alten Pflanzstoff, der zu stauender Nässe neigt, so daß etwa alle 2 bis 3 Jahre ein Umtopfen mit Pflanzstofferneuerung stattfinden sollte. Eine Kultur auf Rindenstückchen mit etwas Pflanzstoff oder auf Baumfarnbrettchen ist ebenfalls empfehlenswert.

 Promenaea rollisonii Lindl. T/W

Die nach Rollison benannte Art besitzt ziemlich runde, flache und eng beieinanderstehende Pseudobulben von etwa 2 cm Durchmesser. Die zungenförmigen Blätter haben eine graugrüne Farbe und erreichen eine Länge von etwa 5 cm und eine Breite von etwa 1 cm. Der leicht überhängende, etwa 5 cm lange Blütenschaft trägt 1 bis 2 wachsartige Blüten von etwa 4 cm Durchmesser. Die elliptischen, kurz zugespitzten Sepalen und Petalen tragen auf weißlicher Grundfarbe eine mehr oder weniger dichte, weinrote Punktierung. Die ebenso gefärbte, im Basisbereich aber dichter punktierte Lippe besitzt 2 kleine, nach oben stehende Seitenlappen und einen zungenförmigen, kurz zugespitzten Vorderlappen. Der Kallus auf der Lippenbasis ist dunkelrot gefärbt.
Blütezeit Sommer (Juli, August).
Heimat Brasilien.

Promenaea stapelioides Lindl. T/W

Die rundlichen, seitlich zusammengedrückten und meist 2blättrigen Pseudobulben von etwa 2 cm Durchmesser tragen zungenförmige, etwa 5 cm lange Blätter und sind von 2 blattähnlichen Hüllblättern umgeben. Die an der Seite der Pseudobulben erscheinenden 1 bis 2 Blüten von etwa 4 bis 5 cm Durchmesser sehen denen der sukkulenten Pflanze *Stapelia* ähnlich (= *stapelioides*). Die breit ovalen, zugespitzten Sepalen und Petalen überdecken sich etwas und sind geringfügig nach vorn geneigt. Sie tragen auf gelblich grünem Grund dicht beieinander dunkelviolette Querflecken. Die 3lappige Lippe besitzt schmale, längliche, nach oben ragende

Promenaea xanthina (2 × nat. Gr.)

Seitenlappen, die gelb und dunkelviolett gefleckt sind, und einen fast kreisrunden, dunkelviolett gefleckten Vorderlappen, dessen Farbe zum Rand hin etwas heller wird. Das Gynostemium ist grünlich bis hellgelb gefärbt.

Blütezeit Sommer, Herbst (Juli bis September).

Heimat Brasilien.

Promenaea xanthina
Lindl. T/W

(Syn.: *Promenaea citrina* Don)

Diese Art mit gelblichen (= *xanthina*) Blüten hat im Habitus große Ähnlichkeit mit *Prom. rollisonii*. Die stark duftenden, derben und 4 bis 5 Wochen haltenden Blüten haben einen Durchmesser von etwa 4 bis 5 cm und eine leuchtend zitronengelbe Farbe. Die Sepalen und Petalen sind breit oval und

zugespitzt und überdecken sich etwas. Die kleinen, zungenförmigen Seitenlappen der 3lappigen Lippe stehen nach oben und sind rot punktiert. Der Mittellappen ist rundlich bis oval und zugespitzt. Es gibt noch mehr gelbblühende Arten, die sich sehr ähnlich sind und leicht verwechselt werden können.

Blütezeit Frühjahr, Sommer (Mai bis August).

Heimat Brasilien.

Capanemia B.-R.
Tr. Oncidieae
Subtr. Capanemiinae

Etymologie Benannt nach dem Naturforscher de Capanema.

Beschreibung Die Gattung umfaßt etwa 12 Arten, die vorwiegend in Brasilien vorkommen und die alle zu den Kleinorchideen gehören. Ihre kleinen Blüten (Durchmesser zwischen 0,5 und 1 cm) sind in herrlichen Blütentrauben

angeordnet. Die Pseudobulben tragen kleine, fleischige, sehr schmale oder teilweise stielrunde Einzelblätter. Die Blütenlippen der einzelnen Arten besitzen an ihrer Basis meist 2 deutliche Schwielen. Sepalen und Petalen sind fast gleich gestaltet.

Kultur Entsprechend ihrer Herkunft aus den feuchten Bergwäldern Brasiliens und angrenzender Länder, wo sie auf vermoosten Bäumen wachsen, benötigen die *Capanemia*-Arten mindestens temperierte Bedingungen, die zum warmen Bereich tendieren können. Entsprechende Luftfeuchtigkeit (etwa 70% rel. Feuchte) und Luftbewegung ist selbstverständlich. Der Standort sollte schattig sein. Die Capanemien können sowohl in kleinen Töpfen oder Schalen mit dem üblichen Epiphytenpflanzstoff als auch auf Baumfarn aufgebunden kultiviert werden. Während der Wachstumsphase ist ausreichend zu gießen oder zu tauchen, in der Ruhezeit sind die Pflanzen trockener zu halten.

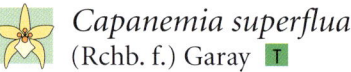

Capanemia superflua
(Rchb. f.) Garay T

(Syn.: *Capanemia uliginosa* B.-R.)

Die schmal zylindrischen Pseudobulben sind dicht beieinander angeordnet; sie werden 2 bis 2,5 cm lang und ihr Durchmesser beträgt etwa 0,5 cm. An der Pseudobulbenspitze wächst das mit einer Längsrinne versehene, stielrunde und zugespitzte Blatt von etwa 5 bis 8 cm Länge und 3 mm Durchmesser. Am Fuße der Pseudobulben erscheint, durch ein Scheidenblatt geschützt, die 8 bis 10 cm lange Infloreszenz, die mit ihren 10 bis 15 (im Überfluß vorhandenen = *superflua*) schneeweißen Blüten von etwa 0,8 cm Durchmesser meist herabhängt.

124

Die länglich ovalen Sepalen und Petalen stehen leicht nach vorne. Die etwa 5 mm lange, fast geigenförmige Lippe trägt an ihrer Basis 2 kräftig gelb gefärbte Schwielen.
Blütezeit Frühjahr, Sommer (April bis August).
Heimat Brasilien, Argentinien.

Capanemia superflua (4 × nat. Gr.)

 ### *Capanemia thereziae*
B.-R. T

Diese Art ist wesentlich kleiner und hat weniger Blüten als die vorige. Die fast kugeligen Pseudobulben von 6 bis 7 mm Durchmesser tragen einzeln stehende, derbe und schmal lanzettliche Blätter von 2,5 bis 5 cm Länge. An der Pseudobulbenbasis entspringt die wenigblütige (2 bis 3 Blüten) und kurze Infloreszenz, die halb aufrecht steht oder leicht hängt. Die etwa 7 mm großen Blüten sind gelbgrün gefärbt. Die Sepalen und Petalen sind lanzettförmig, und die Lippe ist länglich oval. An der Lippenbasis befinden sich 2 ausgeprägte Schwielen.
Blütezeit Frühjahr, Sommer (Mai bis August).
Heimat Brasilien.

Comparettia Poepp. et Endl.
Tr. Oncidieae Subtr. Ionopsidinae

Etymologie Benannt nach dem italienischen Botaniker Andreo Comparetti (18. Jh.).
Beschreibung Diese Gattung enthält 5 Arten, die alle im tropischen Mittelamerika beheimatet sind. Alle Arten besitzen relativ große, attraktive Blüten von leuchtender Farbe an mehrblumigen Rispen. Sie haben kleine, schmale Pseudobulben, an deren Basis die Infloreszenz erscheint. Die Blütenstruktur ist bei allen Arten einheitlich. Die obere Sepale und die Petalen sind abstehend. Die seitlichen Sepalen sind bis zur Spitze verwachsen, an der Basis verlängert und enden in einem langen, schlanken, nach hinten gerichteten Sporn. Die große Lippe ist vorne geschlitzt und bildet so 2 symmetrische, nierenförmige Seitenlappen.

Kultur Entsprechend ihrer Herkunft lieben die *Comparettia*-Arten mehr oder weniger gleichbleibende temperierte Bedingungen. Da die zylindrischen Pseudobulben ziemlich klein sind, übernehmen z. T. die fleischigen Blätter die Aufgabe der Nährstoffspeicherung. Die Pflanzen vertragen somit keine große Trockenheit, so daß eine ziemlich gleichmäßige Feuchtigkeit des Pflanzstoffes und Luftfeuchtigkeiten von etwa 70 % angebracht sind. Nach der Blüte gibt es nur eine sehr kurze Ruhezeit mit verminderten Wassergaben, doch sobald die Neutriebe erscheinen, ist wieder reichlich zu gießen. Dabei darf jedoch keine stauende Nässe auftreten, um ein Abfaulen zu vermeiden. Da die Pflanzen sehr empfindlich auf zu viel und auch auf zu wenig Wassergaben reagieren, ist die Kultur nicht ganz einfach. Direktes Sonnenlicht tut ihnen mit ihren dicken, aber weichen Blättern nicht gut. Sie wollen jedoch sehr hell stehen. Man kann sie sowohl auf Kork mit wenig Pflanzstoff oder auf Baumfarnbrettern als auch in kleinen Töpfen mit sehr guter Dränage kultivieren. Damit die feinen Wurzeln dieser zarten Pflanzen nicht völlig austrocknen, können die Töpfe oben mit lebendem Moos abgedeckt werden. Die abgeblühten Blütenschäfte sollten nicht abgeschnitten werden, weil sich aus den Internodien Seitenzweige bilden können, die erneut Blüten ansetzen.

 ### *Comparettia coccinea*
Lindl. T

Die etwa 2 cm langen, dicht stehenden Pseudobulben sind von einigen Scheidenblättern umgeben und tragen ein einzelnes Blatt. Die zungenförmigen oder länglich zugespitzten, lederartigen Blätter erreichen eine Länge von etwa

Comparettia macroplectron (nat. Gr.)

10 cm und eine Breite von etwa 2 cm. Der schlanke Blütenschaft trägt am Ende eine geneigte bis herabhängende Blütentraube aus 5 bis 10 einheitlich leuchtend orange- bis scharlachroten (= *coccinea*) Blüten. Die Infloreszenz ist insgesamt etwa 20 cm lang. Die einzelnen Blüten blühen etwa 10 bis 12 Tage. Da die Blüten nacheinander aufgehen, ergibt sich eine Gesamtblütezeit von etwa 4 Wochen. Die etwa 3 cm großen Blüten bestehen aus den elliptischen, zugespitzten Sepalen und Petalen von gut 1 cm Länge und der flach ausgebreiteten Lippe. Der fast quadratische, etwa 2 cm breite Lippenvorderlappen ist vorne in der Mitte ein wenig ausgeschnitten und über einen schmalrechteckigen Steg mit den übrigen Blütenteilen verbunden. Der Steg trägt 2 gelbliche Kiele. Der Sepalensporn ist etwa 1,5 cm lang.

Blütezeit Herbst, Winter (November, Dezember).

Heimat Brasilien.

 Comparettia falcata
Poepp. et Endl. T

Im Habitus ähnelt diese Art sehr der vorigen Art. Die Blüten sind jedoch unterschiedlich. Während sie bei *Comp. coccinea* eine mehr langgestreckte Form haben, sind sie bei *Comp. falcata* ziemlich kompakt, da durch das Fehlen eines Steges an der Lippenbasis die Verbreiterung der Lippe hoch ansetzt. Sie wirken dadurch auch etwas kleiner. Die Blütenfarbe ist leuchtend purpurrot. Die Lippe ist vorne zu einem Drittel eingeschnitten und trägt an der Basis nur 1 weißen Kiel. Der etwa 2 cm lange Sepalensporn ist sichelförmig (= *falcata*) gebogen.

Blütezeit Herbst, Winter (September bis Januar).

Heimat Mexiko bis Peru.

Comparettia macroplectron
Rchb. f. et Triana T

Die schmalen, länglichen, zusammengedrückten Pseudobulben sind etwa 2 cm lang und tragen ein dunkelgrünes Einzelblatt. Die aufrecht wachsenden, länglichen und zugespitzten Blätter werden meist bis 12 cm lang. Der lockerblütige Blütenstand, der an der Basis der Pseudobulben erscheint, ist gebogen, z.T. verzweigt und erreicht eine Länge bis über 50 cm. Je nach Blütenstandlänge erscheinen nacheinander 8 bis 25 Blüten von etwa 5 cm Durchmesser. Die Einzelblüten halten etwa 2 bis 3 Wochen. Alle Blütenteile sind weißlich bis hellviolett und tragen dunkelviolette Punkte, die auf der Lippe leicht verwaschen sind. Die Lippe ist vorne etwas eingeschnitten. Der schlanke, fast gerade, ziemlich große Sepalensporn (= *macroplectron*) erreicht eine Länge von 5 cm und ist weißlich bis bräunlich oder grünlich.

Blütezeit Herbst (September bis Dezember).

Heimat Kolumbien.

Comparettia speciosa
Rchb. f. T

Diese Art erreicht maximal eine Höhe von ca. 20 cm, von der mindestens 16 bis 18 cm auf die aufrechtstehenden, lederartigen Blätter kommen. Der wenig verzweigte, lockerblumige, bis 50 cm lange Blütenstand erscheint am Fuße der Pseudobulben und hängt bogenförmig über. Er trägt je nach Länge 6 bis 25 prächtige (= *speciosa*) Blüten von etwa 3 cm Durchmesser. Die schmal elliptischen, am Ende spitz auslaufenden Petalen und die ebenso geformte, obere Sepale haben eine Länge von etwa 1,5 cm und eine gelbliche Grundfarbe mit rötlicher Aderung. Der wie bei *Comp. falcata* hoch ansetzende, fast 3 cm breite Lippenvorderlappen entspricht in Form und Farbe dem von *Comp. coccinea*. Der dünne, grünlich gelbe Sepalensporn wird etwa 4 cm lang und ist nur schwach gebogen.

Blütezeit Herbst (Oktober, November).

Heimat Ekuador.

Rodriguezia Ruiz et Pav.
Tr. Oncidieae Subtr. Ionopsidinae

Etymologie Benannt nach dem spanischen Botaniker Rodriguez (18./19. Jh.).

Beschreibung Etwa 25 meist epiphytisch wachsende, attraktive Arten werden in dieser Gattung zusammengefaßt. Ihre Verbreitung reicht von Mexiko bis nach Bolivien und Brasilien. Allein in Brasilien kommen etwa 10 Arten vor. Dem Rhizom entspringen dicht beieinander oder in Abständen die kleinen, länglichen, 1- bis 2blättrigen Pseudobulben, die durch die sie umgebenden, relativ großen, blattähnlichen Hüllblätter, zwischen denen die Infloreszenz erscheint, meist verdeckt werden. Kräftige Pflanzen bilden mehr als eine wenig- bis vielblütige Traube, die bei manchen Arten sehr ansehnlich aussieht. Die mittlere Sepale und die Petalen sehen sich sehr ähnlich und neigen sich gemeinsam nach vorne. Die beiden seitlichen Sepalen sind mehr oder weniger stark verwachsen, an der Basis schalenartig vertieft und verstecken sich hinter der nach unten ragenden 2lappigen und zur Spitze breiter werdenden Lippe. Das kurze Gynostemium trägt meist 2 kräftig ausgebildete Anhängsel.

Kultur Die *Rodriguezia*-Arten kann man zwar sowohl in Töpfen und in Holzkörbchen mit Epiphytenpflanzstoff als auch auf Baumfarnbrettchen und auf Korkrinde halten, doch als epiphytische Orchideen ziehen sie mit ihren Luftwurzeln letzteres vor. Da die Wurzeln keine stauende Nässe vertragen, muß der Pflanzstoff gut wasser-

Comparettia speciosa (1,2 × nat. Gr.)

127

durchlässig sein und der Kulturbehälter muß eine gute Dränage besitzen. Da die Rodriguezien meistens das ganze Jahr hindurch ohne Ruhezeit wachsen, benötigen sie dauernd genügende Wassergaben. Der Kulturraum sollte temperierte bis warme Bedingungen aufweisen, der Standort hell, aber nicht zu sonnig, und luftig sein. Möglichst hohe Luftfeuchtigkeit ist günstig. Durch ein Herabsetzen der Temperatur während der Blüte kann man eine relativ lange Blühdauer (mehrere Wochen) erreichen. Die zahlreichen feinen Luftwurzeln können zum besseren Gedeihen auch täglich mit Wasser besprüht werden, doch müssen sie bis zum Abend abgetrocknet sein.

Rodriguezia lanceolata (nat. Gr.)

Rodriguezia batemanii
Poepp. et Endl. T/W

Die nach dem englischen Gärtner James Bateman (1811–1897) benannte Art besitzt ovale und flachgedrückte Pseudobulben von 3 bis 5 cm Länge, die locker beieinander stehen und je ein einzelnes, lederiges, riemenförmiges und zugespitztes Blatt von 10 bis 30 cm Länge tragen. Die überhängende Infloreszenz erreicht nicht ganz Blattlänge und ist mit 3 bis 8 Blüten besetzt. Die 4 bis 5 cm langen Blüten bestehen aus den weißen, rosa angehauchten oder rosa gestreiften oder getüpfelten Sepalen, Petalen und der ebenso gefärbten Lippe. Die länglich eiförmige, mittlere Sepale und die gleichaussehenden Petalen sind zusammen mit der keilförmigen, an der Spitze schwach eingeschnürten Lippe trichterartig nach vorne gebogen. Die seitlichen Sepalen sind zusammengewachsen und bilden unterhalb der Lippe, die mit 2 gelben Kielen besetzt ist, eine schmale, nach vorne offene und spornartige Rinne.
Blütezeit Frühjahr, Sommer (Mai bis Juli).
Heimat Peru bis Venezuela.

Rodriguezia decora
Rchb. f. T/W

Das bis zu 50 cm lang werdende, drahtähnliche Rhizom, das sich mit seinen vielen dünnen Wurzeln auf der Unterlage festhält, trägt in Abständen bis zu 10 cm die fast kreisrunden, flachen und einblättrigen Pseudobulben von etwa 3 cm Länge. Die bis zu 10 cm langen und 2,5 cm breiten Blätter haben eine längliche und zugespitzte Form und sind ziemlich ledrig. Die lockerblütige, leicht überhängende Infloreszenz erreicht eine Länge von 30 bis 40 cm und

ist zur Spitze hin mit 20 und mehr schwach duftenden und schönen Blüten von etwa 4 cm Länge geschmückt (= *decora*). Die länglichen, zugespitzten Sepalen und Petalen bilden eine nach vorne ragende Röhre, die eine weiße bis gelbliche Grundfärbung mit rotvioletten Flecken auf der Außen- und Innenseite besitzen. Die beiden seitlichen, verwachsenen Sepalen bilden nach hinten einen etwa 2 mm langen Sporn. Aus der Röhre ragt die relativ große Lippe, die an der Basis schmal ist und sich zur Spitze hin nierenförmig mit einem tiefen Einschnitt verbreitert. Der nierenförmige Lippenteil ist weiß; die Lippenbasis ist weiß und trägt rotviolette, punktierte Kiele.
Blütezeit Herbst (September bis Dezember).
Heimat Brasilien.

 ### Rodriguezia lanceolata
Ruiz et Pav. T/W

(Syn.: *Rodriguezia secunda* H. B. et Kth.)

Die länglich elliptischen, flachen und dicht beieinanderstehenden Pseudobulben werden 3 bis 5 cm hoch und bekommen im Alter Längsfurchen. Durch die blattähnlichen Hüllblätter an der Basis werden die Pseudobulben fast vollständig verdeckt. Die 2 bis 3 lederigen, lanzettlichen (= *lanceolata*) und meist längs gefalteten Blätter an der Spitze jeder Pseudobulbe erreichen eine Länge von 15 bis 20 cm und eine Breite von etwa 2 cm. Die dicht vielblütigen, überhängenden Infloreszenzen erscheinen meist zu mehreren pro Neutrieb und erreichen Blattlänge. Die rosenroten, etwa 1,5 cm großen Blüten stehen alle auf einer Seite des Blütenstieles. Die ovalen und zugespitzten Sepalen und Petalen bilden eine Kapuze über der gesamten, nach unten ragenden, ovalen und vorne etwas eingekerbten Lippe, die am Rand schwach gewellt und an der Basis gekielt ist. Die beiden seitlichen Sepalen sind zusammengewachsen und hinter der Lippe versteckt.

Blütezeit Meist Spätfrühjahr, Sommer (Mai bis Juli).

Heimat Panama, Venezuela, Kolumbien bis Brasilien, auch auf Trinidad.

Rodriguezia venusta
Rchb. f. T/W

Bei dieser lieblich-anmutigen (= *venusta*) Art erscheinen an einem verlängerten Rhizom die länglich elliptischen und zusammengedrückten Pseudobulben von 2 bis 3 cm Länge, die an der Spitze ein zungenförmiges, etwa 15 cm langes Einzelblatt tragen. Die bis 20 cm lang werdende und überhängende Infloreszenz besteht aus 5 bis 10 locker angeordneten, stark duftenden Blüten mit einem Durchmesser von etwa 3,5 cm. Die Blüten sind weiß, nur die Lippenbasis mit den 2 Längsschwielen ist goldgelb. Die Sepalen und Petalen sind elliptisch, zugespitzt und leicht gewellt. Die beiden seitlichen Sepalen sind verwachsen und bilden hinter der Lippe eine Rinne. Die Lippe besitzt an der Basis einen schmalen Steg, an den sich der nierenförmige, in der Mitte eingekerbte und am Rand leicht gewellte Vorderlappen anschließt.

Blütezeit Herbst.

Heimat Brasilien.

Brassia R. Br.
Tr. Oncidieae Subtr. Oncidiinae

Etymologie Benannt nach dem Forscher und Pflanzensammler William Brass (19. Jh.).

Rodriguezia venusta (nat. Gr.)

Beschreibung Etwa 50 teilweise nicht leicht auseinanderzuhaltende, epiphytisch wachsende Arten gehören zu dieser Gattung, die alle im tropischen Amerika von Süd-Florida über Mexiko bis Brasilien zu Hause sind. Die *Brassia*-Arten besitzen länglich runde und ziemlich abgeflachte Pseudobulben, die je nach Art 1 oder 2 schmale, derbe Blätter am oberen Ende tragen. Die Blütentriebe erscheinen an der Basis der Pseudobulben, geschützt durch eine blattartige Scheide, und erreichen eine beträchtliche Länge. Aufgrund der Blütengestalt wird diese Gattung im angelsächsischen Sprachraum als »Spinnenorchidee« bezeichnet, denn die verhältnismäßig langen und sehr schmalen Petalen und Sepalen wirken wie Spinnenbeine. Die vor allem während der Mittagszeit angenehm duftenden Blüten bilden eine lockerblütige Traube.

Kultur In der Wachstumsperiode (Frühjahr bis Herbst) sind die *Brassia*-

Arten reichlich zu gießen. Außerdem benötigen sie viel Licht (aber keine brennende Sonne) und feuchte Luft, wobei auf gute Luftzirkulation zu achten ist. Der Kulturraum ist in dieser Zeit temperiert (bis warm) zu halten. Am Ende der Wachstumszeit schränkt man langsam das Gießen ein, damit die Pseudobulben ausreifen können. In der Ruhezeit werden die Brassien etwas kühler und auch trockener gehalten. Ein frühzeitiges Austreiben im Winter ist auf jeden Fall zu vermeiden, um im nächsten Jahr schöne Blüten zu erhalten. Als epiphytische Pflanzen setzt man sie am besten in Körbchen mit Epiphytenpflanzstoff, denn dort können sie ihre Luftwurzeln gut bilden. Ein Umpflanzen ist dann notwendig, wenn der Pflanzstoff alt und verbraucht ist, weil die Wurzeln das nicht vertragen.

Brassia caudata (L.) Lindl. T

Die zusammengedrückten, länglich elliptischen Pseudobulben werden 10 bis 15 cm lang und etwa 3 bis 4 cm breit. Die paarweise stehenden Blätter sind lederartig, länglich elliptisch, zugespitzt und in der Mitte schwach gefaltet; sie erreichen eine Länge von 20 bis 30 cm und eine Breite von 4 bis 6 cm. Der 3- bis 10blumige Blütenschaft ist leicht gebogen und wird 40 bis 60 cm lang. Die insgesamt etwa 20 cm langen Blüten haben wachsartigen Charakter. Die Petalen und Sepalen haben eine linealische Form, sind in der Mitte etwas gefaltet und laufen spitz zu. Ihre Farbe ist gelblich bis grünlich mit mehr oder weniger zahlreichen hell- bis dunkelbraunen Flecken und Querstreifen, besonders zu ihrer Basis hin. Während die Petalen eine Länge von etwa 2 cm erreichen, werden die Sepalen mit ihren schwanzförmigen (= *caudata*) Verlän-

gerungen bedeutend länger; die seitlichen werden etwa 15 cm lang und hängen herab, die mittlere Sepale wird etwa 5 cm lang und ragt nach oben. Die längliche, etwa 4 bis 5 cm lange Lippe besitzt eine ausgeprägte Spitze vorne und trägt zur Basis hin 2 kleine, zahnähnliche Höcker; ihre Farbe ist gelblich bis grünlich gelb mit einigen braunen Flecken am Grunde.

Blütezeit Spätsommer, Herbst.
Heimat Süd-Florida und Antillen bis Brasilien; in Höhen bis 1200 m.

Brassia verrucosa Lindl. T

Die etwa 10 cm langen und 5 cm breiten Pseudobulben sind stark zusammengedrückt, oval und schwach längsgefurcht. An der Basis sind sie umgeben von einigen Blättern, die etwas kleiner sind als die beiden, die an der Bulbenspitze entspringen. Sie sind derb, lanzettförmig spitz und in der Mitte gefaltet. Ihre Länge beträgt etwa 30 cm und ihre Breite etwa 5 cm. Der Blütenschaft steht schräg aufrecht und erreicht eine Länge von etwa 60 cm. Die 5 bis 15 langlebigen Blüten werden 20 bis 25 cm lang. Die abgespreizten, leicht verdrehten, schmalen und spitz zulaufenden Sepalen sind hellgrün mit einigen mehr oder weniger großen, dunkelgrünen bis bräunlichen Flecken am Grunde. Die Petalen sehen ähnlich aus und sind etwas kürzer. Die geigenförmige, vorn spitze und nur 3 bis 4 cm lange Lippe ist weiß, besitzt zur Mitte hin dunkelgrüne, warzenartige (= *verrucosa*) Flecken und einen leicht gewellten Rand.

Blütezeit Frühjahr, Sommer (April bis Juli).
Heimat Mexiko bis Venezuela; in Höhen bis 1600 m.

Brassia verrucosa (3/4 nat. Gr.)

Miltonia Lindl.
Tr. Oncidieae Subtr. Oncidiinae

Etymologie Benannt nach dem englischen Orchideenliebhaber Lord Fitzwilliam Milton (1786–1857).

Beschreibung Nachdem die meisten von den ursprünglichen 50 unter *Miltonia* veröffentlichten Arten in neue Gattungen ausgegliedert wurden, verbleiben noch 3 »echte« *Miltonia*-Arten, von denen die zwei nachfolgend beschriebenen in der Kultur beliebt und weit verbreitet sind. Die anderen Arten bilden nun vor allem drei neue Gattungen: *Anneliesia, Miltonioides* und *Miltoniopsis*. Die beiden letzteren werden anschließend vorgestellt.

Kultur Die *Miltonia*-Arten benötigen einen temperierten Kulturraum. Wenn auch Topfkultur mit Epiphytenpflanzstoff empfohlen werden kann, so wachsen sie doch auch gut auf Baumfarnbrettchen oder Korkrinde, mit genügend Pflanzstoff unterfüttert, denn der Wurzelbereich darf nicht zu stark austrocknen. Sie sollten nicht zu hell stehen. Die Nachttemperaturen im Winter dürfen nicht unter 15 °C fallen. Wegen der gewünschten hohen Luftfeuchtigkeit dürfte eine erfolgreiche Zimmerkultur mit viel Einnebeln verbunden sein.

Miltonia regnellii Rchb. f. T

Die nach Regnelli benannte Art besitzt gelbliche, eiförmige, sich nach oben verjüngende, zusammengepreßte Pseudobulben, die eine Länge von 7 bis 10 cm erreichen und 2 hellgrüne, riemenförmige, zugespitzte, etwa 30 cm lange Blätter besitzen. Der schlanke, aufrechte Blütenschaft ist locker 3- bis 7blütig und wird 35 bis 50 cm lang. Die flache, 3 bis 7 cm große Blüte besteht

aus den lanzettförmigen, zugespitzten Sepalen, aus den etwas breiteren, länglich elliptischen, zugespitzten Petalen und aus der breit ovalen, undeutlich 3lappigen Lippe. Die Sepalen und Petalen sind weiß und manchmal zur Basis hin schwach rosa getönt. Die Lippe ist in der Mitte violett und zum Rand hin hellviolett. An der Lippenbasis befinden sich 7 bis 9 radiale, hellgelbe Nerven, von denen die 3 mittleren am meisten ausgeprägt sind. Das Gynostemium ist weiß und die Anthere hellbraun.

Blütezeit Sommer (Juli bis September).
Heimat Brasilien.

Miltonia spectabilis Lindl. T

Das kräftige, kriechende Rhizom bildet in kleinen Abständen die Pseudobulben, die oval, abgeflacht, 2blättrig und etwa 7 cm hoch sind. Die hellgrünen, riemenförmigen Blätter erreichen eine Länge von 10 bis 16 cm. Der aufrechte Blütenstiel überragt die Blätter nicht und trägt eine derbe, lange haltende, ansehnliche (= *spectabilis*) Einzelblüte von etwa 8 cm Durchmesser. Die länglich eiförmigen und zugespitzten Sepalen und Petalen haben eine weiße bis cremeweiße und manchmal an der Basis rosa angehauchte Farbe. Die große, tropfenförmige Lippe ist am Rand leicht gewellt. Ihre Farbe ist hellviolett mit mehreren dunkelvioletten Längsstreifen. An der Lippenbasis befinden sich 3 gelbe, kurze Längsschwielen.

Die Varietät *Miltonia spectabilis* Lindl. var. *moreliana* Henfr. besitzt gegenüber der Stammart noch schönere und größere Blüten (bis 10 cm Durchmesser). Bei ihr sind die Sepalen und Petalen dunkelviolett.

Blütezeit Sommer (Juli bis September).
Heimat Brasilien.

Miltonia spectabilis var. *moreliana* (2/5 nat. Gr.)

Miltonioides Brieg. et Lückel
Tr. Oncidieae Subtr. Oncidiinae

Etymologie Der Name bedeutet: ähnlich wie *Miltonia*.

Beschreibung Die 7 zu dieser Gattung gestellten Arten sind Bergorchideen, die von Mexiko bis Costa Rica vorkommen. Typisch für sie sind u.a. die zweifarbigen, geigenförmigen Lippen und deren Verwachsung mit dem Gynostemium sowie die kapuzenartig geformten Spitzen der seitlichen Sepalen. Die meist 2blättrigen Pseudobulben stehen dicht beieinander und ergeben somit einen polsterartigen Wuchs. Die Infloreszenz überragt die Blätter und ist bei kräftigen

Pflanzen verzweigt. Einige Arten wurden früher unter der Gattung *Odontoglossum* geführt (siehe Synonymie bei den hier behandelten Arten) und werden ggf. noch heute bei Orchideengärtnern so bezeichnet.

Kultur Alle Arten bewohnen Berg- und Nebelwälder zwischen etwa 1000 und 2500 m Höhe. Dementsprechend benötigen sie temperierte bis kühle Kulturbedingungen. Die meisten *Miltonioides*-Arten kann man gut in Töpfen oder Holzkörbchen pflegen, in die ein Pflanzstoffgemisch für epiphytische Orchideen kommt. Außerdem ist für eine ausreichende Drainage zu achten. Der Pflanzstoff sollte nicht zu fest zusammengepreßt sein, damit genügend Luft an die Wurzeln kommt. Auch auf Baumfarnbrettern oder auf Korkrinde mit etwas Pflanzstoff wachsen sie gut. Während der Wachstumszeit, die sich

Miltonioides schroederiana (1,2 × nat. Gr.)

mit neuer Wurzelbildung anzeigt, ist reichlich zu gießen. Im Winter während der Ruhezeit ist das Gießen einzuschränken; der Pflanzstoff darf jedoch nicht längere Zeit vollständig austrocknen. Weiterhin benötigen sie ziemlich hohe Luftfeuchtigkeit bei ausgiebiger Lüftung. Die *Miltonioides*-Arten benötigen weniger Licht als die Cattleyen, so daß für sie ein halbschattiger Platz am günstigsten ist. Während der Blütezeit ist beim Gießen und Spritzen darauf zu achten, daß die Blüten nicht naß werden, um ein Fleckigwerden zu vermeiden. Eine Vermehrung erfolgt am besten durch Teilung des Rhizoms bzw. durch Rückbulben.

Miltonioides reichenheimii
(Lind. et Rchb. f.)
Brieg. et Lückel K/T

(Syn.: *Odontoglossum reichenheimii* Lind. et Rchb. f., *Miltonia reichenheimii* (Lind. et Rchb. f.) Rolfe)

Diese nach Herrn Reichenheim mit seiner damals berühmten Orchideensammlung benannten Art besitzt eiförmige, abgeplattete, bis 10 cm hohe Pseudobulben. Die Blätter erreichen eine Länge von 40 cm und eine Breite von 5 cm, die an der Basis deutlich gefaltet sind. Der bis 80 cm lange, leicht überhängende Blütenstand erscheint seitlich von der Pseudobulbe aus einem sie umgebenden Niederblatt und trägt bis zu 25 Blüten, die im unteren Bereich verzweigt angeordnet sein können. Die mittlere Sepale und die beiden Petalen sind in Abmessungen (2,5 x 0,8 cm) und Farbe ähnlich. Die seitlichen Sepalen sind genauso gefärbt, werden aber 3 cm lang. Die Grundfarbe ist gelblich grün mit intensiv dunkelbrauner Bänderung. Die ausgebreitet 2,5 mal 1,7 cm

messende Lippe ist am Rand umgeschlagen und bildet mit dem Gynostemium einen Winkel von etwa 45°. Sie ist an der Basis gelb, im mittleren Teil rosaviolett und im Spitzenbereich rosa gefärbt.

Auf den ersten Blick sehr ähnlich ist die verwandte Art *Miltonioides laevis*, die jedoch durch die Lippenstellung eindeutig unterschieden werden kann: Das basale Lippendrittel verläuft parallel zum schräg aufstehenden Gynostemium, der restliche Lippenteil ist dann senkrecht nach unten abgeknickt.

Blütezeit Frühjahr (April, Mai).

Heimat Mexiko (auf pazifischer Seite); in Höhen von meist 2000 bis 2300 m.

Miltonioides schroederiana
(O'Brien) Lückel K/T

(Syn.: *Odontoglossum schroederianum* Rchb. f., *Miltonia schroederiana* O'Brien)

Im Habitus ist diese Art, die nach dem bekannten, englischen Orchideenliebhaber Baron von Schroeder benannt wurde, der zuvor beschriebenen Art sehr ähnlich, jedoch in allen Abmessungen (ausgenommen die Blüten) etwa halb so groß; die Blütenanzahl ist mit etwa 4 wesentlich geringer. Auch die Blüten sind ähnlich; Sepalen und Petalen haben gleiche Abmessungen und Farbe. Typisch sind jedoch die beiden sichelförmig gebogenen Petalen. Die geigenförmige, etwa 3 cm lange Lippe sieht jedoch anders aus: Sie ist weiß und trägt einen großen karminroten Fleck im Basalbereich, wodurch sie sich von allen anderen Arten unterscheidet.

Blütezeit Herbst (Oktober bis Dezember).

Heimat Costa Rica (meist auf atlantischer Seite); in Höhen von 900 bis 1400 m.

Miltoniopsis God.-Leb.
Tr. Oncidieae Subtr. Oncidiinae

Etymologie Der Name bedeutet: wie *Miltonia* aussehend (auf die Blüten bezogen).

Beschreibung Die etwa 5 Arten dieser Gattung gehörten früher zur Gattung *Miltonia,* von der sie sich im wesentlichen durch die 1blättrigen, eng beieinander stehenden Pseudobulben sowie durch die fehlenden Öhrchen am oberen Ende des Gynostemiums unterscheidet. Der wenigblütige Blütenstand erscheint seitlich an den Pseudobulben und steht mehr oder weniger aufrecht. Die große, geigenähnliche Lippe steht flach nach unten und ist mit einer kurzen Leiste mit der Gynostemiumbasis verbunden. Wie die Miltonien besitzen die *Miltoniopsis*-Arten 2 Pollinien.

Kultur Aufgrund ihres Vorkommens in mittleren Berglagen Mittel- und Südamerikas (Costa Rica bis Ekuador) benötigen die Miltoniopsen meist temperierte Bedingungen und hohe Luftfeuchtigkeit. In der Wachstumszeit im Sommer ist reichliches Gießen notwendig. Allerdings muß ein Pflanzstoff verwendet werden, der eine gute Dränage ermöglicht, denn die empfindlichen Wurzeln vertragen keine Staunässe. Die Temperaturen sollten etwa 25 °C nicht überschreiten. Die Pflanzen legen keine ausgeprägte Ruhezeit ein.

 ### *Miltoniopsis phalaenopsis*
(Lind. et Rchb. f.)
Garay et Dunsterv. T

(Syn.: *Miltonia phalaenopsis* (Lind. et Rchb. f.) Nichols.)

Die ovalen, seitlich zusammengepreßten Pseudobulben von bis zu 4 cm Höhe tragen jeweils 1 schmal riemenförmiges,

etwa 20 cm langes und 5 mm breites Blatt. Die Infloreszenz von 15 cm Länge besteht aus 3 bis 5 flach ausgebreiteten Blüten von 5 bis 6 cm Durchmesser, die entfernt denen von *Phalaenopsis* (= *phalaenopsis*) ähneln. Die länglich ovalen Sepalen und die ovalen Petalen bilden einen weiß gefärbten Halbkreis, der nach unten mit der 3 cm langen Lippe fortgesetzt wird. Die Lippe besteht aus 2 halbkreisrunden Seitenlappen und dem nierenförmigen, vorn leicht eingeschnittenen Vorderlappen. Die Lippe ist am Rand weiß und in der Mitte mit einem großen, kräftig purpurnen, ausgerandeten Fleck versehen, der an der Lippenbasis mit den 3 zahnartigen Schwielen in Gelb übergeht.

Blütezeit Sommer, Herbst (August bis November).

Heimat Kolumbien; in Höhen von 1300 bis 1600 m.

Miltoniopsis roezlii
(Rchb. f.) God.-Leb. T/W

(Syn.: *Miltonia roezlii* (Rchb. f.) Nichols.)

Diese von Roezl (1828–1885) entdeckte Art hat länglich ovale, zusammengedrückte, 5 bis 7 cm lange Pseudobulben, die von den sie umgebenden Scheidenblättern ziemlich verdeckt werden. Jede Pseudobulbe trägt an der Spitze ein graugrünes, schmales, zugespitztes Einzelblatt von bis zu 30 cm Länge. Der schlanke Blütenschaft wird so lang wie die Blätter und wird von den 2 bis 5 duftenden Blüten gekrönt. Die etwa 8 cm großen, ganz flachen Blüten haben auf allen Blütenteilen eine weiße Grundfarbe. Die Petalen besitzen an der Basis einen großen, roten bis violetten Fleck, und die Lippe besitzt am Grunde eine gelbe Schwiele mit 5 Erhöhungen und manchmal eine rotbräunliche Zeich-

Miltoniopsis phalaenopsis (1,2 × nat. Gr.)

nung. Die Sepalen und Petalen sind elliptisch geformt. Die etwa 5 cm große Lippe ist verkehrt herzförmig und trägt an der Basis beiderseits je ein kleines, hornähnliches Anhängsel.

Blütezeit Herbst (September bis November).

Heimat Panama, Kolumbien; in Höhen zwischen 350 und 1200 m.

Miltoniopsis warscewiczii
(Rchb. f.) Garay et Dunsterv. T

(Syn.: *Miltonia endresii* Nichols.)

Die 5 bis 6 cm hohen und stark zusammengedrückten Pseudobulben dieser Art sind von den blattähnlichen Scheidenblättern fast verdeckt. Das terminale, lanzettförmige Einzelblatt wird bis 30 cm lang und etwa 3 cm breit. Die lockerblütige, etwa 30 cm lange Infloreszenz trägt 3 bis 6 Blüten, die bis auf das rosa gefärbte Blütenzentrum und die gelbe Lippenschwiele weiß sind.

133

Die Blütenform und -größe entspricht weitgehend der von *M. phalaenopsis*.
Blütezeit Spätwinter, Frühjahr (Februar bis April).
Heimat Costa Rica, 1500 - 2500 m.

Miltoniopsis Celle ▪T▪

Die früher als *Miltonia*-Hybriden bezeichneten Pflanzen gehören jetzt fast alle zu *Miltoniopsis*, doch wird diese Abspaltung offiziell von der »Royal Horticultural Society« nicht anerkannt und dementsprechend auch ihre Hybridenliste nicht angepaßt. Die hier gezeigte, 1958 erzeugte Hybride ist in 7 Generationen gezüchtet worden und besteht aus 3 bekannten und einigen unbekannten Arten, die schon im vorigen Jahrhundert eingekreuzt wurden. Die bekannten Anteile sind 45% von *Miltp. vexillaria*, 23,5% von *Miltp. roezlii* und 6,25% von *Miltp. phalaenopsis*.

Odontoglossum H. B. et Kth. emend. Bockem.
Tr. Oncidieae Subtr. Oncidiinae

Etymologie Griechisch *odontos* = Zahn, *glossa* = Zunge; wegen der zahnartigen Fortsätze am Grund der Lippe.
Beschreibung Die Gattung *Odontoglossum* hat in den letzten 15 bis 20 Jahren einen starken Wandel erfahren. Die ursprünglich sehr umfangreiche Gattung mit über 300 *Odontoglossum*-Namen wurde 1984 von BOCKEMÜHL auf etwa 60 »echte« *Odontoglossum*-Arten reduziert. Die übrigen Arten wurden in anderen Gattungen untergebracht (siehe z. B. *Miltonioides*) oder es wurden neue Gattungen aufgestellt, z. B. die nachfolgend behandelten Gattungen *Lemboglossum* (im Jahre 1984), *Rossioglossum* (im Jahre 1976) und *Ticoglossum* (im Jahre 1983).

Die Heimat der meisten epiphytisch wachsenden Odontoglossen sind die höheren Gebirge (etwa 1500 bis 3000 m Höhe) des tropischen nördlichen Südamerikas (Venezuela bis Bolivien). Manche Arten kommen in so großer Höhe vor, daß sie kurzzeitig sogar Temperaturen nahe dem Gefrierpunkt ausgesetzt sind. Im Habitus stimmen alle *Odontoglossum*-Arten darin überein, daß sie dicht gedrängte, eiförmige und seitlich zusammengepreßte Pseudobulben besitzen, die an der Spitze 2 Blätter tragen und an der Basis meistens mit Hüllblättern umgeben sind. Am Fuße der Pseudobulben erscheint die traubenförmige oder verzweigte Infloreszenz, die gewöhnlich aufrecht steht oder gebogen ist. Das besondere Kennzeichen von *Odontoglossum* ist im Gegensatz zu den ebenfalls nahe verwandten *Oncidium*-Arten die zum Gynostemium fast parallele Lippenbasis mit den zahnartigen Höckern, von der der

Vorderlappen meist etwa im rechten Winkel nach unten absteht. Das schlanke, nach vorne stehende Gynostemium trägt an beiden Seiten je ein flügel- oder ohrförmiges Anhängsel.

Wegen der schönen und attraktiven Blüten sind viele *Odontoglossum*-Arten zur Züchtung vieler tausend verschiedener Hybriden verwendet worden. Vor allem Mehrgattungshybriden wurden mit Hilfe von *Odontoglossum*-Arten erzeugt. Einige Hybriden sind nach den Artbeschreibungen erwähnt und abgebildet (siehe Seite 137).

Kultur Die *Odontoglossum*-Arten gedeihen am besten unter kühlen Bedingungen. Der Kulturerfolg hängt stark von der Einhaltung niedriger Temperaturen ab, vor allem während der Ruhezeit im Winter. Entsprechend ihrer Herkunft aus den tropischen Nebelwäldern benötigen sie außerdem eine relativ hohe Luftfeuchtigkeit und viel frische Luft. In der Ruhezeit ist nur selten zu gießen. In der Wachstumszeit im Sommer sind sie so kühl wie möglich zu halten; das erreicht man durch Beschattung, Verdunstung von Wasser, durch Besprengung der Pflanzenumgebung und Besprühen der Pflanzen sowie durch stärkere Lüftung nur an kühleren Nächten. Außerdem soll in dieser Zeit regelmäßig und ausreichend gegossen werden. Im Herbst, wenn die Pseudobulben ausreifen und die Zeit der Blüteninduktion ist, kann man sie bis zum Erscheinen der Infloreszenz ganz trocken halten. Während der Blütezeit ist wieder etwas mehr zu gießen. Als Epiphyten lieben alle Odontoglossen als Pflanzstoff die übliche wasserdurchlässige Mischung, mit der man sie am besten in einen Topf mit guter Dränage einpflanzt. Wie die meisten Orchideen sind sie sehr empfindlich gegen stauende Nässe an den Wurzeln. Der Beginn des Wurzelwachstums im

Frühjahr ist die günstigste Zeit, um sie umzupflanzen.

Während die reinen *Odontoglossum*-Arten und auch die × *Odontioda*-Hybriden für die Kultur im Zimmer nicht geeignet sind, weil sie zeitweise kühle Bedingungen benötigen, hat man durch die Einkreuzung von *Miltonia* und *Oncidium* Hybriden gezüchtet, die die höheren Temperaturen, wie sie normalerweise in bewohnten Räumen vorkommen, gut vertragen.

Odontoglossum crispum
Lindl. K

Diese bekannte und herrliche Art ist sehr variabel, so daß es auch eine große Zahl von Varietäten gibt. Die eiförmigen, zusammengedrückten, etwa 8 cm langen Pseudobulben tragen 2 bis 3 schmale, riemenförmige, zugespitzte, bis 40 cm lange Blätter. Der meist leicht gebogene Blütenschaft von etwa 45 cm Länge ist am Ende mit 8 bis 15 Blüten dicht besetzt. Die Blüten sind gewöhnlich 8 cm groß und einheitlich weiß gefärbt sowie manchmal spärlich rotbraun gefleckt. Die Sepalen und Petalen sind elliptisch, zugespitzt und am Rand gewellt und überlappen sich oft. Die Petalen sind am Rand schwach gezähnt. Der kurze Steg der Lippe steht nach vorn und trägt eine gelbe, rot gestreifte Schwiele, während der zungenförmige, gekräuselte (= *crispum*) und fein gezähnte Vorderlappen nach unten ragt. Das weiße Gynostemium besitzt vorne zu beiden Seiten je ein kleines, fein gefranstes Öhrchen. Diese Art ist gerne und viel zu farbenprächtigen Züchtungen verwendet worden.

Blütezeit Herbst, Winter (Oktober bis März).

Heimat Kolumbien; in Höhen von 2500 bis 3000 m.

Odontoglossum crocidipterum
Rchb. f. K

Die elliptischen, zugespitzten Pseudobulben sind etwa 6 cm hoch und 3 cm breit und werden seitlich von Hüllblättern umgeben, die ungefähr so aussehen wie die beiden Laubblätter an der Pseudobulbenspitze. Sie sind schmal lanzettlich und 20 bis 25 cm lang und 2 bis 4 cm breit. Zwischen den Hüllblättern erscheint die leicht heruntergebogene Infloreszenz von etwa 30 cm Länge. Sie trägt 6 bis 9 (selten 12) Blüten von 7 cm Durchmesser. Sepalen und Petalen sind sternförmig angeordnet und sehen sich ähnlich; sie sind 3,5 cm lang und in der Mitte knapp 1 cm breit. Ihre Form ist lanzettlich, zugespitzt und an der Basis etwas verjüngt; ihre Farbe ist blaßgelb und braun gefleckt. Die Ränder sind etwas (bei den Petalen stärker) gewellt, und die Spitzen sind nach hinten umgebogen. Die Lippe hat ebenfalls ähnliche Form, besitzt aber an der Basis 2 kleine, braun gepunktete Seitenlappen. Im vorderen Lippendrittel befindet sich ein brauner Fleck, im gelben Basisbereich trägt sie zwei parallele, weißliche Schwielen.

Blütezeit Frühjahr (April, Mai).

Heimat Kolumbien; in Höhen von etwa 2000 bis 2500 m.

Odontoglossum lindleyanum
Rchb. f. K

Diese Art ist nach dem Engländer John Lindley (1799 – 1865) benannt, dem Begründer der Orchideen-Systematik. Sie besitzt länglich eiförmige Pseudobulben von etwa 8 cm Länge. Die sehr schmalen Blätter werden etwa 30 bis 40 cm lang und sitzen zu zweit oder dritt an der Pseudobulbenspitze. Die meist aufrechte Infloreszenz ist locker

Odontoglossum crocidipterum (1/2 nat. Gr.)

3- bis 8blütig und bis 35 cm lang. Die etwa 5 cm großen, duftenden Blüten bestehen aus den sternförmig angeordneten, lanzettförmigen und zugespitzten Sepalen und Petalen und aus der länglichen Lippe, die sich ihrerseits aus dem langen Steg mit 2 hornförmigen, weißen Auswüchsen und aus dem lanzettförmigen, vorne nach unten gebogenen Vorderlappen zusammensetzt. Sepalen, Petalen und Lippe sind gelb mit rotbraunen Flecken.

Blütezeit Frühjahr, Sommer (Mai bis Juli).

Heimat Kolumbien; 1800 - 2400 m.

135

Odontoglossum wyattianum

3 bis 4 Blättern umgeben, deren längstes etwa 20 cm lang wird; aus der Achsel dieses Blattes wächst die 40 cm lange Infloreszenz mit bis zu 7 Blüten. Die mittlere Sepale hat eine elliptische, zugespitzte Form von 3,5 cm Länge und 2 cm Breite. Die seitlichen Sepalen haben die gleiche Form, sind aber etwas schmaler und stehen nach unten. Alle Sepalen sind grünlich gelb und schwach violett geädert, an der Basis befindet sich ein schwach violettes und weißes Fleckenmuster. Auch die seitlich abgespreizten Petalen besitzen eine ähnliche Form und Färbung, nur das basale Fleckenmuster ist wesentlich kräftiger. Die 3,5 x 3 cm große Lippe ist mit einem kurzen Steg unterhalb des gelb und violett gefleckten Gynostemiums angewachsen. Ihr Rand ist stark gewellt und z.T. umgeschlagen. Die Grundfarbe ist in der vorderen Lippenhälfte und im Basisbereich weiß; der Mittelbereich ist kräftig violett gezeichnet. Die basale Schwiele ist lamellenartig aufgelöst; nach vorne sind die Lamellen hornartig hochgebogen.

Eine ähnliche Art, *Odontoglossum harryanum*, wurde erst vor 25 Jahren wiederentdeckt und kommt nur in Kolumbien vor. Sie unterscheidet sich von der beschriebenen Art vor allem durch die nach vorne stehenden Petalen und die gelbe Lippenbasis; Sepalen und Petalen sind bis zur Spitze stark rotbraun gebändert.

Blütezeit Sommer bis Herbst (August bis November).

Heimat Ekuador, Peru; in Höhen von 1600 bis über 2000 m.

Odontoglossum wyattianum
Wilson K

Die nach dem englischen Erstbesitzer Wyatt benannte Art besitzt dicht stehende, 10 cm lange und etwa 3 cm breite Pseudobulben, die im Alter Längsriefen bekommen. Sie tragen oben 2 Blätter von etwa 30 cm Länge und 3,5 cm Breite. An der Basis sind sie ebenfalls von

Odontoglossum Anneliese Rothenberger K

Nachdem die Gattung *Odontoglossum* aufgespalten wurde, besteht diese 1975 gezüchtete Hybride auch aus *Lemboglossum*, und zwar aus *Lemboglossum bictoniense* mit dem höchsten Anteil von 50%. Weitere wesentliche Kreuzungspartner sind *Odontoglossum crispum* (25%) und *Odontoglossum spectatissimum* (8%). 4 weitere bekannte und 4 unbekannte Arten haben unbedeutende Anteile. 11 Generationen wurden benötigt, um zu diesem sehr interessanten Zuchtergebnis zu kommen.

× *Odontioda* Annwood × Gorey Castle K

Diese Hybride ist erst in jüngster Zeit aus 2 Hybriden entstanden, die

× *Odontioda* Annwood × Gorey Castle (5/7 nat. Gr.)

Odontoglossum Anneliese Rothenberger (2/5 nat. Gr.)

jeweils mit ihren größten Anteilen aus *Odontoglossum crispum* (ca. 55%) und der sehr ähnlichen Art *Odontoglossum nobile* (ca. 20%) sowie *Odontoglossum harryanum* (ca. 3,5%) bestehen. Weitere Anteile sind unbedeutend, ebenso der Anteil an der leuchtend roten *Cochlioda noezliana*, weshalb diese Hybride dennoch als × *Odontioda* bezeichnet wird.

× *Vuylstekeara* Cambria 'Lensings Favorit' K/T

Diese Mehrgattungshybride wurde 1931 zum ersten Mal gezüchtet. Ihre weitgehend rote Blütenfarbe ist durch *Cochlioda noezliana* eingekreuzt. Die Lippenfarbe und -form läßt sich auf die beteiligten Arten *Odontoglossum harryanum* und *Miltonia vexillaria*, jetzt *Miltoniopsis vexillaria*, zurückführen, während das ebenfalls beteiligte *Odontoglossum crispum* kaum noch auszu-

machen ist. Die fast runden bis eiförmigen und seitlich abgeflachten Pseudobulben werden 6 bis 8 cm lang und 4 bis 5 cm breit. Die Pseudobulbe trägt ein einzelnes, schmal lanzettliches Blatt von 40 bis 50 cm Länge und 4 cm Breite. Die Scheidenblätter links und rechts der Pseudobulbe erreichen ebenfalls diese Größe. Zwischen einem Scheidenblatt und der Pseudobulbenbasis wächst der etwa 60 cm lange Blütentrieb, der 6 bis 8 Blüten von etwa 8 cm Durchmesser trägt. Die Blütezeit fällt meist in das Sommerhalbjahr.

Neben der abgebildeten Sorte 'Lensings Favorit' werden auch die Sorten 'Wichmanns Favorit' und 'Plush' angeboten. Der Sortenname darf nur bei erbgleichen, d. h. vegetativ (z. B. mit Hilfe von Meristemen) vermehrten Pflanzen Verwendung finden.

× *Vuylstekeara* Cambria 'Lensings Favorit' (1/2 nat. Gr.)

137

Lemboglossum Halb.
Tr. Oncidieae   Subtr. Oncidiinae

Etymologie   Griechisch *lembos* = Boot, *glossa* = Zunge; wegen der bootförmigen Schwiele auf der Lippe.

Beschreibung   Die 14 Arten dieser Gattung kommen von Mexiko bis West-Venezuela vor und bewohnen dort als Epiphyten kühle Berg- und Nebelwälder bis fast 3000 m Höhe. Die Pseudobulben, die an der Basis von mehr oder weniger großen Hüllblättern umgeben sind, stehen dicht beieinander und tragen 1 bis 2 Blätter. Der aufrechte Blütenstand besteht aus meist wenigen, aber attraktiven Blüten. Typisch ist bei der Blüte das schlanke Gynostemium, an dessen Basis die Lippe mit einem schmalen Steg angewachsen ist. Dieser Steg trägt eine charakteristische, bootförmige Schwiele, die meist nach vorne in zwei kleine Wülste ausläuft.

Kultur   Wie bei *Odontoglossum* (Seite 134f.)

Lemboglossum bictoniense
(Lindl.) Halb. K

(Syn.: *Odontoglossum bictoniense* Lindl.)

Diese Art blühte in Europa zum ersten Mal bei Lord Rolle in Bicton (= *bictoniense*). Sie besitzt ovale, flachgedrückte Pseudobulben von etwa 12 bis 15 cm Länge, die von Blattscheiden umgeben sind und 2 bis 3 Blätter tragen. Die bis 45 cm langen Blätter sind länglich elliptisch, zugespitzt und von weicher Beschaffenheit. Der aufrecht ragende Blütenstand wird 60 bis 100 cm lang und trägt im oberen Teil 8 bis 12 Blüten von 4 bis 5 cm Durchmesser. Die lanzettförmigen, etwa 2 cm langen und an der Spitze leicht gebogenen Sepalen

sind gelblich grün mit rotbraunen Flecken. Die ebenso gefärbten und geformten Petalen sind etwas kürzer als die Sepalen. Die herzförmige Lippe ist etwas länger als die Sepalen und am Rande gewellt; ihre Farbe ist weiß bis hellviolett. Sie besitzt am Grunde einen kurzen, schmalen Steg, auf dem sich 2 gelbliche Kiele befinden.

Blütezeit   Herbst bis Frühjahr (Oktober bis April).

Heimat   Mexiko, Guatemala, El Salvador; in Höhen zwischen 1600 und 3200 m.

 ### Lemboglossum cervantesii
(Llave et Lex.) Halb. K

(Syn.: *Odontoglossum cervantesii* Llave et Lex.)

Diese Art wurde dem mexikanischen Professor für Botanik, Vincentio Cer-

Lemboglossum cordatum (6/7 nat. Gr.)

vantes, gewidmet. Die eiförmigen, dicht beieinander wachsenden, 1blättrigen Pseudobulben werden etwa 3 bis 5 cm hoch. Die lanzettförmigen Blätter sind ziemlich dünn und erreichen Längen von 10 bis 15 cm. Die aufrechte oder etwas geneigte, höchstens 30 cm lange Infloreszenz trägt an der Spitze 1 bis 6 duftende Blüten von etwa 6 cm Durchmesser und ist mit kleinen, bräunlichen Deckblättchen besetzt. Die breit lanzettförmigen, sternförmig abstehenden Sepalen und Petalen werden etwa 3 cm lang und besitzen eine weiße oder seltener violettrosa Grundfarbe sowie an der Basis konzentrische rotbraune bis violette Streifen. Die wie die übrigen Blütenteile in der Grundfarbe gleich aussehende Lippe hat an der Basis einen kurzen, schmalen Steg mit kleinen, gelben Auswüchsen, der in den großen ei- bis herzförmigen, am Rand gewellten Vorderlappen übergeht. Das gelbliche Gynostemium trägt vorn an beiden Seiten je ein ohrähnliches Anhängsel.

Blütezeit Spätherbst, Winter (November bis März).

Heimat Mexiko, Guatemala; in Höhen zwischen 1500 und 3000 m.

Lembloglossum cordatum
(Lindl.) Halb. K

(Syn.: *Odontoglossum cordatum* Lindl.)

Die 1blättrigen, 6 bis 8 cm langen Pseudobulben sind länglich eiförmig, flach und stehen dicht beieinander. Die lanzettförmigen, derben Blätter sind an der Basis gefaltet und werden etwa 20 bis 30 cm lang und etwa 4,5 cm breit. Der meist aufrecht stehende Blütenschaft von etwa 40 cm Länge trägt an der Spitze 5 bis 8 Blüten von etwa 6 bis 8 cm Durchmesser. Die abstehenden, lanzettförmigen, sich zur Spitze hin allmählich verjüngenden Sepalen sind gelblich bis grünlich und braun gestreift. Die kürzeren, gewellten Petalen sind gelblich bis grünlich und braun gefleckt. Die herzförmige (= *cordatum*) Lippe besitzt an der Basis nur einen sehr kurzen Steg mit 2 gelblichen bis rötlichen Kielen. Die Lippenfarbe ist weiß und braun gefleckt. Das Gynostemium besitzt keine ohrförmigen Anhängsel.

Blütezeit Sommer, Herbst (Juli bis Oktober).

Heimat Mexiko bis Venezuela.

Lembloglossum madrense
(Rchb. f.) Halb. K

(Syn.: *Odontoglossum madrense* Rchb. f.)

Die dicht stehenden Pseudobulben haben Abmessungen von 10 mal 2,5 cm und tragen an der Spitze 2 lanzettliche, zugespitzte Blätter von 20 cm Länge und 3 cm Breite. An der Pseudobulbenbasis befinden sich etwas kürzere Stützblätter, zwischen denen die 25 cm lange Infloreszenz mit etwa 4 bis 6 sternförmigen Blüten erscheint. Die elliptische, zugespitzte, mittlere Sepale ist 4 cm lang und fast 1,5 cm breit; die seitlichen Sepalen sind ebenso lang, aber mit 8 mm Breite deutlich schmaler. Die seitlich abstehenden Petalen haben ungefähr die Form und Abmessungen der mittleren Sepale, nur die Basis ist stielartig verjüngt. Sepalen und Petalen sind porzellanfarben und tragen im Basisbereich große ineinanderfließende, dunkelbraune Flecken. Die herzförmige Lippe ist in der Mitte und im Basisbereich mit der Schwiele kräftig gelb gefärbt. Die Schwiele besitzt kleine rötliche Flecken.

Blütezeit Sommer bis Herbst (August bis Oktober); Blüten über 6 Wochen haltbar.

Heimat Süd-Mexiko; nach dem Fundgebiet in der Sierra Madre benannt (= *madrense);* in Höhen von 2000 bis 2700 m.

 ## *Lembloglossum rossii*
(Lindl.) Halb. K

(Syn.: *Odontoglossum rossii* Lindl.)

Diese kleinwüchsige Art hat ihren Namen nach ihrem Entdecker, dem

Lembloglossum madrense (3/4 nat. Gr.)

Orchideensammler Ross, bekommen. Die stark zusammengedrückten, eiförmigen, 1blättrigen Pseudobulben werden etwa 4 bis 5 cm lang. Die lanzettförmigen, zur Basis verschmälerten Blätter erreichen eine Länge von 12 bis 15 cm und eine Breite von 2 bis 4 cm. Die 2- bis 5blütige Infloreszenz ist meist kürzer als die Blätter. Die 5 bis 7 cm großen Blüten bestehen aus den schmalen, lanzettförmigen Sepalen, aus den elliptischen, am Rand gewellten Petalen, deren Spitzen zurückgeschlagen sind, und aus der fast herzförmigen bis dreieckigen, am Rand stark gewellten Lippe mit einem kurzen, schmalen Steg an der Basis. Die Sepalen sind cremefarben bis rosa und dicht rotbraun gefleckt. Die Petalen haben die gleiche Grundfarbe wie die Sepalen, jedoch beschränken sich die rotbraunen Flecken auf die untere Hälfte an der Basis. Die Lippe ist cremefarben, nur die Doppelschwiele auf dem Steg ist hellgelb.

Blütezeit Spätherbst, Winter (November bis März).

Heimat Mexiko bis Nicaragua; in Höhen bis zu 3000 m.

Lemboglossum uro-skinneri
(Lindl.) Halb. K

(Syn.: *Odontoglossum uro-skinneri* Lindl.)

Die nahe mit *L. bictoniense* verwandte Art (mit allerdings größeren Blüten) wurde zu Ehren ihres Entdeckers G. Ure-Skinner benannt. Sie besitzt eiförmige, etwa 7 cm hohe Pseudobulben, an deren Spitzen sich die 1 bis 2 lanzettförmigen Blätter von 25 bis 30 cm Länge befinden. Der aufrechte, bis 1 m hohe Blütenschaft trägt 10 bis 20 duftende, locker angeordnete und 6 bis 8 cm große Blüten. Die Sepalen und Petalen

sind länglich oval sowie gelbgrün und dunkelbraun marmoriert. Die nierenförmige, etwa 4 cm breite Lippe ist vorne etwas nach hinten gebogen und am Rand stark gewellt. Ihre Farbe ist rosaviolett mit undeutlichen weißen Flecken. Der kurze schmale Steg am Grund der Lippe trägt 2 ebenso gefärbte, parallele Kämme. Das Gynostemium ist fleischrot und an der Spitze weiß.

Blütezeit Meist Herbst, Winter (September bis März).

Heimat Guatemala, Honduras.

Rossioglossum
(Schltr.) Garay et Kennedy
Tr. Oncidieae   Subtr. Oncidiinae

Etymologie Benannt nach Herrn Ross, einem englischen Orchideensammler; griechisch *glossa* = Zunge, wegen der zungenartigen Lippe.

Beschreibung 6 eng verwandte Arten, von denen eine Art verschollen ist, wurden in dieser Gattung zusammengefaßt. Sie kommen in getrennten Gebieten in Berglagen zwischen 1000 und etwa 2500 m von Mexiko bis Nord-Panama vor. Typisch sind die 2blättrigen Pseudobulben, die nur von häutigen Scheidenblättern umgeben sind. Anhand des Habitus können die Arten kaum unterschieden werden. Die verhältnismäßig großen Blüten haben eine kontrastreiche Färbung aus Braun- und Gelbtönen und tragen an der Basis der 3lappigen Lippe eine auffällige, mehrzipfelige Schwiele. Die Lippe steht im rechten Winkel von dem Gynostemium ab. Die Pseudobulben stehen dicht beieinander. Die Infloreszenz steht mehr oder weniger aufrecht.

Kultur Die am häufigsten kultivierte Art *Rossioglossum grande* wurde früher als Anfängerorchidee empfohlen, doch

ist ihre Haltung wegen des gewünschten heimatlichen Bergklimas leider nicht so einfach. Alle Arten benötigen einen kühlen Kulturraum und trotz trockenerem Stand im Winter immer hohe Luftfeuchtigkeit. Man kann die Rossioglossen im Sommer gut im Garten halten, wenn allzuviel Regen abgeschirmt wird. Im Herbst müssen sie dann bei Nachttemperaturen von unter 6 °C an einen kühlen Ort gestellt werden. Fensterbankkultur ist nur bei Einhaltung der genannten Kulturbedingungen möglich. Im übrigen können sie wie Odontoglossen kultiviert werden (siehe Seite 134f.)

Rossioglossum grande
Lindl. Garey et Kenn. K

(Syn.: *Odontoglossum grande* Lindl.)

Diese sehr beliebte und häufig kultivierte *Rossioglossum*-Art mit ihren großen (= *grande*), auffälligen Blüten ist eine der wenigen tropischen Orchideen, die einen deutschen Namen trägt. Wegen ihrer teilweise gestreiften Blüten nennt man sie »Tigerorchidee«. Ihre Pseudobulben sind rundlich bis eiförmig und mit zunehmendem Alter gefurcht; sie werden 8 bis 10 cm hoch, etwa 6 cm breit und stehen dicht beieinander. Die lanzettförmigen, kurzgestielten Blätter erreichen eine Länge von etwa 35 cm und eine Breite von etwa 7 cm. Der bis 30 cm hohe Blütenschaft trägt am Ende 3 bis 8 locker angeordnete, etwa 3 Wochen haltende, wachsartige Blüten von etwa 15 cm Durchmesser. Die zungenförmigen Sepalen sind auf gelbem Grund ungleich rotbraun quergestreift. Die im Vergleich zu den Sepalen doppelt so breiten, am Rande gewellten Petalen besitzen von der Basis bis zur Mitte eine rotbraune und von

Rossioglossum grande (1/2 nat. Gr.)

der Mitte bis zur Spitze eine gelbe Farbe. Die runde bis eiförmige am Rand gewellte Lippe ist nur halb so lang wie die Sepalen und hat eine weißliche bis gelbliche Grundfarbe mit hellbraunen Querstreifen in der Basisgegend. Am Grunde der Lippe befindet sich eine ausgeprägte, vierendige Schwiele, die gelb und rötlich gefärbt ist. Das Gynostemium besitzt vorne 2 kleine, halbkreisförmige, nach unten hängende Lappen.

Blütezeit Spätherbst, Winter (Oktober bis März).

Heimat Mexiko (Chiapas), Guatemala; in Höhen zwischen 1000 und 2500 m (meist in unteren Astgabeln).

Rossioglossum insleayi
(Barker ex Lindl.)
Garay et Kenn. K

(Syn.: *Odontoglossum insleayi* Barker ex Lindl.)

Diese Art wurde nach dem Orchideengärtner Insleay benannt, weil sie bei ihm das erste Mal in Kultur blühte. Der Habitus entspricht dem der zuvor beschriebenen Art. Sie unterscheidet sich aber von allen anderen Arten durch den Blütenaspekt. Die Blüten sind am kräftigsten gebändert bzw. gefleckt, wobei die braunen Bänder/Flecken auf dem gelben Untergrund der am Rande etwas eingerollten Sepalen und Petalen typischerweise deutlich voneinander getrennt sind. Der rundliche Mittellappen der Lippe ist auf dem gelben Grund nur im Randbereich gefleckt.

Blütezeit Herbst, Winter (September bis Februar).

Heimat Süd-Mexiko (pazifische Seite).

Ticoglossum
Rodr. ex Halb.
Tr. Oncidieae Subtr. Oncidiinae

Etymologie *Tico* ist ein Spitzname für einen Costaricaner. Dieser Name wurde gewählt, weil diese Gattung nur in Costa Rica vorkommt; griechisch *glossa* = Zunge, wegen der zungenförmigen Lippe.

Beschreibung 2 in der Kultur selten anzutreffende Arten mit ähnlichen Merkmalen wurden aus der Gattung *Odontoglossum* (siehe Seite 134) herausgelöst und in dieser neuen Gattung zusammengefaßt. Der Habitus mit den 1blättrigen, rundlichen und eng beieinander stehenden Pseudobulben ist wesentlich kleiner, und die Infloreszenz trägt nur bis zu 3 Blüten. Die Lippenschwiele ist papillös behaart. Weitere

141

Angaben sind den Artbeschreibungen zu entnehmen.

Kultur Wie bei *Odontoglossum,* nur ist *T. krameri* aufgrund seiner Höhenverbreitung temperiert zu halten.

Ticoglossum krameri
(Rchb. f.) Rodr. ex Halb. T

(Syn.: *Odontoglossum krameri* Rchb. f.)

Diese nach dem Orchideensammler Carl Kramer benannte Art besitzt 4 bis 5 cm lange Pseudobulben. Die ziemlich lederartigen, elliptisch lanzettförmigen Blätter sind etwa 20 cm lang und 5 cm breit. Die meist zu mehreren je Pseudobulbe erscheinenden, meist aufrechten, 15 bis 20 cm langen Blütenstände werden von den 2 bis 3 wohlriechenden, langlebigen, 4 bis 5 cm großen Blüten gekrönt. Die abstehenden, elliptischen und fast gleich aussehenden Petalen

und Sepalen haben am Rand eine elfenbeinähnliche und zur Mitte hin eine schwach rosa bis hellviolette Färbung. Die Lippe besitzt einen kurzen, schmalen Steg, der eine gelbe Schwiele trägt, und einen trapezförmigen Vorderlappen, der zum Steg hin nebeneinander 2 halbkreisähnliche, rotbraune Streifen trägt. Der Vorderlappen ist etwas kräftiger rosa bis hellviolett gefärbt.

Blütezeit Meist Sommer (August, September).

Heimat Nicaragua, Costa Rica; in Höhen von 600 bis 1400 m.

Ticoglossum oerstedii
(Rchb. f.) Rodr. ex Halb. K

(Syn.: *Odontoglossum oerstedii* Rchb. f.)

Die nach ihrem Entdecker Dr. Oersted benannte Art besitzt meist nur 2 cm hoch werdende Pseudobulben. Die gestielten Blätter sind schmal elliptisch und erreichen eine Länge von etwa 15 cm und eine Breite von etwa 3 cm. Der etwa 15 cm lange, aufrechte Blütenschaft trägt an der Spitze 1 bis 2 wachsartige, langlebige und duftende Blüten von etwa 4 cm Durchmesser, die bis auf die gelbe Lippenbasis rein weiß sind. Die etwa 2 cm langen Sepalen und Petalen sind oval, abgestumpft und überdecken sich etwas. Die Lippe besteht aus einem kurzen, schmalen Steg, der eine orange gefleckte Schwiele trägt, und aus dem ovalen bis kreisrunden Vorderlappen, der vorne tief eingekerbt ist. Das Gynostemium ist weiß gefärbt.

Blütezeit Winter, Frühjahr (Februar bis Mai).

Heimat Costa Rica, Panama; in Höhen von etwa 2000 bis 3000 m.

Ticoglossum oerstedii (1,5 × nat. Gr.)

Ticoglossum krameri (1,5 × nat. Gr.)

Oncidium Sw.
Tr. Oncidieae Subtr. Oncidiinae

Etymologie Griechisch *ogkos* (gesprochen: onkos) = Schwiele; aufgrund der schwielenartigen und warzigen Auswüchse an der Lippenbasis.

Beschreibung Die ursprünglich mit über 750 Arten sehr umfangreiche Gattung *Oncidium* wurde in den letzten 10 bis 15 Jahren von verschiedenen Autoren bearbeitet. Dabei wurden, soweit möglich, eng verwandte Arten in neu angewendete Gattungen zusammengefaßt, deren Namen meist schon aus dem Anfang des letzten Jahrhunderts stammen. Zu diesen gehören z. B. *Cyrtochilum* mit etwa 60 Arten, *Lophiaris* mit 18 meist auch in Kultur befindlichen Arten sowie *Psychopsis* und *Tolumnia,* die nachfolgend behandelt werden. Für die neu definierte Gattung *Oncidium* verbleiben aber immer noch über 300 Arten, die von Florida über Mittelamerika bis Südamerika (Bolivien, Argentinien) vorkommen. Die meisten Arten (etwa 100) findet man in Brasilien. Die Höhenverbreitung reicht von Meereshöhe bis fast 3000 m, aber die meisten Arten kommen in andinen Bergwäldern in etwa 1500 m Höhe vor. Aufgrund der hohen Artenzahl und der weiten Verbreitung ist auch das Erscheinungsbild der *Oncidium*-Arten sehr verschieden. Die meisten besitzen deutlich ausgebildete Pseudobulben mit 1 oder 2 Blättern an der Spitze, die überwiegend eng zusammenstehen, seltener aber auch entfernt voneinander sind und somit einen kriechenden Wuchs haben. Die meist verzweigten und teilweise sehr langen Blütenstände tragen zahlreiche Blüten, die vielfach eine gelbe und braune Färbung haben, obwohl es auch weißliche und rötliche Blütenfarben gibt. Alle Oncidien haben den gleichen Blütenaufbau. Im Gegensatz zu den verwandten Gattungen besitzen sie eine am Grunde mehrwarzige Lippe, die mit dem kurzen, dicklichen Gynostemium stets einen rechten Winkel bildet.

Kultur Aufgrund der unterschiedlichen Herkunftsgebiete sind auch die Temperaturansprüche ganz verschieden. Der größte Teil der in Kultur befindlichen Arten eignet sich jedoch am besten für eine temperierte Umgebung. Von den nachfolgend aufgeführten Arten benötigen nur *Onc. cucullatum* und *Onc. nubigenum* kühle Bedingungen. Die meisten *Oncidium*-Arten lassen sich gut in Töpfen mit guter Dränage pflegen, in die sie mit dem Epiphytenpflanzstoff fest eingepflanzt werden. Hängende Arten oder Arten mit kriechendem Rhizom wird man besser auf Baumfarnbretter oder an Korkrinde mit etwas Pflanzstoff setzen. In der Wachstumszeit ist reichlich zu gießen, während zur Pseudobulbenreife und Blüteninduktion sowie in der Ruhezeit im Winter nur wenig gegossen werden muß. Die

meisten *Oncidium*-Arten lieben ausreichende Luftfeuchtigkeit sowie viel Luft und leichten Schatten. Direkte Sonne ist zu vermeiden, damit die Blätter nicht verbrennen. Die beste Umpflanzzeit ist das zeitige Frühjahr, wenn die Wurzeln und neuen Triebe zu wachsen beginnen. Aus Rückbulben können die Oncidien leicht vermehrt werden.

Oncidium barbatum Lindl. T

Die länglich bis breit ovalen und flachen Pseudobulben werden etwa 5 bis 6 cm lang und tragen je ein längliches, glänzendes Blatt von etwa 10 cm Länge. Der Stiel der schlanken Infloreszenz ist fahlgrün und rotbraun gefleckt, steht aufrecht oder ist etwas gebogen und wird etwa 35 cm lang. An seiner Spitze stehen 6 bis 12 wachsartige Blüten von etwa 2,5 bis 3,5 cm Durchmesser in lockerer Anordnung. Die länglich ovalen, gewellten, 1,5 cm langen Sepalen sind gelb und dunkelbraun gefleckt; die seitlichen stehen dicht zusammen und sind etwas zusammengewachsen. Die gleichaussehenden Petalen sind nur etwas breiter. Die 3lappige, leuchtend gelbe Lippe besteht aus ziemlich gleichaussehenden, verkehrt eiförmigen Lappen, von denen die beiden seitlichen abgestumpft sind und der mittlere zugespitzt ist. An der Lippenbasis befindet sich ein 5zähniger, rot gefleckter und am Rand gefranster *(barbatum* = bärtig) Kamm.

Blütezeit Frühjahr (März bis Mai).
Heimat Brasilien.

Oncidium cebolleta Sw. T

(Syn.: *Oncidium longifolium* Lindl.)

Diese Art besitzt ein kräftiges Rhizom mit rundlichen, sehr kleinen und kaum

sichtbaren Pseudobulben, auf denen die 15 bis 50 cm langen, zugespitzten, sehr derben und manchmal rötlich angehauchten Blätter sitzen, die einen fast kreisförmigen Querschnitt bis 1,5 cm Durchmesser haben. Die längs mit einer Rille versehenen Blätter stehen nach oben oder hängen nach unten. An der Blattbasis erscheint die 60 bis 70 cm lange Infloreszenz, die zur Spitze hin verzweigt und locker vielblütig ist. Die 2,5 bis 3 cm großen Blüten bestehen aus den etwa 1 cm langen, länglichen, gewellten Sepalen und Petalen sowie aus der verhältnismäßig großen, 3lappigen und goldgelben Lippe. Die gelben Sepalen und Petalen sind rotbraun gefleckt. Die Seitenlappen der Lippe sind eiförmig, der Vorderlappen ist verkehrt herzförmig. Die Schwiele am Lippengrund besitzt 2 große sowie mehrere kleinere Zähne.

Blütezeit Meist Spätwinter, Frühjahr (Februar bis Mai).
Heimat Mexiko, Antillen bis Paraguay; in Höhen bis 1700 m.

Oncidium cheirophorum Rchb. f. T

Die flachen, dicht zusammenstehenden, ovalen Pseudobulben werden 2 bis 3 cm hoch und sind am Grunde von einigen Hüllblättern umgeben. An der Spitze der Pseudobulben wächst je ein riemenförmiges, zugespitztes Blatt von 10 bis 15 cm Länge und etwa 1,5 cm Breite. Pro Trieb erscheinen am Fuß der Pseudobulben aus den Hüllblättern 1 bis 2 dicht vielblütige (meist über 30 Blüten) Infloreszenzen, die aufrecht stehen oder etwas geneigt sind und bis zu 25 cm lang werden. Die wohlriechenden, goldgelben und etwa 4 bis 6 Wochen haltenden Blüten werden etwa 1,5 cm groß und tragen eine handähnliche (= *cheirophorum*) Lippe. Die Sepalen und Petalen sind kellenförmig und besitzen einen Stiel an der Basis. Die mittlere Sepale ist konkav und steht aufrecht, während die seitlichen Sepalen weit zurückgeklappt sind. Die Petalen sind leicht nach vorn gebogen und laufen nach oben spitz zu. Die 3lappige Lippe besitzt 2 abstehende, halbrunde Seitenlappen, deren untere und seitliche Ränder weit nach hinten umgeschlagen sind, und einen fast runden, schwach konkaven Mittellappen, der vorne einen kleinen Einschnitt hat. Die 3teilige, fleischige Schwiele am Lippen-

grund ist als einzigstes Blütenteil weiß gefärbt.
Blütezeit Spätsommer, Herbst (August bis Dezember).
Heimat Nicaragua, Costa Rica bis Kolumbien.

 Oncidium concolor
Hook. T

Die 4 bis 5 cm langen, 2blättrigen Pseudobulben sind oval, zusammengedrückt und im Alter längsgerieft. Die lederartigen, lanzettförmigen Blätter werden

12 bis 15 cm lang und etwa 2,5 bis 3 cm breit. Der am Pseudobulbenfuß entspringende, lockerblumige Blütenstand ist meist überhängend, trägt 6 bis 12 Blüten und wird etwa 25 bis 30 cm lang. Die etwa 4 cm großen, 2 bis 3 Wochen haltbaren Blüten sind leuchtend zitronen- bis goldgelb, nur die Sepalen haben einen schwachen Grünstich. Die mittlere Sepale und die Petalen sind länglich elliptisch, zugespitzt und ragen nach oben. Die seitlichen Sepalen befinden sich hinter der großen Lippe und sind etwa bis zur Hälfte zusammengewachsen. Die verkehrt herzförmige Lippe ist am Rand gewellt und vorne manchmal schwach umgebogen. An der Lippenbasis befinden sich 2 parallele Kämme. Das Gynostemium besitzt vorne 2 kleine Öhrchen.
Diese Art hat insgesamt große Ähnlichkeit mit der Art *Oncidium ottonis* Schltr., die im Habitus zwar etwas kleiner ist, aber um etwa 1 cm größere und dafür etwas weniger (5 bis 8) Einzelblüten besitzt. Die Außenseite der Sepalen ist typisch etwas rotbraun gezeichnet. Blütezeit und Heimat sind bei beiden Arten gleich.
Blütezeit Frühjahr (März bis Juni).
Heimat Brasilien (Orgelgebirge); in Höhen von etwa 1000 m.

Oncidium divaricatum
Lindl. T

Die 1blättrigen Pseudobulben sind stark zusammengepreßt und ergeben eine Kreisform mit 2,5 bis 3,5 cm Durchmesser. Das lanzettliche, lederartige Blatt wird 15 bis 30 cm lang und 4 bis 8 cm breit. Der 1 bis 2 m lange Blü-

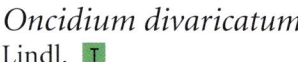
Oncidium divaricatum (2,5 × nat. Gr.)

144

tenstand ist verzweigt und kann über 100 Blüten von etwa 2,5 cm Durchmesser tragen. Die spatelförmigen Sepalen und Petalen sind dunkelbraun und an der äußersten Spitze gelb gefärbt. Die 3lappige Lippe trägt in der Mitte eine kissenartige, papillös behaarte Schwiele. Die relativ großen Seitenlappen sind ausgespreizt (= *divaricatum*), am Rand gezähnt und braun und gelb gefleckt. Der Mittellappen ist vorne etwas eingeschnitten und am Rand leicht gewellt; seine Farbe ist braun und in der vorderen Hälfte gelb. Das geflügelte Gynostemium ist ebenfalls gelb.

Blütezeit Winter.

Heimat Südost-Brasilien; Küstenberge in einem Höhenbereich um 1500 m.

Oncidium harrisonianum
Lindl. **T**

Die 1blättrigen, runden bis eiförmigen und flachen Pseudobulben werden etwa 2 bis 3 cm hoch und sind von hellgrünen Hüllblättern umgeben, zwischen denen die 20 bis 30 cm lange Infloreszenz erscheint. Die 10 bis 15 cm langen, zungenförmigen Blätter sind stumpf, fleischig und graugrün. Der Blütenstand trägt am Ende in lockerer Anordnung meist 15 bis 30 oder manchmal noch mehr, etwa 2 Wochen haltbare und nacheinander aufgehende Blüten von etwa 2 cm Durchmesser. Die Sepalen und Petalen stehen sternförmig ab und sind zungenförmig und zur Basis hin verschmälert; ihre Spitzen sind teilweise leicht nach hinten gebogen. Die Farbe der Sepalen und Petalen ist dunkelbraun mit gelber Zeichnung und gelbem Saum; das Gelb hat manchmal einen leichten Grünstich. Die etwa 1 cm lange, hellgelbe Lippe besitzt 2 kleine, hellbraun gefleckte Basallappen und an einem ziemlich langen Steg einen halb-

Oncidium nubigenum (1,8 × nat. Gr.)

kreisförmigen, am Rand leicht gewellten Vorderlappen. Am Fuße des Stegs sitzt die weißliche, langgezähnte Schwiele.

Blütezeit Meist Sommer (Juni bis September), manchmal Spätherbst (November, Dezember).

Heimat Brasilien.

Oncidium nubigenum
Lindl. **K**

Die eiförmigen, flachen Pseudobulben stehen dicht zusammen, werden 4 bis 6 cm lang und tragen 1 bis 2 riemenförmige, zugespitzte und an der Basis gefaltete Blätter von etwa 15 cm Länge. Der bis 50 cm lange Blütenschaft neigt sich meist und trägt an der Spitze eine manchmal wenig verzweigte Blütenrispe von 6 bis 12 wolkenbildenden (= *nubigenum*) Blüten, die etwa 3 cm groß

sind. Die Sepalen und Petalen sind gewöhnlich grünlich dunkelbraun bis dunkelviolettrot und manchmal am ganz schmalen Rand heller gefärbt. Sie sehen ziemlich gleich aus und sind länglich oval, zugespitzt und am Rand leicht gewellt. Die seitlichen Sepalen sind verwachsen und nur an der Spitze 2zipfelig und werden durch die Lippe verdeckt. Die 3lappige Lippe besteht aus den beiden kleinen rundlichen Seitenlappen und aus dem fast ohne Steg direkt anschließenden, großen, breit nierenförmigen und am Rand gewellten Vorderlappen. Die gesamte Lippe hat eine weiße bis rosa Grundfarbe mit kräftigen, violetten Flecken. Zwischen den beiden Seitenlappen sitzt die gelbe Schwiele.

145

Oncidium ornithorhynchum
(1,3 × nat. Gr.)

Eine sehr ähnliche Art mit fast gleichem Verbreitungsgebiet ist *O. cucullatum* Lindl., die im Habitus etwas größer ist und deren Blüten mehr langgestreckt sind; der schmal nierenförmige Vorderlappen besitzt einen ausgeprägten Steg und trägt vereinzelt violette Punkte.
Blütezeit Herbst, Winter (Oktober bis Januar).
Heimat Ekuador; in Höhen von 2500 bis 4000 m.

Oncidium ornithorhynchum
H. B. et Kth. [T]

Diese bei Liebhabern weitverbreitete und beliebte Art besitzt dicht zusammenstehende, eiförmige und etwas zu-

sammengedrückte Pseudobulben von 5 bis 8 cm Länge, die von Scheidenblättern umgeben sind. Die meist zu zweit stehenden, 25 bis 30 cm langen und etwa 4 cm breiten Blätter haben eine lanzettliche Form und sind nicht sehr derb. Die meist 2 Infloreszenzen pro Neutrieb erscheinen an den beiden Schmalseiten der Pseudobulben, geschützt von den Hüllblättern, und werden bis zu 60 cm lang (meist kürzer). Sie hängen mehr oder weniger stark nach unten und sind dicht vielblütig und verzweigt. Die 2 cm großen, etwa 4 Wochen haltbaren Blüten duften stark vanilleähnlich und haben eine schöne, hellviolette bis rosenrote Farbe. Die Schwiele ist goldgelb. Die etwa 1 cm langen Sepalen und Petalen sind zungenförmig und zur Basis hin etwas verschmälert. Die mittlere Sepale ist nach hinten gebogen. Auf der geigenähnlichen Lippe sitzt am Grunde die Schwiele mit 5 parallelen Kämmen und mit 2 kleinen, hornähn-

lichen Verlängerungen. Die Anthere ist vogelschnabelförmig (= *ornithorhynchum*) ausgebildet.
Blütezeit Herbst, Winter (Oktober bis Februar).
Heimat Mexiko bis Costa Rica; in Höhen von etwa 1500 m.

Psychopsis Raf.
Tr. Oncidieae   Subtr. Oncidiinae

Etymologie Griechisch *psyche* = Schmetterling, *opsis* = ähnlich; wegen der einem Schmetterling ähnelnden Gestalt der Blüten.
Beschreibung Der Gattungsname wurde schon 1838 von Rafinesque vergeben, doch haben ihn erst 1982 Lückel und Braem wieder aufgenommen. Die Gattung besteht zwar nur aus 3 Arten, doch sie gehören mit zu den attraktivsten und interessantesten Orchideen,

---

 × *Howeara*
Mini-Primi [T]

Diese Mehrgattungshybride wurde 1976 aus nur 3 Arten, aber jeweils aus verschiedenen, nahe verwandten Gattungen gezüchtet. Zu 50 % ist *Leochilus oncidioides* in der Hybride enthalten. Die beiden übrigen Anteile teilen sich zu je 25 % *Oncidium sarcodes* und *Rodriguezia secunda*, von deren roten Blütenfärbung nur wenige, rote Flecken auf den Blütenblättern übriggeblieben sind. Während *Oncidium sarcodes* ziemlich große Pflanzen hervorbringt, gehören die anderen beiden Kreuzungspartner zu den Kleinorchideen; da letztere dominieren, kann auch die Hybride zu diesen gezählt werden.

weshalb sie auch alle in Kultur sind. Sie werden nicht nur von Schmetterlingen bestäubt, sondern erinnern auch durch die fühlerartigen Sepalen an Schmetterlinge. Die Pseudobulben stehen dicht zusammen und sind nur von kleinen Scheidenblättern umgeben. Die mehrblütige Infloreszenz erreicht eine Länge von etwa 75 cm und trägt etwa 12 cm große Blüten.

Kultur Aufgrund ihres Vorkommens in Höhenbereichen von 300 bis etwa 1000 m benötigen sie warme Kulturbedingungen. Die Nachttemperaturen im Winter sollten nicht unter 18 °C liegen. Die sonstige Pflege entspricht der von *Oncidium* (siehe Seite 143).

Psychopsis krameriana
(Rchb. f.) Jones ⬛W

(Syn.: *Oncidium kramerianum* Rchb. f.)

Die nach dem Hamburger Gärtner Kramer benannte Art besitzt etwas zusammengedrückte, fast kreisrunde und dicht zusammenstehende Pseudobulben von 2,5 bis 4 cm Länge. Die einzeln wachsenden, 15 bis 20 cm langen und etwa 7 cm breiten Blätter sind ziemlich ledrig, länglich elliptisch und zugespitzt; ihre Farbe ist dunkelgrün mit schwacher bräunlich violetter Sprenkelung. Der schlanke, aufrecht wachsende und 60 bis 90 cm lange Blütenschaft besitzt in Abständen deutlich ausgeprägte Knoten und bringt an seiner Spitze über mehrere Jahre hinweg nacheinander meist einzeln stehende Blüten hervor, so daß der Schaft nicht abgeschnitten werden darf. Die lange haltbaren, 10 bis 12 cm großen Blüten haben Ähnlichkeit mit Schmetterlingen, besonders die obere Sepale und die beiden Petalen. Diese sind bis 8 cm lang und sehr schmal; sie werden an der Spitze breiter

und stehen nach oben, so daß sie insgesamt Schmetterlingsfühlern sehr ähnlich sehen. Diese Blütenteile sind rotbraun und außerdem am gewellten Rand gelb sowie zur Spitze hin schwach gelb gezeichnet. Die beiden seitlichen, länglich elliptischen Sepalen sind sichelförmig um den Lippenvorderlappen herum nach unten gebogen, am Rand

sehr stark gewellt und rotbraun und gelb gefleckt. Die 3lappige Lippe besitzt an der Basis 2 kleine, ohrförmige, rotbraun und gelb gefleckte Seitenlappen und einen großen, mit einem kurzen, schmalen Steg verbundenen und nie-

Psychopsis krameriana (1,2 × nat. Gr.)

147

renförmigen Vorderlappen, der am Rand stark gewellt ist. Der Vorderlappen hat in der Mitte eine hellgelbe Farbe und der Rand ist mehr oder weniger breit hellbraun oder rotbraun marmoriert. Am Lippengrund befindet sich die deutlich 5zipfelige, gelb und braun gefleckte Schwiele.

Diese Art ist im Habitus und Blütenaussehen ähnlich der Art *Psychopsis papilio* (Lindl.) Jones (*papilio* = Schmetterling), die sich nur in folgenden Merkmalen von *Psychopsis krameriana* unterscheidet: Die Pseudobulben sind oval und etwas größer (4 bis 5 cm hoch); die kaum längeren Blätter sind deutlich braunrot gescheckt; der Blütenschaft ist oben flachgedrückt und länger (bis 1,5 m), die mittlere Sepale und die Petalen werden etwas länger (bis 12 cm). Das Verbreitungsgebiet ist etwas größer (Trinidad, Venezuela bis Peru); Blütezeit: das ganze Jahr hindurch.

Blütezeit Meist Spätsommer, Herbst (August bis November).

Heimat Ekuador, Kolumbien; in Höhen von 300 bis 900 m.

Tolumnia Raf.
Tr. Oncidieae   Subtr. Oncidiinae

Etymologie Benannt nach Tolumnius, der in der »Aeneas« von Vergil erwähnt ist.

Beschreibung Wie bei der zuvor beschriebenen und ebenfalls von *Oncidium* abgetrennten Gattung wurde auch *Tolumnia* schon 1836 von Rafinesque aufgestellt. Doch erst 1986 hat Braem diese Gattung »wiederentdeckt« und die etwa 20 zuvor als »variegate [gefleckte] Oncidien« benannten Arten hierin vereinigt. Die *Tolumnia*-Arten hat man erst vor etwa 20 Jahren in die Kultur eingeführt, und schon heute gibt es sehr viele künstliche Hybriden von ihnen (meist unter dem alten Gattungsnamen *Oncidium*). Typisch für diese Orchideengruppe ist ihr kleinbleibender Habitus mit der »reitenden« (equitanten) Blattanordnung ohne Pseudobulben. Manche Arten bilden mehr oder weniger lange Ausläufer, bei den meisten Arten stehen die Blattfächer jedoch dicht nebeneinander. Der meist vielblütige Blütenstand überragt die Blätter (z. T. sehr weit) und trägt für »Oncidien« untypisch bunte, mittelgroße Blüten. Das Verbreitungsgebiet aller Arten ist auf die karibischen Inseln beschränkt, nur eine Art *(Tolumnia bahamensis)* erreicht den Südzipfel von Florida. Trotzdem sind die Standortansprüche der verschiedenen Arten sehr unterschiedlich, weil sie sowohl in Meeresnähe als auch auf 2000 m Höhe in Berglagen vorkommen.

Kultur Die meisten Arten kommen mit temperierten Kulturräumen zurecht. Dort sollten sie hell und verhältnismäßig trocken stehen, nur die Luftfeuchtigkeit ist durch regelmäßiges Sprühen anzuheben (auf ca. 70 bis 80 % rel. Feuchte). Die Pflanzen brauchen wenig Pflanzstoff und wachsen am besten aufgebunden auf Kork, kleinen Rebstöcken oder sonstigen, nicht zu dicken Baumzweigen. Bei guter Pflege erfolgt eine gute vegetative Vermehrung; die ausgewachsenen Pflanzen können dann abgetrennt werden. Die alten Blütenstände dürfen – solange sie nicht vertrocknet sind – nicht abgeschnitten werden, denn sie können in weiteren Blühperioden nochmals Blüten oder sogar Kindel bringen. Sind die Kindel ausgewachsen, so kann man sie als neue Pflanzen abtrennen. Während die reinen Naturarten in der Pflege schwieriger sind, gibt es heute genügend pflegeleichte Züchtungen.

 Tolumnia triquetra (Sw.) Sengh. T

(Syn.: *Oncidium triquetrum* (Sw.) R. Br.)

Diese pseudobulbenlose Art besitzt 4 oder mehr fächerförmig gestellte

Tolumnia triquetra ($2 \times$ nat. Gr.)

linealische, zugespitzte und fleischige Blätter mit dreieckigem (= *triquetra*) Querschnitt und einer Länge von 8 bis 15 cm; eine Kantenfläche ist mit einer Rinne versehen. Die schlanke, bis zu 20 cm lange und am Fuß der Blätter erscheinende Infloreszenz trägt 5 bis 15 Blüten in dichter Anordnung und bildet meist in den nächsten Jahren weitere Neben-Blütenstände. Die lange haltbaren, 2,5 cm großen Blüten besitzen lanzettförmige, rotbraune bis grünlich violette und weiß gerandete Sepalen, von denen die seitlichen zusammengewachsen sind und hinter der Lippe sich befinden. Die ovalen und zugespitzten Petalen sind weiß und entlang der Mittelachse rotbraun gefärbt. Die 1,5 cm lange Lippe hat ohrförmige, schwach nach oben gewölbte Seitenlappen, einen herzförmigen bis ovalen Mittellappen und an der Basis eine gelbe Schwiele. Die Lippenfarbe ist Rotbraun mit weißer Sprenkelung und zum Rand hin rein Weiß.

Blütezeit Meist Sommer.
Heimat Jamaica.

Tolumnia variegata
(Sw.) Braem [T]

(Syn.: *Oncidium variegatum* Sw.)

Das Rhizom bildet Ausläufer, die manchmal verzweigt sein können und aus denen die pseudobulbenlosen, schwertlilienförmigen Blattbüschel in Abständen entspringen. Diese bestehen aus 4 bis 6 derben, lanzettlichen, zugespitzten und etwas gebogenen Blätter, die 4 bis 7 cm lang werden und am Rand gezähnt sind. Der nahezu 30 cm lange Blütenstiel trägt zur Spitze hin etwa 6 bis 12 lange haltende Blüten von etwa 2 cm Durchmesser. Die kleine, mittlere Sepale steht nach oben, während die

seitlichen Sepalen fast bis zur Spitze verwachsen und hinter der Lippe versteckt sind. Die zungenförmigen, gewellten Petalen stehen zur Seite. Sepalen und Petalen sind weiß und zur Basis hin rötlich braun und gelb gescheckt (= *variegatum*). Die Lippe ist 3lappig. Die beiden am Rand gezähnten Seitenlappen haben eine länglich ovale Form. Der nierenförmige, gewellte, rein weiße

Tolumnia
Puff × Corina [T]

Obwohl man schon vor über 30 Jahren die ersten künstlichen Hybriden zwischen variegaten Oncidien erzeugt und aufgezogen hat, werden sie erst in jüngster Zeit im Handel angeboten. Während die Naturarten dieser neuen Gattung schon sehr farbenprächtig sind (siehe *Tolumnia triquetra*), gilt das in weit größerem Maße für die Hybriden, die außerdem die ausgefallensten Farbmuster aufweisen kön-

Vorderlappen ist über einen schmalen, kurzen Steg mit der übrigen Lippe verbunden. Zwischen den Seitenlappen sitzt die rötlich braun und gelb gemusterte Schwiele. Das Gynostemium besitzt vorne 2 kleine, ohrförmige, am Rand gezähnte Anhängsel.

Blütezeit Winter, Frühjahr.
Heimat Florida, Antillen (z. B. Kuba); in Höhen bis 1500 m.

nen. Ein Vorteil ist auch, daß sie alle zu den Kleinorchideen gezählt werden können, die nicht viel Kulturraum beanspruchen.

Die abgebildete, farbenprächtige Hybride ist aus mindestens 5 *Tolumnia*-Arten gekreuzt worden. Den größten Anteil an Form und Farbe stellt *Tolumnia pulchella*; zur kräftigen Farbe trägt auch *Tolumnia triquetra* bei. Die anderen Anteile, z. B. von *Tolumnia desertora* und *Tolumnia tetrapetala*, lassen sich weniger gut erkennen.

149

Tolumnia Wilbur ▮T▮

Ein weiteres Beispiel einer farbenfrohen Hybride soll hier gezeigt werden. Sie wurde 1979 in 5. Generation gezüchtet

und besteht aus nur 3 Elternarten, die mehrfach benutzt wurden: *Tolumnia triquetra* (50%), *Tolumnia pulchella* (37,5%) und die überwiegend gelbblütige *Tolumnia urophylla* (12,5%).

Kultur Die zierlichen *Sigmatostalix*-Arten kultiviert man am besten in kleinen Töpfen mit guter Dränage oder in Holzkörbchen. Als Pflanzstoff dient die übliche Mischung für Epiphyten. Die Arten mit kriechendem Rhizom lassen sich auch sehr gut auf Rinde mit etwas Pflanzstoff oder auf Baumfarnstücken pflegen. Wegen der nicht allzu derben Blätter sollten die Pflanzen nicht direkt der Sonneneinstrahlung ausgesetzt werden, obwohl sie viel Licht vertragen. Während der Wachstumszeit im Frühjahr und Sommer ist regelmäßig und ausreichend zu gießen, damit die Pseudobulben nicht schrumpfen und dann austrocknen. Ehe die Pseudobulben fertig ausgebildet sind, kann eine 2- bis 3wöchige Ruhepause zur Reifung und zur Blüteninduktion eingelegt werden. Danach ist ebenfalls wieder für regelmäßige Wassergaben zu sorgen, denn eine ausgeprägte Ruhezeit wird nicht gebraucht. Die *Sigmatostalix*-Arten benötigen temperierte Bedingungen und eine ausreichend hohe Luftfeuchtigkeit. Sie sind außerordentlich blühwillig und in der Kultur relativ einfach zu pflegen.

Sigmatostalix Rchb. f.
Tr. Oncidieae   Subtr. Oncidiinae

Etymologie *Sigma* = griechischer Buchstabe, *stalix* = Pfahl; wegen des sigmaförmigen, gebogenen Gynostemiums.
Beschreibung Von den über 40 bekannten Arten dieser Gattung sind etwa die Hälfte in Kultur. Sie kommen alle epiphytisch in Südamerika vor, und zwar im Gebiet zwischen Mexiko und Brasilien. Man kann sie alle zu den Kleinorchideen zählen, die durch die vielen Blütenstände und die sehr interessant gestalteten Blüten den Orchi-

deenliebhaber erfreuen. Die flachen und schmalen Pseudobulben tragen an der Spitze 1 bis 2 linealische, manchmal grasförmig aussehende Blätter und sind an der Seite von linealischen Hüllblättern umgeben. Die am Grund der Pseudobulben, von den Hüllblättern geschützt, erscheinenden Blütentrauben sind locker vielblütig. Die sternförmig abstehenden Sepalen und Petalen sehen sich ziemlich ähnlich. Der breite, rundliche Lippenlappen ist durch einen schmalen Steg mit den übrigen Blütenteilen verbunden und trägt an der Basis kleine Schwielen. Das Gynostemium ist schlank und leicht gekrümmt.

 *Sigmatostalix crescentilabia* C. Schweinf. ▮T▮

Die Pseudobulben stehen dicht beieinander und ergeben einen polsterartigen Wuchs. Sie haben ovale Form mit 3 cm Länge und 1,5 cm Breite, sind abgeflacht und tragen an der Spitze ein lanzettliches, etwa 8 bis 10 cm langes und in der Mitte 1 cm breites Blatt. An der Basis befinden sich beidseitig gleich große Scheidenblätter. Die Infloreszenz mit 8 bis 14 Blüten von etwa 1,5 cm Durchmesser erscheint aus einem Scheidenblatt und überragt es mindestens um Blattlänge. Die schmalen, zu-gespitzten Sepalen und Petalen sind nach hinten gebogen und auf grüner Grundfläche rotbraun gefleckt. Die nie-renförmige Lippenplatte ist über einen konisch geformten Stiel mit der Basis des Gynostemiums verbunden. Der Stiel und die schwielenartige Befestigungs-stelle an der Lippenplatte ist leuchtend gelb, während die Lippenplatte selbst auf hellem Untergrund rotbraun ge-fleckt und zum Stiel hin durchgängig rotbraun gefärbt ist. Das stielartige, grün und rotbraun gefleckte Gynoste-mium ist etwa so lang wie die Sepalen und ragt in die Gegenrichtung.

Blütezeit Sommer, Herbst (August bis Oktober).

Heimat Peru; in Höhen von 1000 bis 2000 m.

 Sigmatostalix graminea
(Poepp. et Endl.) Rchb. f. T

(Syn.: *Sigmatostalix peruviana* Rolfe)

Diese sehr kleinwüchsige Art bildet kriechende Rhizome, auf denen die et-wa 1 cm großen, länglich ovalen und seitlich zusammengedrückten Pseudo-bulben stehen, die von den blattähn-lichen Scheidenblättern ziemlich ver-deckt werden. An der Pseudobulben-spitze wächst das einzelne, bis 5 cm lange und nur 2 mm breite, grasartige (= *graminea)* Blatt. Der aufrechte, mit 4 bis 5 Blüten besetzte Blütenstand erscheint zwischen den Scheidenblätt-chen an der Pseudobulbenbasis und er-reicht Blattlänge. Die knapp 1 cm große Blüte besteht aus den sternförmig ange-ordneten, lanzettförmigen Sepalen und

Sigmatostalix crescentilabia
(3 × nat. Gr.)

151

Petalen sowie aus der halbkreisförmigen Lippe, die die seitlichen Sepalen fast verdeckt. Sepalen und Petalen sind zur Spitze hin grünlich gelb und zur Basis hin dunkelbraun gefärbt. Die Lippe ist leuchtend gelb und zur Basis hin kallusartig verdickt.

Blütezeit Frühjahr (März bis Mai).
Heimat Ekuador bis Bolivien; in Höhen zwischen 1500 und 2000 m.

 Sigmatostalix radicans Lind. et Rchb. f. [T]

(Syn.: *Ornithophora radicans* Garay et Pabst)

Auf einem schlanken, kriechenden, mit vielen Wurzeln versehenen (*radicans* = wurzelnd) Rhizom stehen in Abständen von etwa 2 cm die schmal eiförmigen, 3 bis 5 cm hohen Pseudobulben, die an der Spitze 2 Blätter tragen und an der Basis von blattähnlichen Hüllblättern

Sigmatostalix radicans (6 × nat. Gr.)

umgeben sind. Die schmalen, grasähnlichen Blätter erreichen eine Länge von 10 bis 15 cm und eine Breite von höchstens 0,5 cm. Am Fuße der Pseudobulben erscheinen zwischen den Hüllblättern die leicht gebogenen Infloreszenzen, die etwas länger als die Blätter werden. Die locker angeordneten 6 bis 12 duftenden, interessant aufgebauten Blüten haben einen Durchmesser von etwa 1 cm. Die lanzettförmigen, grünlichen Sepalen und Petalen sind nach hinten umgeschlagen und werden etwa 5 mm lang. Die weiße, breit ovale Lippe ist mit den übrigen Blütenblättern mit einem gelben Steg verbunden und besitzt links und rechts symmetrisch nach oben in einiger Entfernung vom Steg je ein weißes Anhängsel. Der fleischige Steg trägt eine kugelförmige Schwiele und einen nasenförmigen Fortsatz. Das nach vorne ragende, stielähnliche Gynostemium ist dunkelviolett gefärbt und endet an der Spitze mit der schnabelförmigen, gelben Anthere.

Blütezeit Herbst, Winter (September bis Januar).
Heimat Brasilien.

Etymologie Griechisch *zygon* = Joch (Fuß des Gynostemiums), *states* = Waage; wegen des waageähnlichen Staminodiums am Fuße des Gynostemiums.

Beschreibung Diese knapp 10 Arten umfassende Gattung ist eng mit den Gattungen *Ornithocephalus* und *Dipteranthus* verwandt. Bei allen handelt es sich um blühfreudige Kleinorchideen mit zwar kleinen, aber meist vielen, 2 bis 3 Wochen haltenden Blüten. Im Unterschied zu *Dipteranthus* besitzen die *Zygostates*-Arten keine Pseudobulben. Typisch ist auch die schnabelförmige Ausbildung der Anthere. Es gibt Arten mit fächerförmig oder rosettenartig angeordneten Blättern. Die viel oder wenigblütigen Infloreszenzen stehen nach oben oder hängen herab. Neben dem waageähnlichen Staminodium am Fuße des Gynostemiums ist charakteristisch die schwache Zähnung der Petalen. Bei einigen Arten ist die Lippe leicht schuh- bis kahnartig gestaltet.

Kultur Entsprechend ihres Vorkommens in feuchtwarmen Nebelwäldern Brasiliens vertragen die *Zygostates*-Arten am besten temperierte Bedingungen zur warmen Seite hin sowie genügend Luftfeuchtigkeit (60 bis 80% rel. Feuchte) und einen halbschattigen Standort. Da sie keine Pseudobulben besitzen, dürfen sie nicht austrocknen, aber auch nicht in stauender Nässe stehen. Arten mit aufrechtem Wuchs und stehender Infloreszenz kann man gut in einen kleinen Topf mit wasserdurchlässigem Pflanzstoff setzen. Arten mit hängenden Blütentrauben wachsen besser auf Korkrinde mit etwas Pflanzstoff oder Baumfarnbrettern. Es braucht keine Ruhezeit eingehalten zu werden.

Zygostates lunata (9 × nat. Gr.)

 ## Zygostates alleniana
Krzl. T

Diese nach Allen benannte Art ist eine Rosettenpflanze mit mehreren schmal-lanzettlichen Blättern; sie sind etwa 2 cm lang und 0,5 cm breit. Die 3 bis 5 cm lange Infloreszenz erscheint an der Basis der Rosette und trägt bis zu 10 relativ große, weiße Blüten von knapp 1 cm Durchmesser. Die abstehenden, kreisförmig angeordneten Sepalen und Petalen haben eine runde bis ovale Form. Die Petalen sind seitlich am Rand schwach gezähnt. Die 3 mm lange, schuhförmige Lippe zeigt nach oben und hat am Grund eine grünliche Farbe. Sie besitzt winzige, schräg nach hinten zeigende, zipfelartige, grünlich gelbe Seitenlappen. Unterhalb der Lippe befindet sich das leuchtend gelbe Gynostemium, das nach oben einen fingerförmigen Fortsatz besitzt.

Blütezeit Spätfrühjahr (Mai, Juni).
Heimat Brasilien, Argentinien und Paraguay.

 ## Zygostates lunata
Lindl. T

Diese Art besitzt 5 bis 7 fächerförmig angeordnete Blätter von 4 bis 8 cm Länge. Zwischen den Blättern erscheint die herabhängende, bis 15 cm lange Blütentraube mit 20 bis 40 Blüten. Mit Ausnahme der weißen Lippe ist die Blüte gelborange gefärbt. Während die kahnförmige etwa 4 mm lange Lippe nach oben steht, so daß sich das gelborange bis orangerote Gynostemium unter ihr befindet, sind die 3 mm langen, ovalen Sepalen nach hinten umgeschlagen und kaum zu sehen. Den hauptsächlichen Blütenaspekt bilden die mondförmigen (= *lunata)*, am seitlichen Rand gezähnten Petalen von etwa 4 mm Durchmesser. An der Lippenbasis befinden sich das grünliche, waageähnliche Staminodium sowie 2 kräftig grün gefärbte und parallel angeordnete Schwielen.

Blütezeit Sommer (Juli bis September).
Heimat Brasilien.

Gongora Ruiz et Pav.
Tr. Oncidieae
Subtr. Stanhopeinae

Etymologie Benannt nach dem spanischen Bischof Don Antonio Caballero y Góngora.
Beschreibung Die etwa 20 epiphytischen Arten dieser Gattung sind gekennzeichnet durch ihre bizarre, an schmiedeeiserne Kunst erinnernde Blütengestalt. Ihr Verbreitungsgebiet ist das tropische Mittel- und Südamerika. Die eiförmigen, gefurchten Pseudobulben tragen meist 2 Blätter. Die wenig- bis vielblumigen Blütentrauben erscheinen am Grund der Pseudobulben und hän-

gen herab. Dadurch zeigen die Blütenlippen nach oben. Hinter der Blüte biegt sich halbkreisförmig der Fruchtknoten und der Blütenstiel der Einzelblüten nach oben. Die Blüten duften meist angenehm und sind kräftig gefärbt. Die seitlichen Sepalen sind zurückgeschlagen oder eingerollt und stehen waagerecht ab. Die mittlere Sepale ist an der Hinterseite des Gynostemiums teilweise angewachsen. Die Petalen, die viel kleiner sind als die Sepalen, sind ebenfalls mit dem hinteren Rand des Gynostemiums mehr oder weniger stark verwachsen. Da die Blüten durch ihren hängenden Wuchs stets umgedreht sind, befindet sich das leicht gekrümmte Gynostemium unterhalb der Lippe.

Kultur Wegen ihrer hängenden Blütentrauben müssen die *Gongora*-Arten in einem aufgehängten Topf oder Holzkörbchen untergebracht werden. Als wasserdurchlässigen Pflanzstoff bietet sich die übliche Mischung für Epiphyten an. Die Pflanzen benötigen zu allen Zeiten feuchte Luft und machen keine strenge Ruhezeit durch. Nur zum Ausreifen der Pseudobulben und zur Blüteninduktion wird kurze Zeit weniger gegossen. Am besten lassen sich die *Gongora*-Arten unter halbschattigen und temperierten Bedingungen halten. Die Knospen und Blüten sind sehr empfindlich gegen direkten Wasserkontakt, so daß die Infloreszenz in keinem Stadium mit Wasser besprizt werden darf, um ein Fleckigwerden oder gar vorzeitiges Abfallen zu vermeiden.

Gongora armeniaca
(Lindl. et Paxt.) Rchb. f. T

Die Pseudobulben werden etwa 5 bis 6 cm lang. Die beiden länglichen, zugespitzten Blätter sitzen mit einem Stiel

153

Gongora armeniaca (1,1 × nat. Gr.)

Gongora quinquenervis
Ruiz et Pav. T

(Syn.: *Gongora maculata* Lindl.)

Die dicht stehenden, länglich ovalen und gefurchten Pseudobulben werden 6 bis 7 cm lang und haben einen Durchmesser von etwa 3 cm. Die 2 bis 3 lederartigen, elliptisch lanzettförmigen Blätter sind deutlich längsgenervt (*quinquenervis* = fünfnervig) und erreichen eine Länge von etwa 35 cm und eine Breite von 10 cm. Die schlanke, herabhängende, vielblütige Blütentraube wird bis zu 90 cm lang. Die nach Gewürz riechenden, etwa 4 cm langen Blüten haben im Vergleich zu den beiden oben beschriebenen Arten einen mehr auseinandergezogenen Blütenbau, ihre

Blütezeit Meist Frühjahr und Sommer.
Heimat Nicaragua, Costa Rica, Panama; in Höhen zwischen 500 und 1500 m.

Gongora galeata
(Lindl.) Rchb. f. T

Diese bekannteste Art ist im Habitus und Blütenaussehen der vorigen Art sehr ähnlich. Die Blütentrauben werden jedoch nur 15 bis 20 cm lang, während die nach Gewürz duftenden, helmförmigen (= *galeata*) Blüten die gleiche Größe und Anzahl erreichen. Die Blühdauer der Einzelblüten beträgt etwa 10 Tage, wobei die Blüten einer Traube ziemlich gleichzeitig aufgehen. Die elliptischen, seitlichen Sepalen sind in sich leicht gerollt und stehen waagerecht. Die rundliche, mittlere Sepale steht aufrecht und umschließt durch ihre Kapuzenform das Gynostemium. Die Blütenfarbe ist hellbraun bis dunkelbraun oder (selten) grünlich gelb bis rein gelb.

Blütezeit Meist Frühjahr (Februar bis April).
Heimat Mexiko.

Gongora galeata (1/2 nat. Gr.)

an der Pseudobulbenspitze und erreichen eine Länge von etwa 25 cm und eine Breite von etwa 5 cm. Die lockerblütige Infloreszenz mit 10 bis 15 Blüten wird insgesamt 30 cm lang. Die wachsartigen, etwa 5 cm großen und nach Aprikosen duftenden Blüten haben eine schmutziggelbe oder orange Farbe mit manchmal violettbraunen Flecken. Die beiden seitlichen Sepalen sind ausgebreitet und zurückgeschlagen. Die mittlere Sepale ist konkav gebogen und hat eine länglich elliptische und zugespitzte Form. Die kurzen, lanzettförmigen Petalen sind nur an der Basis des Gynostemiums angewachsen; ihre dünner werdenden Spitzen sind manchmal nach innen umgebogen. Die fleischige und rundliche Lippe endet an der Spitze in einem schnabelförmigen Fortsatz. Das Gynostemium ist oben meist keulenförmig ausgedehnt.

154

Farbe ist fahlgelb und rötlich braun gefleckt. Während die seitlichen, eiförmigen und zugespitzten Sepalen fast parallel und hochkant ziemlich waagerecht in eine Richtung stehen, befindet sich direkt gegenüber in die andere Richtung die fleischige Lippe mit nach unten gebogenen, krallenförmigen Auswüchsen. Die mittlere, lanzettförmige Sepale ragt senkrecht nach unten und ist zur Hälfte mit dem Gynostemium verwachsen, das abgewinkelt weit unterhalb der Lippe steht. Die kleinen, schmalen, etwas gebogenen Petalen befinden sich kurz oberhalb vom Gynostemium.

Blütezeit Meist Sommer (Juni bis August).

Heimat Mexiko bis Brasilien und Ekuador.

Stanhopea Frost ex Hook.
Tr. Oncidieae Subtr. Stanhopeinae

Etymologie Benannt nach dem englischen Grafen Philip H. von Stanhope (1781–1855), zeitweilig Vizepräsident der Londoner Botanischen Gesellschaft.

Beschreibung Die etwa 25 *Stanhopea*-Arten, die von Mittelamerika bis in die nördlichen Teile Südamerikas verbreitet sind, gehören zu den beliebtesten Orchideen, denn die herabhängende Infloreszenz trägt mehrere große und auffallende Blüten, die sich außerdem meist durch ihren starken Wohlgeruch auszeichnen. Leider ist die Blütezeit mit 2 bis 5 Tagen (je nach Art) relativ kurz. Die länglich eiförmige Pseudobulbe trägt ein einziges, ziemlich breites und mehrfach leicht gefaltetes Blatt; an ihrer Basis entspringt der Blütentrieb, der sich unmittelbar senkrecht nach unten biegt (s. u. bei »Kultur«). Die Sepalen

und Petalen sehen sich untereinander ähnlich, jedoch sind die Petalen schmaler als die breit ovalen Sepalen, die ihrerseits meist nach hinten umgeschlagen sind. Die kompliziert gestaltete, fleischige Lippe mit dem parallel zu ihr angeordneten Gynostemium zeigt senkrecht nach unten. Die Lippenbasis (Hypochil) ist sack- bis kahnförmig gestaltet und trägt seitlich außen je einen wulstigen Kallus. Der Mittelteil (Mesochil) der Lippe besitzt zwei lange, hornartige Auswüchse. Der Vorderteil (Epichil) ist 3lappig aufgegliedert.

Der komplizierte Lippenaufbau hängt eng mit dem Bestäubungsmechanismus zusammen. Man hat festgestellt, daß das Kallusgewebe des Hypochils einen artspezifischen Duft produziert, der männliche Tiere einer bestimmten Bienenart anlockt. Aufgrund der strengen Zuordnung von *Stanhopea*-Art zu Bienenart ist weitgehend sichergestellt, daß verschiedene *Stanhopea*-Arten im gleichen Verbreitungsgebiet nicht untereinander bastardieren. Die Biene landet im sackförmigen Hypochil. Dort wird sie von dem ausströmenden Duft so »berauscht«, daß sie sich nicht mehr auf der wachsartigen Oberfläche festhalten kann und nach unten fällt. Dabei wird sie durch die hornartigen Auswüchse des Mesochils so geführt, daß sie zwangsweise mit ihrem Rücken die Pollinien vom im entsprechenden Abstand stehenden Gynostemium aufnimmt. Beim Besuch einer nächsten Blüte werden bei diesem Fallvorgang die Pollinien auf der Narbe abgestreift, so daß die Befruchtung gesichert ist. Dies ist ein Beispiel, wie sehr sich Orchideen durch Ko-Evolution an Insekten und deren Verhalten angepaßt haben.

Kultur Die Stanhopeen stammen aus mittleren Berglagen und benötigen deshalb temperierte Bedingungen. Während der Wachstumsphase verlangen

sie sowohl hohe Luftfeuchtigkeit als auch viel Wasser. Vorteilhaft ist ein halbschattiger Standort, denn die Blätter sind empfindlich gegen Sonne. Nach Triebabschluß ist für etwa 1 Monat eine Ruheperiode mit ganz wenig Wassergaben einzulegen, damit die Pseudobulben ausreifen können und die Blüteninduktion erfolgt. Die Blütezeit liegt meistens im Sommer. Als Kulturgefäße kommen entweder Drahtkörbe mit großer Gitterweite oder große Holzkörbe in Frage, damit die Blütentriebe durch den Pflanzstoff hindurch nach unten wachsen können. Auch das Aufbinden auf Baumrinde mit reichlich Pflanzstoff oder auf große Baumfarnbretter ist möglich. Dabei ist immer darauf zu achten, daß die Blütentriebe freien Durchgang nach unten haben. Der Pflanzstoff muß locker und wasserdurchlässig sein; günstig ist also die übliche Mischung für Epiphyten. Das Umpflanzen nach der Blüte sollte alle 2 bis 3 Jahre erfolgen, wobei sehr starke Pflanzen zu teilen sind, weil sie vielfach blühfaul werden.

Stanhopea oculata
(Lodd.) Lindl. T

Die eiförmigen und konisch zugespitzten Pseudobulben von 4 bis 6 cm Länge sind im Alter gerieft und tragen die etwa 10 bis 12 cm breiten und 30 bis 40 cm langen Einzelblätter, die gestielt sind und eine elliptisch lanzettliche und zugespitzte Form haben. Die 4- bis 8blütige Infloreszenz hängt etwa 25 bis 30 cm herab und ist mit großen, 2zeilig angeordneten, den Blütentrieb umfassenden Scheidenblättern versehen, die ockergelb gefärbt sind. Die über 10 cm großen, wachsartigen Blüten duften vanilleähnlich und variieren in ihrer Grundfärbung. Die etwa 6 cm langen und 4 cm breiten, elliptischen Sepalen sind wie die gleichlangen und nur 1 bis 2 cm breiten Petalen stark nach hinten umgeschlagen; ihre Ränder sind gewellt. Sepalen und Petalen sind weißlich bis gelblich gefärbt mit rotvioletten Tüpfeln, die zur Basis hin im Durchmesser kleiner werden; nur die Petalen besitzen wieder direkt an der Basis je 2 größere Tüpfel. Die Lippe besteht aus dem stark gefurchten, gelben Hypochil, das zum Mesochil hin 2 auffällige, braunviolette, augenartige (= *oculata*) Flecken besitzt. Das 3 cm lange Mesochil mit den 2 gekrümmten Hörnchen ist weißlich und trägt eine rotviolette, ungleichmäßige Punktierung. Das breit rhombische, zugespitzte Epichil ist auf weißlichem Grund rotviolett punktiert. Das leicht gebogene Gynostemium von 5 bis 6 cm Länge ist zur Spitze hin geflügelt; es ist weißlich bis grünlich und schwach rotviolett gepunktet.

Blütezeit   Sommer, Herbst (Juli bis Oktober).

Heimat   Mexiko (z.B. Chiapas, Veracruz) bis Panama.

Stanhopea tigrina
Batem. ex Lindl.   [T]

Die kegelig eiförmigen, gebüschelt stehenden Pseudobulben werden etwa 5 cm lang und 3 cm breit; im Alter sind sie stark gefurcht und gerunzelt. Die elliptisch lanzettlichen Einzelblätter von etwa 40 cm Länge und bis zu 25 cm Breite sitzen auf einem etwa 15 cm langen, gekerbten Stiel. Die nur 15 cm lang werdende Infloreszenz tritt an der Pseudobulbenbasis direkt nach unten

Stanhopea oculata (1/2 nat. Gr.)

156

aus, ist von großen, papierartigen Scheidenblättern umgeben und trägt 2 bis 5 auffällige, stark duftende und etwa 15 cm große Blüten. Die ovalen Sepalen von 8 bis 10 cm Länge und etwa 5cm Breite sind an den Außenseiten leicht umgebogen. Die gleichlangen, nur etwa 2 cm breiten Petalen besitzen einen wellenartigen Rand. Sepalen und Petalen sind gelb und dunkelbraun getigert (= *tigrina*); nur ihre Spitzen sind rein gelb. Die dickfleischige Lippe besteht aus 3 Abschnitten. Das Hypochil an der Lippenbasis ist halbkugelförmig gebogen und auf der Außenseite wulstartig gestaltet; es trägt einen warzenartigen, dunkelbraun gefärbten Kallus. Sonst ist es gelblich mit rotbraunen Tüpfeln. Das weißliche und fein rotbraun gepunktete Mesochil besitzt 2 dicke, zugespitzte und nach unten umgebogene Hörner, die ausgestreckt etwa 8 cm lang sind. Das ausgebreitete, herzähnlich geformte Epichil ist an der Spitze 3spitzig auslaufend. Die Färbung entspricht der vom Mesochil. Das 8 cm lange, geflügelte Gynostemium ist weiß gefärbt mit kleinen, rotbraunen Punkten.

Blütezeit   Spätfrühjahr, Sommer (Mai bis August).

Heimat   Mexiko; in Höhen zwischen 1000 und 2000 m (meistens in Astgabeln wachsend).

Stanhopea wardii
Lodd. ex Lindl.   T

Diese nach dem Orchideensammler Ward benannte Art ähnelt im Habitus und Blütenaussehen sehr der *S. oculata*; sie trägt jedoch im Mittel etwas mehr Blüten, und auch die Blüten selbst unterscheiden sich etwas. Die Sepalen und Petalen sind auf fahlgelbem, grünlich weißem oder cremeweißem Untergrund rotviolett getüpfelt, wobei die

Tüpfelung feiner ist als bei *S. oculata*; auch fehlen die 2 größeren Flecken an der Blütenbasis. Das Hypochil der Lippe trägt die 2 braunvioletten Augenflecken im Gegensatz zur *S. oculata* mehr im Basisbereich an einem rechtwinkligen Knick. Das Mesochil besitzt 2 gekrümmte, zugespitzte Hörnchen von 3 cm Länge. Das fleischige Epichil ist breit eiförmig. Das geflügelte, leicht gekrümmte Gynostemium erreicht eine Länge von etwa 4 cm.

Blütezeit   Sommer (Juli bis September).

Heimat   Venezuela bis Peru.

Trichocentrum Poepp. et Endl.
Tr. Oncidieae
Subtr. Trichocentrinae

Etymologie   Griechisch *thrix, trichos* = Haar, *centron* = Sporn; wegen des dünnen und meist langen Sporns bei vielen Arten.

Beschreibung   Diese Gattung ist im tropischen Amerika von Mexiko bis Brasilien verbreitet und besteht aus etwa 20, überwiegend epiphytischen Arten. Die Pseudobulben sind meist klein und kaum zu sehen, weil sie durch die sie umhüllenden, blattähnlichen Scheidenblätter verdeckt werden. Die relativ großen, sehr ansehnlichen Blüten stehen meist einzeln auf kurzen Blütenstielen. Während die sternförmig angeordneten Sepalen und Petalen ziemlich ähnlich aussehen, sticht die manchmal schwach 3lappige, mit einem Sporn versehene Lippe durch Größe und Farbe von ihnen ab. Das kurze Gynostemium trägt an der Spitze die beiden Pollinien sowie am Außenrand beidseitig je ein gezähntes, ohrförmiges Anhängsel.

Kultur   Obwohl die *Trichocentrum*-Arten attraktiv aussehen, relativ einfach

zu kultivieren sind und Kulturfehler nicht so schnell übel nehmen, sind sie doch in den Sammlungen der Orchideenliebhaber wenig vertreten. Man pflegt diese kleinbleibenden Epiphyten entweder in kleinen Töpfen mit guter Dränage oder an Rinde bzw. an Baumfarnstücken. Als Pflanzstoff bietet sich die übliche Mischung für Epiphyten an. Man hält die *Trichocentrum*-Arten am besten unter temperierten Bedingungen. Da sie keine ausgeprägte Ruhezeit brauchen, müssen sie regelmäßig und ausgiebig gegossen werden, ohne jedoch den Pflanzstoff ständig durchweicht zu haben, was ein Faulen nach sich ziehen würde. Die Umgebung der Pflanzen sollte bei möglichst hoher Luftfeuchtigkeit sehr luftig sein. Viel Licht vertragen sie gut, doch muß übermäßige Sonnenbestrahlung vermieden werden, damit die Blätter nicht verbrennen. Wegen des langsamen Pflanzenwachstums braucht nur selten umgepflanzt zu werden. Außerdem sind sie sehr empfindlich gegen Störungen durch Umpflanzen.

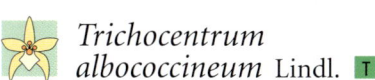

Trichocentrum albococcineum Lindl.   T

(Syn.: *Trichocentrum alboviolaceum* Rchb. f.)

Die sehr kleinen, 1blättrigen Pseudobulben werden oft durch das üppige Wurzelwerk verdeckt. Die meist einzeln wachsenden, lederartigen und lanzettförmigen Blätter erreichen eine Länge von etwa 10 cm und eine Breite von etwa 3 cm. Die an der Basis der Pseudobulbe erscheinende Infloreszenz besitzt einen etwa 7 cm langen, leicht gebogenen Schaft, an dem über Monate hinweg nacheinander die 1 bis 5 Blüten aufgehen. Die etwa 5 cm großen Blüten sind von derber Beschaffenheit und halten lange. Die länglich elliptischen und zugespitzten Sepalen und Petalen haben auf der Außenseite eine olivgrüne und auf der Innenseite eine gelbbraune Farbe. Die keilförmig zur Spitze sich verbreiternde, am Rande etwas gewellte und etwa 3 cm lange Lippe ist weiß und besitzt zur Basis hin am linken und rechten Rand je einen größeren, scharlachroten bis violetten Fleck (*albococcineum* = weiß und scharlachrot). In der Mitte der Lippe befinden sich kurze, leuchtend gelbe, kielähnliche Erhebungen. Der umgebogene und weiße Sporn wird nur etwa 1 cm lang.

Blütezeit Meist Sommer (Juli bis September).

Heimat Brasilien bis Ekuador und Peru.

Trichocentrum fuscum Lindl. [T]

Im Habitus ist diese Art dem von *Trichocentrum albococcineum* sehr ähnlich, jedoch sind die Blätter geringfügig länger und breiter. Die langlebigen Blüten werden etwa 4 cm groß. Die länglichen und in einem kurzen Spitzchen endenden Sepalen und Petalen sind braun (= *fuscum*) bis olivbraun gefärbt. Die länglich, keilförmige und zur Spitze hin stumpf 2lappige Lippe ist weiß mit einem unregelmäßigen, violetten Basalfleck und 2 kurzen, gelblichen Kielen. Der ziemlich lange, dünne und zugespitzte Sporn von etwa 3 cm Länge steht waagerecht nach hinten.

Blütezeit Spätsommer (August, September).

Heimat Brasilien.

Trichocentrum tigrinum (2 × nat. Gr.)

158

Trichocentrum pulchrum
Poepp. et Endl. [T]

Bei dieser schönen (= *pulchrum*) Art dominieren die sehr fleischigen, am Rand abgerundeten Blätter von etwa 9 cm Länge und 2 cm Breite denn die Pseudobulben sind so klein, daß sie zwischen den Blättern nicht zu sehen sind. Die einzeln an der Basis erscheinenden Blüten benötigen mehrere Wochen, bis sie sich aus der Knospe entwickelt haben. Der Blütenstiel steht horizontal oder ist leicht nach unten gebogen und erreicht Blattlänge. Die etwa 3 bis 4 cm große Blüte besteht aus den ovalen, etwas zugespitzten und nach vorne gebogenen Sepalen und Petalen von etwa 2 cm Länge und aus der ovalen bis keilförmigen und 2 bis 2,5 cm langen Lippe. Die Sepalen und Petalen sind cremefarben und schwach grünlich angehaucht mit kleinen, rotvioletten Fleckchen. Auch die Lippe ist cremefarben und rotviolett gefleckt. Zur Basis hin befinden sich auf der Lippe 2 kurze, gelblich gefärbte Kämme. Der sehr schlanke Sporn steht waagerecht nach hinten und wird etwa 4 cm lang. An der Spitze des etwa 5 mm langen, bräunlichen und rot gepunkteten Gynostemiums sitzt die gelbe Anthere mit den 2 Pollinien.

Blütezeit Sommer (Juli, August).
Heimat Venezuela, Kolumbien bis Ekuador und Peru.

 ### *Trichocentrum tigrinum*
Lindl. et Rchb. f. [T]

Im Habitus gleicht sie den vorigen Arten, nur die Blätter sind mehr oder weniger rötlich gefleckt und an der Spitze mehr abgestumpft. Die Blüten haben einen Durchmesser von etwa 5 bis 6 cm. Die schmalen, zungenförmigen und etwas zugespitzten Sepalen und Petalen sind grünlich gelb gefärbt und tragen mehr oder weniger dicht kleine, längliche, braune Flecken (*tigrinum* = getigert). Die breit ovale, am Rand schwach gewellte und an der Spitze ganz kurz und stumpf 2lappige Lippe ist weiß und an der Basis im Bereich der 3 Kämme leuchtend gelb und direkt daneben bis zum Rand violettrot.
Der abgestumpfte Sporn ist sehr kurz. Das kurze Gynostemium ist gelblich und violettrot gezeichnet; an der Spitze sitzt die kräftige, hellgelbe Anthere.

Blütezeit Sommer, Herbst (Juni bis Oktober).
Heimat Ekuador.

Trichopilia Lindl.
Tr. Oncidieae
Subtr. Trichopiliinae

Etymologie Griechisch *thrix, trichos* = Haar, *pilion* = Filzhut; wegen des behaarten Randes am oberen Ende des Gynostemiums.

Beschreibung Die etwa 15 Arten dieser Gattung sind überwiegend Epiphyten und kommen nur in den tropischen Wäldern Amerikas von Mexiko und Kuba bis Brasilien vor. Die abgeflachten, ovalen Pseudobulben sind von Scheidenblättern umgeben und tragen ein einzelnes, lederartiges Blatt. An der Basis der Pseudobulben entwickeln sich die überhängenden Infloreszenzen mit 1 bis 5 (oder selten 8) ziemlich großen und interessanten Blüten. Mit ihren radial gespreizten Sepalen und Petalen und ihrer trompeten- bis rohrförmigen, das Gynostemium umschließenden Lippe erinnern sie stark an *Cattleya*-Blüten. Bei vielen Arten duften die Blüten sehr angenehm.

Kultur Die relativ leicht zu haltenden Trichopilien werden am besten bei temperierten Bedingungen kultiviert, obwohl sie im Winter auch einen kühlen Standort vertragen. Man pflanzt sie in Töpfe mit guter Dränage oder besser in Holzkörbchen, da ihre Blüten meist etwas herabhängen. Als Pflanzstoff dient die übliche Mischung für Epiphyten. In der Wachstumsperiode im Sommerhalbjahr benötigen die Wurzeln viel Feuchtigkeit, so daß regelmäßig und ausreichend zu gießen ist. Wenn die Pseudobulben ausgewachsen sind, muß eine mehrwöchige Ruhepause mit ganz wenig Wassergaben eingehalten werden, damit sie nicht durchtreiben, sondern Blüten bilden. Entsprechend ihres natürlichen Vorkommens benötigen die Trichopilien einen luftigen und schattigen Standort mit genügender Luftfeuchtigkeit. In der winterlichen Ruhezeit ist ebenfalls wenig zu gießen. Viele *Trichopilia*-Arten sind leichter zur Blüte zu bekommen, wenn die Pflanzen regelmäßig geteilt werden. Das mit einem Umpflanzen verbundene Teilen kann etwa alle 3 bis 4 Jahre durchgeführt werden. Beim Einpflanzen ist darauf zu achten, daß die Blüten am Fuße der Pseudobulben Platz zum Wachsen besitzen.

 ### *Trichopilia coccinea*
Lindl. [T]

(Syn.: *Trichopilia marginata* Henfr.)

Die dicht stehenden, stark zusammengedrückten und länglichen Pseudobulben erreichen eine Länge von 5 bis 10 cm und sind an der Basis von mehreren papierartigen, gefleckten Scheidenblättern umgeben. Die lederigen, einzeln stehenden Blätter sind länglich elliptisch bis lanzettförmig und werden 12 bis 20 cm lang und etwa 4 bis 5 cm breit. Die 1- bis 3blütige Infloreszenz ist

159

kurz und mehr oder weniger übergebogen. Die duftenden, derben Blüten werden bis zu 10 cm groß. Die zungenförmigen, etwa 6 cm langen, am Rand leicht gewellten Sepalen und Petalen besitzen eine rötliche Farbe, die zum Rand hin heller bis weiß wird. Die tütenförmige, an der vorderen Spitze gekräuselte Lippe ist außen meist weiß und innen rosarot, zum Schlund hin dunkler werdend (*coccinea* = scharlachrot). Der umgebogene Vorderrand ist meist weiß gefärbt. Das Gynostemium ist an der Spitze 3lappig und mit kleinen Fransen versehen.

Blütezeit   Frühjahr (April, Mai).
Heimat   Guatemala bis Kolumbien.

Trichopilia tortilis (nat. Gr.)

 Trichopilia suavis
Lindl. et Paxt. T

Diese liebliche (= *suavis*) und schönste Art besitzt flache, ovale bis runde, graugrüne Pseudobulben, die an der Basis von einigen papierähnlichen Hüllblättern umgeben sind und bis zu 7 cm lang werden. Die elliptisch lanzettförmigen, ledrigen Blätter münden an der Basis in einen kurzen Stiel und erreichen eine Länge von 10 bis 30 cm und eine Breite von 3 bis 6 cm. Der kurze und leicht hängende Blütenstand trägt 2 bis 5 herrlich duftende Blüten von etwa 10 cm Durchmesser. Die lanzettförmigen Sepalen und Petalen sind am Rand meist gewellt; ihre Farbe ist weiß bis cremeweiß mit manchmal schwachen

rosa Flecken. Die große, tütenförmige und vorn breit ausladende, weiße bis cremeweiße Lippe ist deutlich violettrosa gefleckt. Der vordere Lippenrand ist rundherum stark gekräuselt. Im Lippenschlund befindet sich ein auffälliger Kiel, der zusammen mit seiner Umgebung einen bräunlich gelben Fleck trägt.

Blütezeit   Frühjahr (März bis Mai).
Heimat   Costa Rica bis Kolumbien; in Höhen von etwa 1800 bis 2500 m.

Trichopilia tortilis
Lindl. T

Die dicht beieinander stehenden Pseudobulben sind schmal elliptisch und zusammengepreßt; ihre Länge beträgt etwa 4 bis 7 cm und ihre Breite etwa 1 bis 1,5 cm. Sie sind am Grund von papierartigen, braun gefleckten Scheidenblättchen eng umgeben. Die lederartigen, glänzenden Einzelblätter sind länglich elliptisch, zugespitzt und an der Basis leicht gefaltet; sie werden 8 bis 18 cm lang und etwa 3 cm breit. Der schlanke, 5 bis 10 cm lange Blütenstiel trägt 1 bis 2 herabhängende, duftende und wachsartige Blüten von 8 bis 12 cm Durchmesser. Die linealischen, zugespitzten Sepalen und Petalen sind korkenzieherartig gedreht (= *tortilis);* ihre Farbe ist hellbraun und am Rand unregelmäßig grünlich gelb. Die trompetenförmige Lippe ist vorne ziemlich kreisrund. In der Mitte ist sie mit braunroten Tupfen versehen, die zum Schlund hin zahlenmäßig zunehmen. Der Lippenrand ist schön gewellt. Der Lippenschlund besitzt auf gelblichem Grund eine braunrote Zeichnung.

Blütezeit   Meist Frühsommer (Juni, Juli).
Heimat   Mexiko bis Honduras; in Höhen bis 1500 m.

Fachausdrücke

Anthere: Staubbeutel, der die Pollinien enthält

endemisch: beschränkt auf ein begrenztes Verbreitungsgebiet

Epiphyt: eine Pflanze, die auf einer anderen Pflanze wächst, aber **nicht** auf ihr schmarotzt

Etymologie: Ursprung der Wörter

Gynostemium (Säule): verwachsene Einheit aus Staubbeutel und Griffel (Narbe)

Habitus: äußere Erscheinung, Aussehen, Gestalt

Hybride, infragenerische oder intergenerische: Kreuzung zwischen Arten der gleichen Gattung oder verschiedener Gattungen

Infloreszenz: Blütenstand

Internodium: Stengelteil zwischen den Ansatzstellen der Blätter (Knoten)

Lippe: besonders ausgeprägtes inneres Blütenblatt, das mit den Petalen den inneren Blütenkreis bildet

lithophytisch: auf Steinen wachsend

Meristem: Bildungs- oder Teilungsgewebe mit der Fähigkeit zu dauernden Zellteilungen

monopodialer Wuchs: Verlängerung des Haupttriebes am oberen Ende der Pflanze

Petalen: die beiden inneren Blütenblätter, die mit der Lippe den inneren Blütenkreis bilden

Pollinien: zu Paketen verklebte Pollenkörner

Pseudobulben: oberirdische Speicherorgane für Wasser und Nährstoffe

resupinieren: Drehen (des Fruchtknotens), so daß die Lippe nach unten zeigt

Rhizom: Wurzelstock, Sproßachse

Rückbulben: alte, von der Orchideenpflanze abgeteilte Pseudobulben, deren »schlafende Triebaugen« neue Pflanzentriebe bilden können

Sepalen: die 3 äußeren Blütenblätter (Kelchblätter)

Spezies (abgekürzt: **spec.**): Angabe bei einer noch unbestimmten Pflanzenart

Sphagnum: Torfmoos (Gattung der Laubmoose)

Subtribus: systematische Einheit in der Pflanzenordnung zwischen Tribus und Art

sympodialer Wuchs: die neuen Jahrestriebe wachsen seitlich an der Basis des vorjährigen Pflanzentriebes

synonym (abgekürzt: **Syn.**): gleichbedeutender Pflanzenname, der immer in Klammern mit einem anderen Autor hinter dem Artnamen steht

terrestrisch: am Boden wachsend

Tribus: systematische Einheit in der Pflanzenordnung zwischen Subfamilia und Subtribus (siehe Seite 30)

Varietät (abgekürzt: **var.**): vom Normalen abweichende Form einer Pflanzenart

Zusammenstellung der häufigsten Autorennamen

Batem. = Bateman, J.; englischer Botaniker (1811 - 1898)

Benth. = Bentham, G.; Direktor des Herbariums in Kew, London (1800 - 1884)

Bl. = Blume, K. L.; Arzt und Botaniker aus Braunschweig, lange Zeit in Java (1796 - 1862)

R. Br. = Brown, R.; Bibliothekar im British Museum, London (1773 - 1858)

Cogn. = Cogniaux, A.; Professor der Naturwissenschaften in Belgien (1841 - 1916)

Don = Don, D.; Professor der Botanik in England (1799 - 1841)

Griff. = Griffith, W.; englischer Arzt in Ostindien (1810 - 1845)

Hook. = Hooker, W. J.; Direktor des Botischen Gartens in Kew, London (1785 - 1865)

H. B. et Kth. = Humboldt, A. v.; deutscher Naturforscher und Geograph (1769 - 1859),
Bonpland, A.; französischer Botaniker und Reisebegleiter von H. (1773 - 1858) und
Kunth, C. S.; Professor der Botanik in Berlin (1788 - 1850)

Knowl. et Westc. = Knowles, G. B., und Westcott, F.; englische Botaniker (19. Jh.)

Krzl. = Kränzlin, F.; deutscher Botaniker und Orchideenspezialist (1847 - 1934)

Ktze. = Kuntze, C.E.O.; deutscher Botaniker und Reisender (1843 - 1907)

L. = Linné, C. v.; schwedischer Naturforscher (1707 - 1778)

Lind. = Linden, J.; belgischer Orchideensammler und Gründer einer Orchideengärtnerei (1817 - 1898)

Lindl. = Lindley, J.; Professor der Botanik in London (1799 - 1865)

Ll. et Lex. = Llave, P. de la, und Lexarza, J. de; mexikanische Botaniker

Lour. = Loureiro, J.; portugisischer Missionar und Reisender (1715 - 1796)

Nichols. = Nicholson, G.; Kurator des Botanischen Gartens in Kew, London (1847 - 1908)

Pfitz. = Pfitzer, E. H.; Professor der Botanik in Heidelberg (1847 - 1907)

Poepp. et Endl. = Poeppig, E. F.; Professor in Leipzig (1798 - 1868)
Endlicher, S. L.; Botaniker aus Ungarn (1804 - 1849)

Rchb. f. = Reichenbach (Sohn), H. G.; Direktor des Botanischen Gartens in Hamburg (1824 - 1889)

A. Rich. = Richard, A.; Professor der Botanik in Paris (1794 - 1852)

B. Rodr. = Barbosa Rodrigues; Botaniker und Direktor verschiedener Botanischer Gärten in Brasilien (geb. 1842)

Rolfe = Rolfe, R. A.; Botaniker in Kew, London und Schriftsteller (1855 - 1921)

Roxb. = Roxburgh, W.; Direktor des Botanischen Gartens in Kalkutta (1758 - 1815)

Ruiz et Pav. = Ruiz, H. (1754 - 1815), und Pavon, S. J. (1754 - 1844); spanische Botaniker

Schltr. = Schlechter, R.; Orchideenforscher am Botan. Institut Berlin (1872 - 1925)

Sw. = Swartz, O.; schwedischer Botaniker in Stockholm (1760 - 1818)

Thou. = Thouars Du-Petit, L. M. A.; französischer Botaniker (1758 - 1831)

Veitch = Veitch, J. G.; englischer Gärtner und Orchideenzüchter (1832 - 1870)

161

Temperaturansprüche der Orchideen

Kühle Bedingungen

- *Coelogyne corymbosa*
  Coelogyne cristata
- *Dendrobium cuthbertsonii*
- *Dracula erythrochaete*
- *Dracula ripleyana*
- *Dracula vampira*
- *Dryadella edwallii*
- *Dryadella liliputana*
  Lemboglossum bictoniense
- *Lemboglossum cervantesii*
  Lemboglossum cordatum
  Lemboglossum madrense
- *Lemboglossum rossii*
  Lemboglossum uro-skinneri
- *Masdevallia abbreviata*
- *Masdevallia caudata*
- *Masdevallia coccinea*
- *Masdevallia coriacea*
- *Masdevallia infracta*
- *Masdevallia tovarensis*
  Masdevallia veitchiana
  Odontoglossum crispum
  Odontoglossum crocidipterum
  Odontoglossum harryanum
  Odontoglossum lindleyanum
  Odontoglossum wyattianum
  Oncidium cucullatum
  Oncidium nubigenum
  Pleione bulbocodioides
- *Pleione hookeriana*
- *Pleione x lagenaria*
- *Pleione maculata*
  Rossioglossum grande
  Rossioglossum insleayi
- *Ticoglossum oerstedii*

Kühle bis temperierte Bedingungen

- *Coelogyne fimbriata*
- *Coelogyne fuliginosa*

- *Coelogyne ovalis*
  Cymbidium devonianum
  Cymbidium eburneum
- *Cymbidium floribundum*
  Cymbidium lowianum
- *Cymbidium tigrinum*
  Dendrobium nobile
  Encyclia brassavolae
  Encyclia vitellina
  Miltonioides laevis
  Miltonioides reichenheimii
  Miltonioides schroederiana
- *Nanodes discolor*
- *Nanodes medusae*
- *Nanodes porpax*
  Paphiopedilum spicerianum
  Phragmipedium caudatum
- *Restrepia antennifera*
- *Restrepia guttulata*
- *Restrepia muscifera*

Temperierte Bedingungen

- *Aerides fieldingii*
  Barkeria skinneri
- *Barkeria spectabilis*
  Brassia caudata
  Brassia verrucosa
- *Callista aggregata*
- *Callista chrysotoxa*
- *Callista senilis*
- *Capanemia superflua*
- *Capanemia thereziae*
  Cattleya amethystoglossa
  Cattleya bowringiana
  Cattleya forbesii
  Cattleya guttata
  Cattleya intermedia
  Cattleya labiata
  Cattleya loddigesii
  Cattleya skinneri
- *Chiloschista parishii*
- *Chiloschista segawai*
- *Cirrhopetalum guttulatum*
- *Comparettia coccinea*
- *Comparettia falcata*
  Comparettia macroplectron
  Comparettia speciosa

- *Dendrobium bellatulum*
  Dendrobium fimbriatum
- *Dendrobium loddigesii*
- *Dendrobium unicum*
  Encyclia cochleata
- *Encyclia polybulbon*
- *Epidendrum endresii*
  Epidendrum nocturnum
  Epidendrum radicans
- *Epigeneium coelogyne*
- *Epigeneium nakaharai*
- *Epigeneium sanseiense*
  Gastrochilus bellinus
- *Gastrochilus calceolaris*
- *Gastrochilus formosanus*
- *Gastrochilus fuscopunctatus*
  Gongora armeniaca
  Gongora galeata
  Gongora quinquenervis
  Laelia anceps
  Laelia autumnalis
  Laelia grandis
  Laelia harpophylla
- *Laelia lundii*
- *Laelia pumila*
  Laelia tenebrosa
- *Leptotes bicolor*
- *Leptotes tenuis*
- *Leptotes unicolor*
  Lycaste aromatica
  Lycaste cruenta
  Lycaste deppei
  Lycaste longipetala
  Lycaste skinneri
  Maxillaria cucullata
  Maxillaria lepidota
  Maxillaria meleagris
  Maxillaria picta
  Maxillaria punctata
  Maxillaria tenuifolia
- *Maxillaria variabilis*
  Miltonia regnellii
- *Miltonia spectabilis*
- *Miltoniopsis phalaenopsis*
  Miltoniopsis warscewiczii
- *Nageliella angustifolia*
  Nageliella purpurea
- *Neolauchea pulchella*

Oncidium barbatum
Oncidium cebolleta
❀ *Oncidium cheirophorum*
❀ *Oncidium concolor*
Oncidium divaricatum
❀ *Oncidium harrisonianum*
Oncidium ornithorhynchum
❀ *Oncidium ottonis*
❀ *Paphiopedilum armeniacum*
Paphiopedilum haynaldianum
Paphiopedilum lowii
Paphiopedilum parishii
Phalaenopsis lindenii
Phragmipedium besseae
❀ *Pleurothallis grobyi*
❀ *Pleurothallis quadrifida*
❀ *Pleurothallis schiedei*
❀ *Pleurothallis setigera*
❀ *Pleurothallis sonderana*
❀ *Pleurothallis truxillensis*
❀ *Sigmatostalix crescentilabia*
❀ *Sigmatostalix graminea*
❀ *Sigmatostalix radicans*
❀ *Sophronitis cernua*
❀ *Sophronitis coccinea*
Stanhopea oculata
Stanhopea tigrina
Stanhopea wardii
❀ *Ticoglossum krameri*
❀ *Tolumnia triquetra*
❀ *Tolumnia variegata*
❀ *Trichocentrum albococcineum*
❀ *Trichocentrum fuscum*
❀ *Trichocentrum pulchrum*
❀ *Trichocentrum tigrinum*
❀ *Trichopilia coccinea*
Trichopilia suavis
❀ *Trichopilia tortilis*
Vanda coerulea
❀ *Vanda cristata*
Vanda tricolor
❀ *Zygostates alleniana*
❀ *Zygostates lunata*

❀ = Kleinorchidee (vgl. Seite 6)

Temperierte bis warme Bedingungen

❀ *Aerangis articulata*
❀ *Aerangis biloba*
❀ *Aerangis brachycarpa*
❀ *Aerangis citrata*
❀ *Aerangis fastuosa*
Aerangis rhodosticta
Bifrenaria atropurpurea
Bifrenaria harrisoniae
Brassavola cucullata
Brassavola flagellaris
Brassavola nodosa
Brassavola perrinii
❀ *Bulbophyllum affine*
❀ *Bulbophyllum ambrosia*
❀ *Bulbophyllum crassipes*
❀ *Bulbophyllum lobbii*
Bulbophyllum macranthum
Bulbophyllum odoratissimum
❀ *Calanthe cardioglossa*
Calanthe triplicata
Calanthe vestita
Catasetum barbatum
Catasetum fimbriatum
Catasetum saccatum
❀ *Cirrhopetalum fascinator*
❀ *Cirrhopetalum gamosepalum*
❀ *Cirrhopetalum ornatissimum*
❀ *Cirrhopetalum psittacoides*
❀ *Cirrhopetalum putidum*
❀ *Cirrhopetalum rothschildianum*
Coelogyne dayana
Coelogyne massangeana
❀ *Gastrochilus acutifolius*
❀ *Meiracyllium trinasutum*
❀ *Meiracyllium wendlandii*
Miltoniopsis roezlii
Paphiopedilum callosum
❀ *Paphiopedilum concolor*
❀ *Paphiopedilum micranthum*
Paphiopedilum sukhakulii
Phragmipidium pearcei
❀ *Promenaea rollisonii*
❀ *Promenaea stapelioides*
❀ *Promenaea xanthina*
Rhynchostylis coelestis

Rhynchostylis gigantea
Rodriguezia batemanii
Rodriguezia decora
❀ *Rodriguezia lanceolata*
❀ *Rodriguezia venusta*
Vanda denisoniana
❀ *Vanda pumila*

Warme Bedingungen

Aerides crassifolium
Aerides falcatum
Aerides maculosum
Aerides mitratum
Aerides multiflorum
Aerides odoratum
Angraecum eburneum
Angraecum erectum
Angraecum leonis
Angraecum sesquipedale
❀ *Ascocentrum ampullaceum*
Ascocentrum curvifolium
❀ *Ascocentrum miniatum*
❀ *Ascocentrum pumilum*
Brassavola martiana
❀ *Bulbophyllum barbigerum*
❀ *Bulbophyllum falcatum*
Bulbophyllum pachyrrhachis
❀ *Bulbophyllum weddelii*
❀ *Cattleya aclandiae*
❀ *Cattleya schilleriana*
❀ *Cirrhopetalum makoyanum*
❀ *Cirrhopetalum mastersianum*
❀ *Cirrhopetalum medusae*
Dendrobium canaliculatum
Dendrobium phalaenopsis
❀ *Haraella retrocalla*
Phalaenopsis amabilis
Phalaenopsis aphrodite
Phalaenopsis cornu-cervi
❀ *Phalaenopsis equestris*
Phalaenopsis esmeralda
❀ *Phalaenopsis parishii*
Phalaenopsis schilleriana
Phalaenopsis violacea
Psychopsis krameriana
Psychopsis papilio

Bezugsquellen

Nachfolgend eine Zusammenstellung von Orchideen-Betrieben ohne Anspruch auf Vollständigkeit.

Informationen über Orchideen-Gärtnereien erhalten Sie auch beim

Verband Deutscher
Orchideenbetriebe e. V.
Germaniastr. 53
44379 Dortmund
www.VDOB.de

Orchideen-Pflanzen

Großräschener Orchideen
H.-J. Wlodarczyk
W.-Seelenbinder-Str. 21
01983 Großräschen

Niederlausitzer Orchideen
Gärtnerei Lehradt
Hauptstr. 3
01983 Allmosen

Orchideen
Valerius & Söhne
Putenweg 68
12355 Berlin

Orchideen Rehbein
Curslacker Deich 270
21039 Hamburg

Joachim Karge
Orchideen-Garten
21368 Dahlenburg

Orchideen Zentrum
Wichmann GmbH
Tannholzweg 1-3
29229 Celle

Andreas Stockelbusch
Wielohweg 9
30938 Fuhrberg-Burgwedel

Radius Orchideenhandel
Andrea Schmidt
In der Bünte 3
30989 Gehrden

Wilhelm Hennis
Gr. Venedig 4
31134 Hildesheim

Ludwig Orchideenzucht
Hainebuchenweg 2
31855 Aerzen

Schulz-Orchideenzucht
Neißeweg 12
31275 Lehrte-Immensen

Klaus-Dieter Lohoff
Wilfriedstr. 39
33649 Bielefeld

Röllke Orchideenzucht
Flößweg 11
33758 Schloss Holte-
          Stukenbrock

Herrnberg Orchideen
F. Kuhmichel
35688 Dillenburg

Orchideen Tonn
Meierbreite 2
37249 Neu-Eichenberg

Baumann-Orchideen
Beethovenstr. 199
46145 Oberhausen

Hans Lucke
Bergschenweg 6
47506 Neukirchen-Vluyn

Burkhard Holm
Louisendorf
Alte Bahn 206
47551 Bedburg-Hau

Orchideen Kuhlmann
Hinsbecker Str. 17a
47929 Grefrath

Willi Elsner
Königsberger Str. 9
48493 Wettringen/Westf.

Tropical-Orchids-Fochem
Elisabeth Fochem
Am Grünen Weg 13
50259 Pulheim-Dansweiler

Orchideenzucht
Schronen
In der Elkes 3-5
54689 Daleiden

Orchideen Röhl
Stemweg 14
59494 Soest-Paradiese

Speyerer Orchideenzucht
Blumen-Nothhelfer
Gottfried-Renn-Weg 4
67346 Speyer

Blumen Janke
Mackenbacher Str. 72
67685 Weilerbach

Orchideen Netzer
Ortsstr. 138
69488 Birkenau-Hornbach

Orchideenzucht
Karin Steiger
Dürrstr. 31
72070 Tübingen

Bernd Junginger
Reuteweg 18
72229 Rohrdorf

Martin Kelbaß
Mögglinger Str. 100
73540 Heubach

Rosenheimer
Orchideenzucht GbR
Robert-Koch-Allee 31
82131 Gauting

Franz Glanz
Wössner Orchideen
Hauptstr. 28
83246 Unterwössen/
          Oberbayern

Cramer-Orchideen
Zum Steiner 9-13
83489 Berchtesgaden-Strub

Befort-Gartenbau
Asamstr. 21
85356 Freising

Kenntner Orchideen
Birkelweg 12
89555 Steinheim-
          Sontheim/St.

Orchideen Kopf
Hindenburgstr. 15
94469 Deggendorf

Currlin-Orchideen
Seeweg
97215 Uffenheim/Welbhausen

Eisenheimer Orchideen-
gärtnerei
Wück-Krönlein GbR
Setzweg 4
97247 Eisenheim

Orchideen-Zubehör

Manfred Meyer
Orchideenkulturbedarf
61118 Bad Vilbel-Heilsberg

Orchideen-Literatur

Koeltz Scientific Books
Herrnwaldstr. 6
Postfach 1360
61462 Königstein/Ts.

Liebhabergesellschaften

Deutsche Orchideen-
gesellschaft e. V.
Zentrale:
Flößweg 11
33758 Schloss Holte-
          Stukenbrock

Vereinigung Deutscher
Orchideenfreunde e. V.
Geschäftsstelle:
Söllingstr. 53/55
45127 Essen

Stichwort-
verzeichnis

Seitenzahlen mit * verweisen auf Abbildungen

Stichwortverzeichnis

166

Die Deutsche Bibliothek - CIP-Einheitsaufnahme

Ein Titeldatensatz für diese Publikation ist bei der Deutschen Bibliothek erhältlich

Bildnachweis

Eisenbeiss: S. 35u, 35o, 49, 50, 54, 57o, 57u, 60, 63, 68u, 69o, 71, 72o, 83u, 100, 107, 111, 113, 116, 118, 127, 130, 137o, 138, 141, 145, 146o, 147
Krieger: S. 21, 23, 24u, 24/25
Simon: S. 90
Weigl: S. 2/3, 4/5, 12lu, 30/31, 32, 64, 81, 84o, 103u, 106, 109, 110, 136, 139, 144, 150, 160
Welsch: S. 22
Zecha: S. 52, 108

Alle anderen Bilder vom Autor.

Seite 1: *Paphiopedilum micranthum*; Seite 2/3: *Lemboglossum madrense*; Seite 30/31: *Pleione ×lagenaria*.

Siebte, durchgesehene Auflage

BLV Verlagsgesellschaft mbH
München Wien Zürich
80797 München

© BLV Verlagsgesellschaft mbH, München 2002

Umschlaggestaltung: Studio Schübel, München
Umschlagfotos:
Vorderseite: Weigl *(Dendrobium fimbriatum var. oculatum)*;
Rückseite: oben Weigl *(Oncidium divaricatum)*, Mitte Eisenbeiß *(Coelogyne cristata)*, unten Weigl *(Cattleya bowringiana)*.
Lektorat: Dr. Thomas Hagen
Herstellung: Hermann Maxant
Layout und DTP: Dtp Design Walter, Gundelfingen
Reproduktion: Repro Ludwig, Zell a. See
Druck u. Bindung: Neue Stalling GmbH, Oldenburg

Printed in Germany · ISBN 3-405-15480-4

Mit Zimmerpflanzen schöner wohnen

Margot Schubert
Wohnen mit Blumen
Das Standardwerk: über 500 Pflanzen
mit 541 Farbfotos; alles Wissenswerte
zu Herkunft, Aussehen und Pflege jeder
Pflanze; die Gestaltung von Wohnung
und Arbeitsplatz mit Zimmerpflanzen.

Ulrike Romeis/Brigitte Goede
Zauberhafte Orchideen
Das kleine Präsent, das immer gut
ankommt: der attraktiv gestaltete
Geschenkband mit bezaubernden
Orchideenblüten in meisterhaften
Porträtfotos; Wissenswertes zu den
einzelnen Arten und Sorten.

blv garten plus
Jörn Pinske
Gewächshäuser
Gewächshaus-Planung, Bauformen,
technische Details, Anbaupraxis,
Pflanzenschutz; Gärtnern unter Glas:
Pflanzenanzucht und Vermehrung,
Anbau von Gemüse und Kräutern,
Überwintern von Kübelpflanzen, Kul-
tivieren von Kakteen und Orchideen.

Elisabeth Manke
Das BLV Kakteen-Buch
220 Arten mit ihren Merkmalen wie
Herkunft, Wuchsform, Blütezeit usw.
Zu jeder Art: Tipps zur speziellen Pfle-
ge und interessante Details, Botanik,
Wuchsformen, Pflege, Überwinterung,
Pflanzenschutz.

Christoph Köchel/Lutz Köhler
Wintergarten
Alle Grundlagen zur Wintergarten-
technik von der Planung bis zur Bau-
ausführung; Bepflanzungen für verschiedene Temperaturbereiche – jeweils
mit Porträts typischer Pflanzen; Bei-
spiele mit Pflanzplänen; Pflanz- und
Pflegepraxis.

blv garten plus
Jörn Pinske
Orchideen
Der Inbegriff exotischer Schönheit –
die besten Orchideen für zu Hause:
Kauf, Standort, Pflege, Hydrokultur,
Vermehren, Pflanzenschutz; die schöns-
ten Arten und Hybriden im Porträt.

*Im BLV Verlag
finden Sie Bücher
zu den Themen:* Garten und Zimmerpflanzen • Natur • Heimtiere •
Jagd und Angeln • Pferde und Reiten • Sport und Fitness •
Wandern und Alpinismus • Essen und Trinken

Ausführliche Informationen erhalten Sie bei:

**BLV Verlagsgesellschaft mbH
Postfach 400320 • 80703 München
Tel. 089/127 05-0 • Fax -543 • http://www.blv.de**